Sommer / Müller / Langnickel

Brücken zur Teilhabe: Wo Krankheit und Schule sich begegnen

Nicola Sommer
Sarah Müller
Robert Langnickel
(Hrsg.)

Brücken zur Teilhabe: Wo Krankheit und Schule sich begegnen

Chancen inklusiver Bildung für Kinder und Jugendliche mit chronischen Erkrankungen

Verlag Julius Klinkhardt
Bad Heilbrunn • 2025

Dieses Buch ist all jenen Pädagoginnen und Pädagogen gewidmet,
die sich mit Engagement und Weitblick dafür einsetzen,
dass Kinder mit chronischen Erkrankungen
faire und gute Bildungschancen erhalten.

Impressum

Dieser Titel wurde in das Programm des Verlages mittels eines Peer-Review-Verfahrens aufgenommen. Für weitere Informationen siehe www.klinkhardt.de.

Bibliografische Information der Deutschen Nationalbibliothek. Die Deutsche Nationalbibliothek verzeichnet diese Publikation in der Deutschen Nationalbibliografie; detaillierte bibliografische Daten sind im Internet abrufbar über http://dnb.d-nb.de.

2025. Verlag Julius Klinkhardt.
Julius Klinkhardt GmbH & Co. KG, Ramsauer Weg 5, 83670 Bad Heilbrunn, vertrieb@klinkhardt.de.
Coverabbildung: © Gama5, iStockphoto.
Satz: Vassiliki Vakaki, Samos.

Druck und Bindung: AZ Druck und Datentechnik, Kempten.
Printed in Germany 2025. Gedruckt auf chlorfrei gebleichtem alterungsbeständigem Papier.

ISBN 978-3-7815-6197-7 digital doi.org/10.35468/6197

ISBN 978-3-7815-2735-5 print

Inhalt

Erweiterte Perspektiven und Implikationen für Inklusionspädagogik bei chronischen Erkrankungen

Beteiligung von Kindern und Jugendlichen als Element inklusiver Bildung

Rosemarie Felder-Puig

Vorwort Österreich

Epidemiologische, in westlichen Ländern durchgeführte Studien der letzten 20 Jahre haben gezeigt, dass ungefähr 20 % aller Kinder und Jugendlichen von einer chronischen Erkrankung oder Störung betroffen sind. Zudem gibt es Hinweise darauf, dass diese Zahl in den letzten Jahren gestiegen ist, nicht zuletzt wegen der Zunahme von psychischen Erkrankungen und Verhaltensstörungen.

In Österreich gilt nach wie vor, dass die meisten dieser Kinder und Jugendlichen medizinisch und therapeutisch gut versorgt sind und ein Besuch von Kindergarten und Schule möglich ist. Zu hoffen bleibt, dass diese Versorgungsleistungen auch in der Zukunft gewährleistet werden können. In jedem Fall können die mit einer chronischen Erkrankung zusammenhängenden Probleme den Kindergarten- oder Schulalltag für die betroffenen Kinder und Jugendlichen, aber auch für deren Eltern und/oder die Lehrpersonen maßgeblich erschweren. Deshalb ist es für alle Beteiligten wichtig, entsprechende Vorkehrungen zu treffen.

Die Leitungen der Bildungseinrichtungen sollten dafür Sorge tragen, dass alle chronischen Erkrankungen und Störungen erhoben, dokumentiert und die Information darüber allen relevanten Lehrpersonen zugänglich gemacht werden. Voraussetzung dafür ist, dass die Erziehungsberechtigten wahrheitsgetreu Auskunft über die gesundheitlichen Belange ihrer Kinder geben und der Weitergabe dieser Informationen an die Lehrpersonen zustimmen. Es ist den Erziehungsberechtigten deutlich zu machen, wie notwendig das besonders in Hinblick auf das Wohlergehen ihres Kindes in der Bildungseinrichtung ist.

Für die Lehrpersonen selbst ist wichtig zu wissen, wie mit den betroffenen Kindern und Jugendlichen umzugehen ist, welche spezifischen Hilfestellungen sie benötigen, ob Sonderregelungen notwendig sind und ob es auf Grund der jeweiligen Erkrankung zu Notfallsituationen kommen kann bzw. wie darauf reagiert werden muss.

Werden individuelle Regelungen getroffen oder zeigen Kinder und Jugendliche in bestimmten Situationen auffälliges Verhalten, ist eine altersgerechte Kommunikation mit der jeweiligen Gruppe bzw. Klasse anzustreben. Nur so können die anderen Kinder und Jugendlichen für die Betroffenen Verständ-

nis zeigen und die notwendige Unterstützung entgegenbringen, ohne sie in Außenseiterrollen zu drängen.
All dies setzt eine entsprechende Haltung, Wissen und Know-how von Lehrpersonen voraus, die in ihrer Ausbildung möglicherweise nicht (ausreichend) vermittelt werden konnten. Deshalb sind die an der Pädagogischen Hochschule Salzburg gesetzten Bemühungen, Fortbildungsangebote für Lehrpersonen zum Umgang mit chronischen Erkrankungen anzubieten, sehr zu begrüßen. Ich wünsche den Verantwortlichen dabei weiterhin viel Erfolg und bedanke mich dafür im Namen aller Kinder und Jugendlichen mit chronischen Erkrankungen in Österreich.

Wien, im Juni 2025
Mag.^{a} Dr.^{in} Rosemarie Felder-Puig, MSc
Gesundheit Österreich GmbH

Oskar Jenni

Vorwort Schweiz

Kinder und Jugendliche mit chronischen Erkrankungen müssen in der Schulzeit besondere Herausforderungen meistern – sei es aufgrund körperlicher Einschränkungen, wiederkehrender Spitalaufenthalte oder psychosozialer Belastungen. Der Umgang mit diesen Kindern sollte sich daher an ihren individuellen Fähigkeiten, Möglichkeiten und Bedürfnissen orientieren. Es gilt, sich auf das Kind einzustellen – ein Prinzip, das eigentlich allen Kindern zugutekommen sollte, aber im Kontext chronischer Erkrankungen besonders wichtig ist. Hier steht die Entwicklungsorientierung im Vordergrund.

Ein entwicklungsorientierter Ansatz in der Pädagogik bedeutet, die Individualität jedes Kindes anzuerkennen und die Lernumgebung so zu gestalten, dass sich das Kind akzeptiert und unterstützt fühlt. Kinder unterscheiden sich in ihren Entwicklungsverläufen – einige lernen schneller, andere benötigen mehr Zeit, manche haben spezifische Hürden zu bewältigen. Gerade für Kinder mit chronischen Erkrankungen ist es entscheidend, dass Lehrpersonen über fundiertes Wissen zur kindlichen Entwicklung sowie über verschiedene Erkrankungen verfügen. Sie müssen eine bestmögliche Passung zwischen den schulischen Anforderungen und dem Potenzial des Kindes gewährleisten können.

Die Schule soll ein Ort sein, an dem jedes Kind – ob krank oder gesund – gleichberechtigt am Unterricht teilnehmen kann. Dies erfordert von den verantwortlichen Lehr- und Fachpersonen Flexibilität und eine verständnisvolle Haltung. Besonders bei Kindern mit chronischen Erkrankungen darf die Sorge, sie könnten schulisch den Anschluss verlieren, nicht im Vordergrund stehen. Vielmehr soll sich das Kind im Hier und Jetzt wohlfühlen dürfen und das Lernen nicht als zusätzlichen Stressfaktor erleben. Wir müssen uns bewusst sein: Kindheit ist nicht nur eine Phase, in der man sich auf das Erwachsensein vorbereitet, sondern auch ein Zustand, der einen ganz eigenen Wert hat – das Kind darf Kind sein. Und das gilt umso mehr für Kinder mit chronischen Erkrankungen.

Der Umgang mit chronischen Erkrankungen stellt besondere Anforderungen an die Schule, aber er eröffnet auch Chancen: So kann er dazu beitragen, ein inklusiveres und menschlicheres Bildungssystem zu gestalten, in dem nicht die Defizite im Mittelpunkt stehen, sondern das Entwicklungspotenzial jedes einzelnen Kindes. Das erfordert eine Schule, die die Vielfalt kindlicher Entwicklung anerkennt und fördert. Es bedeutet auch, eine Haltung zu haben,

die Gelassenheit und Geduld als zentrale pädagogische Tugenden betrachtet – insbesondere gegenüber Kindern, die aufgrund ihrer gesundheitlichen Situation besondere Herausforderungen meistern müssen.
Dieses Buch beleuchtet ein in der schulischen Diskussion oft vernachlässigtes Thema: den Stellenwert der Pädagogik bei Kindern und Jugendlichen mit chronischen Erkrankungen. Es bietet vertiefte Einblicke in pädagogische Konzepte, Forschungsperspektiven und praxisnahe Lösungsansätze.
Ich bin davon überzeugt, dass es dazu beitragen wird, ein größeres Bewusstsein für die Bedürfnisse von Schülerinnen und Schülern mit chronischen Erkrankungen zu schaffen und die Entwicklung einer Pädagogik zu fördern, die vom Kind aus denkt – unabhängig von seinem Gesundheitszustand.

Zürich, im Juni 2025
Prof. Dr. Oskar Jenni
Universitäts-Kinderspital Zürich

Literatur

Jenni, O. (2021). *Die kindliche Entwicklung verstehen.* Springer Verlag.
Jenni, O. (2024). (Hrsg.). *Kindheit. Eine Beruhigung.* Kein & Aber.

Hubert Haaga

Vorwort Deutschland

Bildung ist ein Menschenrecht – unabhängig von gesundheitlichen, körperlichen, psychischen oder sozialen Voraussetzungen. In einer zunehmend diversen Gesellschaft rückt die Frage, wie wir inklusive Bildung so gestalten können, dass sie wirklich *alle* Kinder und Jugendlichen erreicht und teilhaben lässt, in den Fokus pädagogischer Arbeit. Das gilt auch für chronisch erkrankte Schülerinnen und Schüler.

Kinder und Jugendliche mit chronischen oder akuten Erkrankungen, psychischen Belastungen oder langwierigen gesundheitlichen Einschränkungen stehen vor doppelten Herausforderungen: Sie kämpfen nicht nur mit ihrer jeweiligen gesundheitlichen Situation und teilweisen existenziellen Herausforderungen, sondern oft auch mit Bildungsbarrieren, die ihnen die gleichberechtigte Teilhabe am Lernen erschweren. Dabei ist es gerade in diesen Lebenslagen entscheidend, dass Schule nicht nur ein Lernort, sondern auch ein Ort der Zugehörigkeit ist – ein Ort, an dem betroffene Kinder und Jugendliche mit ihren Fähigkeiten gesehen, in ihrer Situation verstanden und in ihrer Entwicklung unterstützt werden. Auf diese Weise kann Schule auch zu einem stärkenden Ort werden, der zur Gesundung beitragen kann.

Kinder und Jugendliche, die mit chronischen Erkrankungen leben und lernen, gibt es an allen Schulen. Ihre Teilhabe am schulischen Leben zu ermöglichen, ist kein Zusatzauftrag, sondern Ausdruck eines Bildungsverständnisses, das jeder Schülerin und jedem Schüler gerecht wird. Grundsätzliche Voraussetzung hierfür ist das verlässliche Zusammenwirken aller Beteiligten im Sinne einer Verantwortungsgemeinschaft. Neben den Personensorgeberechtigten gehören dazu auch die Lehrpersonen der allgemeinen Schulen, Lehrpersonen, die im Klinikunterricht bzw. Hausunterricht eingesetzt sind, sowie Fachkräfte aus dem Gesundheits- und Jugendhilfebereich. Die kontinuierliche Weiterentwicklung von Rahmenbedingungen wie z. B. mobilen sonderpädagogischen Diensten und digitalen Unterstützungssystemen, eine bedarfsorientierte Ressourcensteuerung sowie die praxisrelevante Qualifikation und Weiterbildung aller Fachkräfte bilden dabei die zentrale Basis.

In diesem Sinne greifen die von der Bildungsministerkonferenz in Deutschland aktuell verabschiedeten *Empfehlungen zur schulischen Bildung, Beratung und Unterstützung erkrankter Schülerinnen und Schüler* einen mehrperspektivischen, multiprofessionellen und qualitätsorientierten Ansatz auf. Auf dieser Grundlage wiederum hat Baden-Württemberg unter Einbezug von Fachkräften aus Schule und Wissenschaft ein Fachpapier für die Arbeit der Schulen für Schülerinnen und Schüler in längerer Krankenhausbehandlung erarbeitet, das kurz vor der Veröffentlichung steht. Dieses Fachpapier gibt auf Landesebene entscheidende Impulse zur qualitativen Sicherung der umfassenden Teilhabe erkrankter junger Menschen an schulischer Bildung.

Das vorliegende Buch widmet sich den genannten Herausforderungen, und das mit bemerkenswerter wissenschaftlicher Tiefe und pädagogischer Sensibilität. Es vereint Beiträge aus Deutschland, Österreich und der Schweiz – Länder mit unterschiedlichen schulischen Systemen, aber einer gemeinsamen Verantwortung: dem Recht auf Bildung auch unter erschwerten Lebensbedingungen. Die versammelten Texte bieten theoretisch fundierte und zugleich praktisch anschlussfähige Perspektiven für eine Pädagogik, die chronische Erkrankung nicht als Sonderfall, sondern als integralen Bestandteil schulischer Wirklichkeit begreift.

Besonders hervorheben möchte ich den interdisziplinären Charakter des Bandes. Medizinische Sichtweisen, entwicklungspsychologische Zugänge, sonderpädagogische Überlegungen und bildungspolitische Impulse werden miteinander verwoben und schaffen dadurch eine argumentative Dichte, die weit über eine reine Fallsammlung hinausgeht. Hier wird nicht nur ein Defizit beschrieben, sondern ein zukunftsweisender pädagogischer Gestaltungsraum skizziert.

Ich bin überzeugt, dass dieser Band dazu beitragen wird, Lehrpersonen, Schulleitungen, Aus- und Weiterbildungsverantwortliche sowie bildungspolitische Entscheidungsträgerinnen und Entscheidungsträger zu sensibilisieren und die Aufmerksamkeit für dieses Thema deutlich zu schärfen. Ich danke allen Autorinnen und Autoren sowie den Herausgeberinnen und Herausgebern dieses Bandes für ihren Einsatz – und vor allem dafür, dass sie den betroffenen Kindern und Jugendlichen eine Stimme geben. Junge Menschen in erschwerten Lebenslagen brauchen aktuell mehr denn je eine Lernumgebung, in der ihre Bedürfnisse sensibel wahrgenommen werden, Beziehungen verlässlich sind und ihre Potenziale die Konstruktion von Bildungsprozessen bestimmen. Möge in diesem Sinne das Buch viele Leserinnen und Leser finden und vielfältige Impulse in Schulen, in der Aus-, Fort- und Weiterbildung von Lehrpersonen und der Bildungspolitik setzen.

Stuttgart, im Juni 2025
Hubert Haaga
Ministerialrat, Kultusministerium Baden-Württemberg

Nicola Sommer, Sarah Müller und Robert Langnickel

Chronische Erkrankungen und Schule: Relevanz, Herausforderungen, Perspektiven – eine Hinführung

Relevanz des Themas und Zielsetzung des Bandes

Der vorliegende Band verfolgt das Ziel, Lehrpersonen und wissenschaftlich Tätige umfassend für die pädagogischen Herausforderungen und Chancen im Kontext chronischer Erkrankungen zu sensibilisieren und konkrete Handlungsmöglichkeiten aufzuzeigen. Chronische Krankheiten entwickeln sich meist schleichend oder schubweise und bestehen über einen längeren Zeitraum oder lebenslang. Sie sind häufig nicht heilbar, beeinträchtigen dauerhaft die körperliche, psychische und soziale Teilhabe der Betroffenen und erfordern statt kurativer Hilfen vorrangig symptomlindernde, palliative und unterstützende Maßnahmen (Fangerau & Franzkowiak, 2022).

Die hohe Relevanz dieses Themas zeigt sich in aktuellen Studien: Etwa ein Fünftel aller Kinder und Jugendlichen im deutschsprachigen Raum leiden an einer chronischen Erkrankung. Der neueste Gesundheitsbericht aus Österreich zeigt, dass sich die Zahlen von 14,5 % auf fast 20 % gesteigert haben (Winkler u. a. 2024). Chronische Erkrankungen können unterschiedliche Bereiche des Körpers betreffen, wie das Organsystem, den Stoffwechsel (z. B. Diabetes) oder die Immunabwehr (z. B. Allergien), und können – wie bereits erwähnt – über Monate hinweg oder sogar lebenslang bestehen bleiben (Etschenberg 2006). Die steigenden Zahlen der erkrankten Kinder und Jugendlichen, die an Übergewicht, Adipositas und Depressionen leiden, fallen hier besonders auf (Winkler u. a. 2024). Aufgrund der Tatsache, dass sich in jeder Klasse bereits durchschnittlich vier Kinder bzw. Jugendliche mit einer chronischen Erkrankung befinden (Felder-Puig u. a. 2023), besteht dringender Handlungsbedarf, um Lehrpersonen auf diese Vielfalt vorzubereiten.

Inklusion wird im schulischen Kontext häufig auf körperliche Beeinträchtigungen – insbesondere auf Einschränkungen der Mobilität – reduziert gedacht. Dabei bleibt oft unberücksichtigt, dass auch chronische Erkrankungen spezifische Anpassungen und Unterstützungsmaßnahmen im schulischen Alltag erfordern (Domsch & von Domsch 2024). Besonders zu beachten ist, dass

doi.org/10.35468/6197-01

chronische Erkrankungen häufig nicht unmittelbar sichtbar sind und dennoch den Schulalltag im Bedarfsfall erheblich beeinflussen.
Ist ein Kind mit einer chronischen Erkrankung Teil der Lerngruppe, sind Lehrpersonen gefordert, ihre Unterrichtsorganisation in vielfältiger Weise zu modifizieren (Dos Santos Gomes 2023). Dazu zählen unter anderem die Berücksichtigung zusätzlicher Pausen, die Aufsicht bei der Medikamenteneinnahme, die Planung und Durchführung von Ausflügen und Veranstaltungen, die Kompensation von Fehlzeiten, die Beachtung spezieller Ernährungsbedürfnisse bei schulischen Feierlichkeiten sowie eine angepasste Gestaltung von Leistungsüberprüfungen (Damm 2015).
Es sei jedoch betont, dass nicht jedes Krankheitsbild automatisch umfangreiche Anpassungen erfordert. In vielen Fällen genügt es, wenn Lehrpersonen über die gesundheitlichen Auswirkungen informiert und in der Lage sind, situationsangemessen und professionell zu handeln (ebd. 2015). Dies verdeutlicht die Notwendigkeit, Lehrpersonen für die spezifischen Anforderungen chronischer Erkrankungen zu sensibilisieren und sie mit dem erforderlichen Wissen auszustatten, um im schulischen Alltag fachlich fundiert und situationsgerecht agieren zu können.

Übersicht über den Aufbau und die thematischen Schwerpunkte

Der vorliegende Band ist in fünf Abschnitte gegliedert. Die Einleitung bietet einen Überblick über zentrale Begriffe, Prävalenzen, Herausforderungen sowie über förderliche Bedingungen und Entwicklungsbedarfe im Kontext der schulischen Inklusion von Kindern und Jugendlichen mit chronischen Erkrankungen. Der zweite Abschnitt widmet sich der Bedeutung einer bedürfnisorientierten Haltung gegenüber Erziehungsberechtigten, der Berücksichtigung kultureller Konzepte von Krankheit sowie den damit verbundenen Herausforderungen, Chancen und möglichen Lösungsansätzen im schulischen Alltag. Im dritten Abschnitt stehen praxisorientierte Beiträge zu verschiedenen Handlungsfeldern im Umgang mit chronischen Erkrankungen im Mittelpunkt. Diese enthalten konkrete methodische Zugänge und Strategien, die Lehrpersonen bei der Gestaltung eines inklusiven Schulalltags unterstützen können. Ein vierter Abschnitt fasst weitere Implikationen für die Inklusionspädagogik im Kontext chronischer Erkrankungen zusammen. Dabei wird unter anderem das Konzept des epistemischen Vertrauens sowie die Notwendigkeit der Verankerung einer *Pädagogik bei Krankheit* im (inklusions-)pädagogischen Diskurs innerhalb von Ausbildung und schulischer Praxis thematisiert. Der fünfte Abschnitt legt den Fokus auf die Perspektiven betroffener Kinder und Jugendlicher, die als Expertinnen und Experten ihrer eigenen Erkrankung anerkannt werden, aktiv in schulische Entscheidungsprozesse einbezogen und im Sinne partizipativer Forschung auch als Mitforschende eingebunden werden sollen.

 doi.org/10.35468/6197-01

Einige dieser Beiträge werden durch ein Bild eingeleitet, das eine kurze Übersicht über den jeweiligen Artikel liefert. Diese Bilder sind im Rahmen der an der Pädagogischen Hochschule Salzburg stattgefundenen Tagung zum Thema *Krankheit und Schule* im Jahr 2024 entstanden.

Eine Übersicht über die Beiträge:

Inklusion stärken – Zukunftsperspektiven für chronisch erkrankte Kinder und Jugendliche eröffnen. Sarah Müller, Nicola Sommer, Martina Hoanzl und Robert Langnickel

Sarah Müller, Nicola Sommer, Martina Hoanzl und Robert Langnickel gehen der Frage nach: „Wie kann Inklusion gelingen, wenn Kinder und Jugendliche mit chronischen Erkrankungen zur Schule gehen?" Der Beitrag beleuchtet die pädagogischen, organisatorischen und rechtlichen Herausforderungen, mit denen Lehrpersonen im Schulalltag konfrontiert sind. Auf Grundlage aktueller Forschungsergebnisse werden zentrale Gelingensbedingungen wie kontinuierliche Fortbildung, multiprofessionelle Zusammenarbeit und rechtliche Sicherheit herausgearbeitet. Ein besonderer Fokus liegt darauf, wie individuelle Bedürfnisse erkannt und schulische Strukturen so gestaltet werden können, dass Teilhabe für alle Schülerinnen und Schüler möglich wird.

Das Kind mit dem Herzen sehen. Kinder mit chronischen Erkrankungen und Existenzielle Pädagogik. Eva Maria Waibel

Maria Waibel widmet sich in ihrem Beitrag der Begleitung von Kindern mit chronischen Erkrankungen und betont die Notwendigkeit, diese in ihrer Ganzheit wahrzunehmen. Zentrale Bedeutung kommt dabei der Haltung der im System beteiligten Lehrpersonen zu. Im Mittelpunkt steht die aus der Existenziellen Pädagogik stammende Frage: Was braucht dieses Kind jetzt von mir? Diese Frage verweist auf eine pädagogische Grundhaltung des Antwortens: Kindern sollte mit einer Haltung der Offenheit begegnet werden. Dabei ist es wesentlich, dass Lehrpersonen mit ihrem eigenen authentischen Ich in Kontakt sind, um eine Begegnung auf Augenhöhe zu ermöglichen.

Gesundheit und Krankheit durch die kulturelle Linse: Multiperspektivische Einblicke für Pädagoginnen und Pädagogen. Herbert Herbst

Herbert Herbst betrachtet Gesundheit und Krankheit mit Blick durch eine kulturelle Linse und weist auf Unterschiede und Andersartigkeiten verschiedener Bewältigungsstrategien hin. Daraus resultierend steigt der Wert für gelingende und effektive Kommunikationsmethoden zwischen Fachkräften und Patientinnen bzw. Patienten. Hierbei verweist Herbst sowohl auf die Bedeutung verbaler als auch nonverbaler Kommunikationsformen. Hinzu kommen die unter-

doi.org/10.35468/6197-01

schiedlichen Normen, Werte und Handlungen, die Einfluss auf das jeweilige Gesundheitsverhalten haben. Eine kultursensitive Haltung schafft es hier, eine Brücke zwischen Betroffenen und Begleiterinnen bzw. Begleitern zu bauen.

Chronisch krank in der Schule: Herausforderungen, Chancen und Lösungsansätze aus medizinischer Perspektive. Christiane Diefenbach und Michael S. Urschitz

Christiane Diefenbach und Michael S. Urschitz analysieren die steigende Anzahl von Schülerinnen und Schülern mit chronischen Erkrankungen aus epidemiologischer, sozialer und medizinischer Sicht. Sie beschreiben die Schwierigkeit, dieser Dynamik in Betreuungseinrichtungen und Ganztagsbetreuungen im schulischen Kontext gerecht zu werden und verweisen auf empirische Befunde und Lösungsansätze, die Bedarfe von chronisch erkrankten Schülerinnen und Schülern unterstützen.

Chronische Erkrankungen und Schule – Was die UN-Kinderrechtskonvention zu einer inklusiven Bildung beitragen kann. Tamara Reiner

Tamara Reiner zeigt auf, was Kinderrechte mit *Krankheit und Schule* zu tun haben. Diese in der Verfassung festgelegten Rechte bilden eine gute Grundlage und Orientierung für das Vorgehen im Schulalltag. Voraussetzung hierfür ist das Verständnis dieser Rechte, um ihre Anwendung in der Praxis auszuüben und dadurch den Alltag der Schülerinnen und Schüler mit Erkrankungen zu verbessern.

Kinder und Jugendliche als Expertinnen und Experten ihrer eigenen Gesundheit – Partizipation, Selbstbestimmung und Empowerment. Erwin Ditsios

Erwin Ditsios richtet seinen Blick auf Kinder und Jugendliche als Expertinnen und Experten ihrer eigenen Gesundheit und Krankheit. Aus dieser stärkenden Haltung heraus ergeben sich Ansätze für die bessere Zusammenarbeit zwischen Schule und Supportinstitutionen. Weiter werden Themen wie Umgang mit Krankheit, Lernschwierigkeiten und soziale Isolation diskutiert. Fallstudien zur Reintegration nach einem Krankenhausaufenthalt werden besprochen.

Kindliche Entwicklungs- und Verhaltensstörungen im Überblick – Klassifikation und schulpraktische Implikationen. Ulrike Kipman, Emily Kaiser und Samantha Barton

Die Autorinnen beschäftigen sich mit der frühzeitigen Erkennung und sachgerechten Diagnostik psychischer und entwicklungsbezogener Störungen bei Kindern und Jugendlichen. Sie beschreiben bekannte Störungsbilder im schulischen Kontext.

doi.org/10.35468/6197-01

Umgang mit AD(H)S: Pädagogische Hilfen, Unterstützungsangebote und ressourcenorientierte Förderansätze. Melanie Greil und Ulrike Kipman

Melanie Greil und Ulrike Kipman befassen sich mit dem Krankheitsbild AD(H)S und liefern nach einer theoretischen Einführung praktische Beispiele aus dem pädagogischen Alltag zu den Symptomen dieses Erkrankungsbildes. Es werden Lösungsmöglichkeiten und Methoden für den Umgang mit Kindern und Jugendlichen mit AD(H)S in einer Großgruppe im Klassenraum vorgestellt, die dabei helfen können, betroffene Schülerinnen und Schüler gut zu begleiten.

Die kindliche Angststörung – Möglichkeiten zur Stressreduktion im Unterricht. Ulrike Kipman und Agnes Vogl

Ulrike Kipman und Agnes Vogl setzen sich in ihrem Beitrag umfassend mit dem Thema Angststörung auseinander, insbesondere mit deren Erscheinungsformen und Auswirkungen im schulischen Alltag. Anhand eines Fallbeispiels veranschaulichen sie, wie schulische Rahmenbedingungen so gestaltet werden können, dass betroffene Kinder entlastet und in ihrem Alltag besser unterstützt werden. Der Artikel greift nach der Beschreibung eines externalisierenden Störungsbildes (AD(H)S) ein internalisierendes auf – als mögliche Ausprägungen psychischer Erkrankungsbilder.

Kinder und Jugendliche mit chronisch-somatischen Erkrankungen im Schulalltag. Impulse für eine krankheitssensible Gestaltung von Schule und Unterricht. Katja Höglinger

Katja Höglinger informiert über die gerechte Betreuung von Kindern und Jugendlichen mit somatischen Erkrankungen im Unterricht. Medizinische Grundlagen zu ausgewählten somatischen Krankheitsbildern (z. B. Gelenkrheuma, Cystische Fibrose) und der Aspekt der (Un)-Sichtbarkeit somatischer Erkrankungen werden diskutiert. Darüber hinaus wird darauf eingegangen, wie Schülerinnen und Schüler durch eine krankheitssensible Unterrichtsgestaltung unterstützt werden können.

Assistive Technologien für Schülerinnen und Schüler mit chronisch somatischen Erkrankungen. Melanie Willke

Melanie Willke stellt hier Technologien vor, die Schülerinnen und Schüler mit chronisch somatischen Erkrankungen im schulischen Alltag unterstützen. Die derzeit bedeutendsten Technologien wie Apps, Geräte, Software und andere Hilfsmittel werden unter verschiedenen Perspektiven präsentiert, betrachtet und diskutiert.

doi.org/10.35468/6197-01

Kranksein als psycho-sozio-somatische Vertrauenskrise. Stephan Gingelmaier, Nicola-Hans Schwarzer, Dirk von Boetticher und Tobias Nolte

Die Autoren verstehen Kranksein als eine psycho-sozio-somatische Vertrauenskrise. In ihrem Beitrag betonen sie die Bedeutung der Förderung der Mentalisierungsfähigkeit von Kindern und Jugendlichen mit chronischen Erkrankungen. Ziel ist es, deren körperliche, psychische und soziale Ressourcen zu stärken und ihnen die Erfahrung eines verlässlichen und vertrauensvollen Umfelds zu ermöglichen.

Wer? Was? Wie? Wo? Warum? Pädagogik bei Krankheit im schulischen Alltag – Erfahrungen und Reflexionen aus der Praxis. Christine Walser und Mona Meister

Christine Walser und Mona Meister beschreiben in ihrem Artikel Wege, wie mit Herausforderungen, die sich durch chronische Erkrankungen im schulischen Alltag stellen können, umgegangen werden kann, und schildern grenzübergreifende Projekte.

Den Stimmen der Kinder und Jugendlichen mit Erkrankungen Raum geben – Perspektiven für echte Partizipation in der Schule. Nicola Sommer, Sarah Müller und Robert Langnickel

Der Artikel betont die Bedeutung, Kinder und Jugendliche mit chronischen Erkrankungen als Expertinnen und Experten ihrer Lebenswelt anzuerkennen und ihre Perspektiven aktiv in schulische Entscheidungsprozesse einzubeziehen. Echte Partizipation erfordert eine dialogische Haltung seitens der Schule sowie strukturelle Bedingungen, die Mitsprache und Mitgestaltung ermöglichen – auch in Forschungsprozessen.

Dieser Band bietet fundiertes Hintergrundwissen, praxisnahe Strategien und wertvolle Impulse für die Weiterentwicklung inklusiver Strukturen, mit dem Ziel, die schulische Teilhabe von chronisch erkrankten Schülerinnen und Schülern nachhaltig zu verbessern. Die Grundlage für diese Publikation bildete die im Jahr 2024 erstmals an der Pädagogischen Hochschule Salzburg Stefan Zweig durchgeführte Tagung zum Thema Krankheit und Schule, für deren Abhaltung wir herzlich danken.
Unser besonderer Dank gilt allen Autorinnen und Autoren, die mit ihrem Engagement und ihrer Expertise einen wichtigen Beitrag leisten, um das Thema *chronische Erkrankungen im schulischen Kontext* stärker in den Fokus zu rücken. Ebenso möchten wir uns bei allen Teilnehmenden der Tagung bedanken, deren Interesse und Austausch das Verständnis für die komplexen

doi.org/10.35468/6197-01

Herausforderungen und Chancen der schulischen Inklusion von erkrankten Kindern und Jugendlichen bereichert haben.

Darüber hinaus danken wir der Österreichischen Gesellschaft für Diabetes (ÖDG) und der Österreichischen Gesellschaft für Kinder- und Jugendmedizin (ÖGKJ) für die Unterstützung beim Graphic Recording. Der Pädagogischen Hochschule Luzern danken wir für die Finanzierung der Publikation durch den Open Access Publikationsfond wie auch der Schweizer Stiftung Movetia, die das Projekt Pädagogik bei Krankheit und Spitalschulpädagogik (Pb-KuS, Movetia-Projektnummer: 2023-1-CH01-IP-0055) im Rahmen dessen die Publikation entstanden ist, unterstützt hat.

Wir hoffen, dass dieser Band weitere pädagogische Fachpersonen und Institutionen für die Bedeutung chronischer Erkrankungen sensibilisiert und dazu motiviert, den inklusiven Gedanken im Schulalltag weiter zu verfolgen und umzusetzen.

Viel Freude beim Lesen!
Die Herausgeberinnen und Herausgeber
Nicola Sommer, Sarah Müller und Robert Langnickel

Literatur

Damm, L. (2015): Kinder mit chronischen Erkrankungen in der Schule. In: P. Fichtenbauer (Hrsg.): Das chronisch kranke Kind im Schulsystem. Veranstaltung Palais Epstein. Wien: Schriftenreihe der Volksanwaltschaft, 31-48.

Domsch, H. & von Domsch, S. (2023): Krank sein dürfen: Persönliche und schulpsychologische Einblicke in das Kranksein in der Schule. Lernende Schule 2023 (103), 17-21.

Dos Santos Gomes, L. A. (Hrsg.). (2023): Pädagogik – Krankheit – Inklusion. Sind Lehramtsstudierende für die professionelle Arbeit mit chronisch erkrankten Schülerinnen und Schülern vorbereitet? München: Open Access LMU.

Etschenberg, K. (2006): Chronische Erkrankungen als Problem und Thema in Schule und Unterricht: Handreichung für Lehrerinnen und Lehrer der Klassen 1 bis 10. Gesundheitserziehung und Schule. Reihe Gesundheitserziehung und Schule. Köln: Bundeszentrale für Gesundheitliche Aufklärung.

Fangerau, H. & Franzkowiak, P. (2022): Krankheit. In: Bundeszentrale für gesundheitliche Aufklärung (BZgA). (Hrsg.): Leitbegriffe der Gesundheitsförderung und Prävention. Glossar zu Konzepten, Strategien und Methoden.

Felder-Puig, R., Teutsch, F. & Winkler, R. (2023): Gesundheit und Gesundheitsverhalten von österreichischen Schülerinnen und Schülern. Ergebnisse des WHO-HBSC-Survey 2021/22. Wien: BMSGPK.

Winkler, P., Ecker, S., Delcour, J., Kern, D. & Nowotny, M. (2024): Gesundheitsbericht Kinder und Jugendliche. Überblick über chronische Krankheiten – Adipositas – Depression. Wien: Bundesministerium für Soziales, Gesundheit, Pflege und Konsumentenschutz (BMSGPK).

Inklusion stärken – Zukunftsperspektiven für chronisch erkrankte Kinder und Jugendliche eröffnen

Sarah Müller, Nicola Sommer, Martina Hoanzl und Robert Langnickel

Zum Stellenwert von Inklusion im Kontext chronischer Erkrankungen: Herausforderungen im Schulalltag von Kindern und Jugendlichen mit chronischen Erkrankungen

Abstract

Wie kann Inklusion gelingen, wenn Kinder und Jugendliche mit chronischen Erkrankungen zur Schule gehen? Dieser Beitrag beleuchtet die pädagogischen, organisatorischen und rechtlichen Herausforderungen, mit denen Lehrpersonen im Schulalltag konfrontiert sind. Anhand aktueller Forschungsergebnisse werden zentrale Gelingensbedingungen wie Fortbildung, multiprofessionelle Zusammenarbeit und rechtliche Sicherheit aufgezeigt. Ein Schwerpunkt des Beitrags ist, wie individuelle Bedürfnisse erkannt und schulische Strukturen so angepasst werden können, dass Teilhabe für alle möglich wird - auch bei komplexen Krankheitsbildern. Der Beitrag gibt konkrete Hinweise für den Unterricht, verweist auf notwendige Unterstützungsressourcen und fordert eine stärkere Verankerung des Themas „Pädagogik bei Krankheit" in Aus- und Weiterbildung. Lehrpersonen erhalten damit wertvolle Impulse, wie sie Schülerinnen und Schüler mit chronischen Erkrankungen kompetent und empathisch begleiten können.

Keywords: Heterogenität; Inklusion; Bildungsteilhabe; chronische Erkrankung; interdisziplinäre Kooperationen

Einleitung

Die Schulglocke läutet und 22 Schülerinnen und Schüler betreten das Klassenzimmer - jede und jeder mit einer eigenen Geschichte. Da sitzt Noah mit einem Stuhlband und Lärmschutzkopfhörern, die ihm helfen, den Trubel um sich herum besser zu regulieren. Sara sitzt hinter einer Lerntheke, begleitet

doi.org/10.35468/6197-02

von ihrer pädagogischen Assistenz, die gerade ihren Blutzuckerspiegel kontrolliert. Bevor die Klasse den Tag am Spielplatz verbringt, muss noch an die Mitnahme des EpiPen® von Laura gedacht werden, um auf mögliche allergische Reaktionen vorbereitet zu sein. Wie kann Schule diesen unterschiedlichen Bedürfnissen gerecht werden?

Lehrpersonen sind im Alltag gezwungen, zahlreiche Rollen gleichzeitig zu übernehmen: als Beratungspersonen, als Wissensvermittlerinnen und -vermittler, als Vertrauenspersonen, als Planende, als Organisierende und in vielen weiteren Funktionen (Rothland 2013). Ergänzt wird diese Aufzählung noch durch die Verantwortung von Lehrpersonen für das gesundheitliche Wohl ihrer Schülerinnen und Schüler. In Anbetracht der steigenden Zahlen an Kindern und Jugendlichen mit chronischen Erkrankungen in Schulen rückt das Thema der Inklusion Betroffener vermehrt in den Vordergrund. Durch ganzheitliche Förderung und gezielte Maßnahmen soll erkrankten Kindern und Jugendlichen eine Teilhabe am schulischen Alltag in allen Bereichen ermöglicht werden.

Etwa 20 % der Schülerinnen und Schüler sind im deutschsprachigen Raum von chronischen Erkrankungen wie Diabetes, Epilepsie, Allergien u.a. betroffen. Auch Traumafolgestörungen, Angststörungen, Essstörungen oder Suchterkrankungen können chronisch verlaufen und haben große Auswirkungen auf den Alltag bzw. das Schulleben der betroffenen Schülerinnen und Schüler und deren Umfeld. Allerdings fühlt sich lediglich die Hälfte der Betroffenen im schulischen Umfeld ausreichend unterstützt (Felder-Puig u.a. 2023). Diese Diskrepanz zwischen der hohen Zahl betroffener Schülerinnen und Schüler und dem ausbaufähigen Gefühl der Unterstützung weist auf Defizite im schulischen System hin. Dies verdeutlicht den bestehenden Handlungsbedarf und weist auf die Notwendigkeit hin, das Thema Erkrankungen einerseits verstärkt im schulischen Kontext zu adressieren und ernsthaft zu berücksichtigen. Andererseits ist es erforderlich, Lehrkräfte durch gezielte Fort- und Weiterbildungsmaßnahmen besser auf die damit verbundenen Herausforderungen vorzubereiten. Das Interesse der Lehrkräfte an entsprechenden Fortbildungsangeboten ist vorhanden. Die unzureichende Unterstützung ist demnach nicht auf mangelndes Interesse zurückzuführen, sondern vielmehr darauf, dass entsprechende Fortbildungsprogramme sich entweder noch im Aufbau befinden oder nicht ausreichend bekannt sind. Darüber hinaus könnten der zunehmende Lehrpersonenmangel sowie das Fehlen zusätzlicher Ressourcen, wie etwa Supervisionsangebote, weitere Hemmnisse darstellen (Flitner 2014).

Vor diesem Hintergrund gewinnt das Konzept der Inklusion an Bedeutung, das darauf abzielt, die vielfältigen Bedürfnisse aller Lernenden zu berücksichtigen und chancengleiche Teilhabe im Bildungssystem sicherzustellen.

doi.org/10.35468/6197-02

Definition Inklusion

Die Kommission der UNESCO versteht Inklusion als einen Prozess,

> bei dem auf die verschiedenen Bedürfnisse von allen Kindern, Jugendlichen und Erwachsenen eingegangen wird. Erreicht wird dies durch verstärkte Partizipation an Lernprozessen, Kultur und Gemeinwesen, sowie durch Reduzierung und Abschaffung von Exklusion in der Bildung (…)" (DUK 2010, 9).

Inklusion umfasst demnach mehrere Aspekte, wie die Berücksichtigung individueller Bedürfnisse, die Möglichkeit der Teilnahme am Lernprozess, die Integration in die Kultur sowie die Vermeidung von Exklusion in den Kontexten, in denen chronisch erkrankte Schülerinnen und Schüler keine Schutzräume benötigen (wie z. B. bei Suchterkrankungen, immunologischen Erkrankungen u. a.). Hervorgehoben wird an dieser Stelle auch die Bedeutung, dass die Teilhabe an Bildung in den Menschenrechten verankert ist, eine Basis für eine gleichberechtigte Gesellschaft darstellt und daher als gesellschaftliches Ziel zu sehen ist (Deutsche UNESCO-Kommission e. V. 2014).
Die UNESCO benennt mehrere positive Effekte von Inklusion: Ein individuell gestalteter Unterricht kommt allen Schülerinnen und Schülern zugute und stärkt zugleich eine Haltung der Offenheit gegenüber Vielfalt. Zusätzlich erhöht eine gute Bildung von Anfang an die Chancen auf dem Arbeitsmarkt erheblich und wirkt sich daher auch auf die wirtschaftlichen Faktoren einer Gesellschaft aus (ebd. 2014).
Inklusion ist zusammengefasst ein Prozess, der allen Personen, die nicht von benachteiligenden Voraussetzungen in ihrer Entwicklung begrenzt werden dürfen, echte Bildungs- und Gesellschaftsbeteiligung ermöglicht, auch und gerade durch die Anerkennung individueller Bedürfnisse.

Inklusion von Kindern mit chronischen Erkrankungen am schulischen Leben

Oft werden im Zusammenhang mit Inklusion Menschen mit Behinderungen genannt und Personen mit chronischen Erkrankungen übersehen, obwohl deren Erkrankungen ebenfalls einen enormen Einfluss auf das schulische Leben haben können (Seiler-Kesselheim & Walter-Klose 2023). Um Inklusion im Sinne der UNESCO-Definition zu verwirklichen, müssen daher auch Kinder und Jugendliche mit chronischen Erkrankungen berücksichtigt werden.
Unter chronischen Erkrankungen werden Krankheitsbilder verstanden, welche über eine längere Dauer anhalten oder unheilbar sind. Bekannte Beispiele für chronisch somatische Erkrankungen sind Adipositas, Diabetes mellitus, obstruktive Bronchitis, Neurodermitis, Asthma, Skoliose und Epilepsie. Aber auch psychische Belastungen können sich chronifizieren. Bekannte Beispiele für

doi.org/10.35468/6197-02

psychische Erkrankungen sind Angst- und Zwangsstörungen, aber auch Depression, Essstörungen und Suchterkrankungen sowie Traumafolgestörungen. Akute Erkrankungen, wie zum Beispiel Infekte mit einer erwarteten kurzen Dauer, sind hiervon abzugrenzen. Durch die Erkrankungen ergeben sich für die Betroffenen meist langanhaltende Therapien (Lohaus & Heinrichs 2013).
Im Zusammenhang mit Kindern und Jugendlichen mit chronischen Erkrankungen entstehen für die Schülerinnen und Schüler und deren Erziehungsberechtigten diverse Herausforderungen. Der Beratungsbedarf, wie das Lernen und die Lernorganisation in der Schule und zu Hause gut bewältigt werden können, ist hoch. Lehrpersonen sind oft nicht ausreichend vorbereitet, um hier genaue Informationen zu geben. Diese fehlenden Informationen haben jedoch weitreichende Konsequenzen: Lernvoraussetzungen werden gerade dann (auch durch die Hintertür) zu Selektionsfaktoren, wenn diese nicht erfasst und berücksichtigt werden. Ein Beispiel dafür: Zeigt ein Kind mit Diabetes Anzeichen von Unkonzentriertheit, kann dies mit der notwendigen Überwachung des Blutzuckerspiegels zusammenhängen und nicht mit mangelnder Aufmerksamkeit oder Motivation.
Der Kommunikationsbedarf mit außerschulischen Organisationen und medizinischem Personal ist für den nachhaltigen Bewältigungsprozess fortlaufend essenziell und erfordert ebenfalls erhöhte zeitliche Ressourcen seitens der Lehrpersonen. Die inklusive Förderung benötigt sonderpädagogisches Wissen im Bereich der Individualisierung und Differenzierung. Dazu kommt der vermehrte und regelmäßige Austausch unter den Kolleginnen und Kollegen. Die Arbeit mit erkrankten Schülerinnen und Schülern erfordert einen reflektierten Blick auf die Beziehungsebene, aus der sich weitere Themen wie Nähe und Distanz oder Tod und Trauer ergeben, welche von den Lehrpersonen ebenfalls beachtet werden müssen, um ein professionelles, persönliches Gleichgewicht zu finden (Wertgen & Scheid 2014). Diese Aufzählung verdeutlicht, dass die Betreuung chronisch Erkrankter und deren Angehöriger sowohl fachliche als auch soziale Kompetenzen erfordert und zudem höhere zeitliche und emotionale Ressourcenbedarfe mit sich bringt.
Weiter stellen die rechtlichen Rahmenbedingungen oftmals eine Hürde dar, weil diese den Lehrpersonen oft nicht bekannt sind oder da diese nicht existieren. In Österreich besteht seit 2019 Rechtssicherheit im Umgang mit chronischen Erkrankungen in der Schule. Lehrpersonen dürfen medizinische Laientätigkeiten wie das Verabreichen von Medikamenten oder das Herbeiholen ärztlicher Hilfe ausführen, sofern diese zumutbar sind – dabei haftet die Republik Österreich gemäß dem Amtshaftungsgesetz. Die freiwillige Übernahme regelmäßig notwendiger, nicht mehr laienhafter Tätigkeiten ist möglich, bedarf aber einer ärztlichen Unterweisung und Zustimmung aller Beteiligten. Eine Verpflichtung zur Übernahme solcher Aufgaben durch die Schulleitung

 doi.org/10.35468/6197-02

ist unzulässig. Wird die Tätigkeit aber übernommen, wird sie zur Dienstpflicht. In medizinischen Notfällen sind Lehrpersonen gesetzlich verpflichtet zu helfen, auch mit Maßnahmen, die sonst medizinischem Fachpersonal vorbehalten sind (BMBWF 2019). Um das Schulpersonal über rechtliche Fragestellungen zu informieren, sind Aufklärung und Wissensvermittlung im Rahmen von Vorträgen in Aus- und Weiterbildungen unerlässlich.

Erfolgsfaktoren einer inklusiven Pädagogik bei chronischer Erkrankung

Aufgrund der bereits erwähnten Herausforderungen ist es entscheidend, die Erfolgsfaktoren im Zusammenhang mit chronischen Erkrankungen näher zu betrachten. Ein Blick auf den Forschungsprozess zum Thema *chronische Erkrankungen* der letzten 20 Jahre zeigt, dass sich die deutschsprachige Literatur zwar damit auseinandersetzt, im Forschungsbereich jedoch erst in den letzten Jahren Entwicklungen vonstattengegangen sind. International gelten Teile Europas und Nordamerikas als Vorreiter, die bisherigen Daten wurden jedoch nur selten auf den Schulalltag übertragen (Seiler-Kesselheim & Walter-Klose 2023).

In Bezug auf vielfältige und seltene Erkrankungen gibt es sowohl empirisch als auch literarisch nur wenige Daten (ebd. 2023). Seiler-Kesselheim und Walter-Klose haben internationale Studien zum Thema *chronische Erkrankungen* verglichen und wiesen im schulischen Kontext auf einige Gelingensfaktoren hin. Unterrichtliche Inhalte müssen im Lernprozess individuell angepasst und Erlebnisse außerhalb des Unterrichts individuell und organisatorisch durchgedacht werden. Um diese Anpassungen vorzunehmen, braucht es seitens der Lehrpersonen Wissen im Bereich *Krankheit und Schule*, um differenzierte Unterrichtsgestaltungen anbieten zu können, welche den gesundheitlichen Anforderungen, die Schülerinnen und Schüler mit chronischen Erkrankungen mitbringen, gerecht werden. Daher sollten Fort- und Weiterbildungsprogramme in diesen Bereichen stark ausgebaut und Beratungsangebote präsenter werden.

Einen weiteren Gelingensfaktor stellt die Kommunikation unter dem schulischen Personal dar. Transparente Absprachen bezüglich der Regeln und Vorgehensweisen müssen allen Beteiligten bekannt sein und gemeinsam durchgeführt werden. Castello und Pülschen (2018) unterstreichen hierbei, dass nur 4 % von 77 befragten Lehrpersonen klare Regeln und Strukturen als besonders wichtig für den Umgang mit erkrankten Schülerinnen und Schülern erachten. Ein kooperativer Umgang mit vermehrten Fehlzeiten und die Verwendung eines Nachteilsausgleichs spielen hier ebenfalls eine bedeutende Rolle (Seiler-Kesselheim & Walter-Klose 2023). Alle medizinischen Organisationen und Beteiligten müssen in diesem System ebenfalls Platz finden, um eine optimale

doi.org/10.35468/6197-02

Begleitung unter der Ressourcennutzung aller zu ermöglichen (ebda. 2023). Nicht zu vergessen ist die Einbeziehung der erziehungsberechtigten Personen, die mit ihren mitgebrachten Ressourcen gesundheitliche Informationen teilen und schulische Prozesse erleichtern können (Walter-Klose 2012).

Auch die soziale Teilhabe in der Klassengemeinschaft ist für eine nachhaltige Bewältigung der Inklusion chronisch erkrankter Schülerinnen und Schüler sehr wichtig (Seiler-Kesselheim & Walter-Klose 2023). Befinden sich Schülerinnen und Schüler über einen längeren Zeitraum in einer Schule für Kranke, Klinik-/Spitalschule bzw. Heilstättenschule oder benötigen sie aufgrund von Selbst- oder Fremdgefährdung spezifische Lernorte, so ist auf eine begleitete Reintegration zu achten, wobei hier der Erfolg zum Großteil an der Kooperation mit den Stammschulen hängt. Weitere wichtige schulische Faktoren stellen einen angepassten Umfang der Stundenzahl im Unterricht, Gespräche mit den Erziehungsberechtigten und bereits im Vorfeld organisierte vereinzelte Schulbesuche dar (Castello & Pülschen 2018).

Aber auch die interdisziplinäre Kooperation ist für eine gelingende Inklusion von gesteigerter Bedeutung. Dazu gehört der Schulpsychologische Dienst ebenso wie die Zusammenarbeit mit sozialen und sonderpädagogischen Diensten, mit IT- und medienpädagogischen Beraterinnen und Beratern für eine passungsgenaue Teilhabeassistenz, z. B. durch Avatare, aber auch mit Schulverwaltungsbehörden, wenn es z. B. um den krankheitsbedingten Nachteilsausgleich geht. Dauerhaft wichtig bleibt die Kooperation mit dem Gesundheitsbereich. Beispielsweise kann medizinisches, pflegerisches und therapeutisches Personal zur besonderen Chance bei Heimatschulbesuchen werden, wenn das erkrankte Kind in deren Begleitung nach langer Abwesenheit wieder in die Klasse zurückkehrt. Expertinnen und Experten können dabei unterstützen, Sorgen und Ängste aller Beteiligten in inklusiven Prozessen rasch und nachhaltig klären. Dies erleichtert das Ankommen und die Aufnahme des erkrankten Kindes enorm (Schroeder u. a. 2000). Interdisziplinäre Kooperation im Feld einer Pädagogik bei Krankheit kommt dann nicht nur dem erkrankten Kind zugute, sondern auch den Lehrpersonen und der Schulleitung.

Inklusive Beschulung gelingt nur, wenn Schule sich als Teil eines interdisziplinären Netzwerkes versteht (Staatsinstitut für Schulqualität und Bildungsforschung München 2020).

Die verschiedenen Entwicklungsfelder zeigen deutlich, dass weiterhin erheblicher Handlungsbedarf besteht. Doch chronische Erkrankungen sind nicht ausschließlich defizitär zu betrachten, sondern bieten auch Chancen zur Entwicklung spezifischer Bewältigungsstrategien für die Schülerinnen und Schüler. Kinder mit chronischen Erkrankungen lernen frühzeitig Bewältigungsstrategien, um den Herausforderungen ihrer Erkrankung zu begegnen

doi.org/10.35468/6197-02

(Lohaus & Heinrichs 2013) und Mitschülerinnen und Mitschüler werden für die Thematik Erkrankung bzw. deren Auswirkungen sensibilisiert.

Fazit und Ausblick

Aus den oben zusammengefassten Erkenntnissen ergeben sich wichtige Entwicklungsfelder für einen nachhaltigen Umgang mit chronischen Erkrankungen:

Meiners u. a. (2023) beschreiben, welche Bereiche für beteiligte Lehrpersonen im Umgang mit chronischen Erkrankungen als wichtig empfunden werden. Darunter befinden sich Informationen und Fachwissen für die Begleitung pädagogischer Diagnostik, um den Schulalltag besser zu strukturieren. Danach folgt das Wissen um eine angepasste und individuelle Förderung und das Gestalten teils auch kurzfristiger Beziehungen zu den Schülerinnen und Schülern. Belange, welche die organisatorischen Rahmenbedingungen betreffen, sowie Skills zum Thema Beratung und Kommunikation, müssen auch ins Curriculum mit einfließen. Zusätzlich sollen sich Lehrpersonen sowohl persönlich als auch sozial weiterentwickeln (ebd. 2023).

An einigen Hochschulen und Universitäten im deutschsprachigen Raum ist es mittlerweile gelungen, das Thema *Pädagogik bei Krankheit* zu verankern. Doch es bedarf nicht nur einer Weiterentwicklung im Bereich der Aus-, Fort- und Weiterbildung, sondern Lehrpersonen müssen über rechtliche Rahmenbedingungen Bescheid wissen, um Sicherheit erfahren zu können. Zudem wäre eine allgemeine, öffentliche Beratungsstelle, an die sich Betroffene, deren Angehörige und Pädagoginnen und Pädagogen wenden können, wünschenswert.

Pflegerische Assistenzen bzw. Fachkräfte aus dem Pflegebereich würden eine optimale Versorgung im Bereich der Betreuung von Kindern und Jugendlichen zusätzlich unterstützen. Erste Versuche gibt es bereits in mehreren europäischen Ländern, wie beispielsweise in Österreich durch die mobile Kinderkrankenpflege MOKI (Damm 2015).

In der vorliegenden Darstellung wurden relevante Themenbereiche skizziert, die im Kontext von Inklusion im Hinblick auf Kinder und Jugendliche mit chronischen Erkrankungen berücksichtigt werden sollten, um echte Teilhabe zu gewährleisten. Chronische Erkrankungen stellen nicht nur eine Herausforderung für Schülerinnen und Schüler sowie deren Erziehungsberechtigte dar, sondern auch für Lehrpersonen. Ein achtsamer Umgang im organisatorischen und inhaltlichen Bereich kann allen Betroffenen Unterstützung bieten. Hierbei sind erweiterte Fortbildungsangebote und zusätzliche personelle Ressourcen von erheblicher Bedeutung, um die Lehrpersonen in ihrer Tätigkeit zu entlasten und ihre Handlungskompetenz zu fördern.

doi.org/10.35468/6197-02

Literatur

Bundesministerium für Bildung, Wissenschaft und Forschung (BMBWF). (2019): Rundschreiben Nr. 13/2019: Medizinische Laientätigkeiten, Übertragung ärztlicher Tätigkeiten an Lehrpersonen, Verhalten im Notfall. Geschäftszahl: BMBWF-40.000/0031-I/9/2018. Online unter: Rundschreiben: 2019-13; BMBWF-40.000/0031-I/9/2018; Medizinische Laientätigkeiten, Übertragung ärztlicher Tätigkeiten an Lehrpersonen, Verhalten im Notfall. (Abrufdatum: 06.06.2025).

Castello, A. & Pülschen, M. (2018): Unterricht an Klinikschulen in Schleswig-Holstein. In: Zeitschrift für Heilpädagogik 69 (7), 327-333.

Damm, L. (2015): Kinder mit chronischen Erkrankungen in der Schule. In: P. Fichtenbauer (Hrsg.): Das chronisch kranke Kind im Schulsystem. Veranstaltung Palais Epstein. Wien: Schriftenreihe der Volksanwaltschaft, 3-48.

Deutsche UNESCO-Kommission (Hrsg.) (2010): Inklusion: Leitlinien für die Bildungspolitik. Bonn: (Original UNESCO 2009, Paris).

Felder-Puig, R., Teutsch, F. & Winkler, R. (2023): Gesundheit und Gesundheitsverhalten von österreichischen Schülerinnen und Schülern. Ergebnisse des WHO-HBSC-Survey 2021/22. Wien: BMSGPK.

Flitner, E. (2014): Problemfelder der Inklusion in Europa: Qualifikationen, Ressourcen und Kooperation in den Schulen. In: Flitner, E., Ostkämper, F., Scheid, C. & Wertgen, A. (Hrsg.). Chronisch kranke Kinder in der Schule. Stuttgart: Kohlhammer Verlag.

Lohaus, A. (Hrsg.) & Heinrichs, N. (2013): Chronische Erkrankungen im Kindes- und Jugendalter: Psychologische und medizinische Grundlagen. Weinheim: Beltz.

Meiners, J. P., Krull, J. & Leidig, T. (2023): Spezifische Ausbildung im Arbeitsfeld „Pädagogik bei Krankheit"? Eine qualitative Interviewstudie mit Lehrkräften an Schulen für Kranke. Zeitschrift für Heilpädagogik 74 (4), 156-168.

Rothland, M. (Hrsg.). (2013): Belastung und Beanspruchung im Lehrerberuf. Modelle, Befunde, Interventionen. Wiesbaden: VS Verlag für Sozialwissenschaften.

Schroeder, J., Hiller-Ketterer, I. & Häcker, W. (2000): „Liebe Klasse, ich habe Krebs!" Pädagogische Begleitung lebensbedrohlich erkrankter Kinder und Jugendlicher. Tübingen: Attempto Verlag.

Seiler-Kesselheim, A. & Walter-Klose, C. (2023): Die Situation von chronisch-somatisch erkrankten Schülerinnen und Schülern in der Schule: Eine Erhebung des nationalen und internationalen Forschungsstands. Zeitschrift für Heilpädagogik 74 (4), 340-344.

Staatsinstitut für Schulqualität und Bildungsforschung München. (2020): Kinder und Jugendliche mit psychischen und chronisch somatischen Erkrankungen in der Schule für Kranke. Online unter: https://www.isb.bayern.de/schularten/schule-fuer-kranke/handreichung-schule-fuer-kranke/. (Abruf am: 07.07.2025).

Walter-Klose, C. (2012): Kinder und Jugendliche mit Körperbehinderung im gemeinsamen Unterricht: Befunde aus nationaler und internationaler Bildungsforschung und ihre Bedeutung für Inklusion und Schulentwicklung [Dissertation, Julius-Maximilians-Universität Würzburg]. Würzburg: Würzburg University Press.

Wertgen, A und Scheid, C. (2014): Chronisch kranke Schüler:innen ein thematischer Abriss. In: Flitner, E., Ostkämper, F., Scheid, C. & Wertgen, A. (Hrsg.). Chronisch kranke Kinder in der Schule. Stuttgart: Kohlhammer Verlag, 21-22.

 doi.org/10.35468/6197-02

Autorinnen und Autoren

Sommer, Nicola, MSc Dipl.Päd. Dr.[in]
Orcid 0000-0001-8101-0152
Pädagogische Hochschule Salzburg, Institut für Bildungswissenschaften Lehre und Forschung zu Pädagogik bei Krankheit, Krisenintervention, Gewaltprävention, Gesundheitsförderung

nicola.sommer@phsalzburg.at

Müller, Sarah, BEd, MEd.
Pädagogische Hochschule Salzburg
Primarstufenpädagogin, derzeit Inklusionspädagogin, Lehrende und Forschende, psychosoziale Beraterin, Fortbildung in existenzieller Pädagogik und Imaginationsberatung.

sarah1.mueller@phsalzburg.ac.at

Langnickel, Robert, Dr.
Orcid 0000-0002-4265-0103
Pädagogische Hochschule Luzern, Institut für Diversität und inklusive Bildung (IDB) Pädagogische Hochschule Salzburg, Gastprofessor Pädagogik bei Krankheit; Intervention und Prävention bei internalisierenden und externalisierenden Auffälligkeiten; Psychoanalytische Pädagogik

robert.langnickel@phlu.ch

Hoanzl, Martina, AOR Mag.[a] Dr[in]
Pädagogische Hochschule Ludwigsburg, Fakultät für Teilhabewissenschaften, Förderschwerpunkt soziale und emotionale Entwicklung (Pädagogik/Didaktik) Pädagogik bei Krankheit, beziehungsbasierte Lernprozesse, existenzielle Themen in der Pädagogik, Geschwisterforschung

Hoanzl@ph-ludwigsburg.de

doi.org/10.35468/6197-02

Theoretische und konzeptionelle Grundlagen einer Pädagogik chronischer Erkrankungen

Eva Maria Waibel

Das Kind mit dem Herzen sehen. Kinder mit chronischen Erkrankungen und Existenzielle Pädagogik

Abstract

Die Frage, ob sich die Existenzielle Pädagogik auch im Kontext chronischer Erkrankungen, Behinderungen, sozialer Benachteiligung oder herausfordernder Verhaltensweisen anwenden lässt, ist klar zu bejahen. Gerade in solchen pädagogisch besonders herausfordernden Situationen entfaltet dieser Ansatz sein volles Potenzial und zeigt seine besonderen Stärken. Dabei handelt es sich jedoch nicht um eine spezifisch modifizierte Form der

doi.org/10.35468/6197-03

Existenziellen Pädagogik für einzelne Zielgruppen. Vielmehr beruhen ihre Wirksamkeit und Tragfähigkeit auf denselben anthropologischen Grundhaltungen, konzeptuellen Zugängen und pädagogischen Prinzipien, die für alle Kinder – und grundsätzlich für alle Menschen – Gültigkeit haben. Als besonders wirksam erweist sich die phänomenologische Haltung (Waibel 2017a). Sie möchte das Kind in seiner ganzen Persönlichkeit wahrnehmen und verstehen. Die zentrale existenziell-pädagogische Leitfrage fasst dies zusammen: „Was braucht dieses Kind jetzt von mir?" (Waibel 2022, 46). Zudem unterstützt diese Haltung Erziehende darin, das jeweils einzigartige und einmalige Kind in seiner jeweiligen speziellen Situation zu sehen, aber auch sich selbst als Erziehende mit den eigenen authentischen Ideen und Vorstellungen einzubringen. Dadurch vertieft sich die Beziehung und das zwischenmenschliche Vorgehen verändert sich. Die folgenden Ausführungen geben einen Einblick in die speziellen Stärken der Existenziellen Pädagogik. Doch zunächst folgen einige Vorbemerkungen zu Gesundheit und Krankheit aus existenzieller Perspektive.

Keywords: Menschenbild; Grundmotivationen; phänomenologisches Anfragen; authentische Stellungnahme; Antworthaltung

Gesundheit und Krankheit: Die existenzielle Perspektive

Wenn Gesundheit als körperliches, psychisches, mentales und soziales Wohlbefinden definiert wird, steht diese Vorstellung in der Tradition von Antonovsky (1989). Er versteht Gesundheit umfassend und nicht als fernes Ziel, sondern als Bestandteil des Lebens und als tägliches Ringen darum. Ebenso schließt dieser Ansatz ein, dass sich die unterschiedlichen Teilbereiche von Gesundheit und Krankheit gegenseitig beeinflussen. Aus existenzieller Sicht bedeutet Gesundheit mehr als nur das Fehlen von Krankheit. Sie beschreibt die Fähigkeit, das eigene Leben zu gestalten und mit Krankheiten oder Schwierigkeiten gut umgehen zu lernen (Waibel 1994). So gesehen können weder Gesundheit noch Krankheit als statische Zustände festgemacht werden. Gesundheit lässt sich auch nicht nur als Abwesenheit von Krankheit oder Behinderung definieren. Immer befindet sich der Mensch zwischen Gesundheit und Krankheit, auf einer gedachten Linie jeweils näher beim einen oder beim anderen Pol. Kein Mensch ist absolut gesund oder absolut krank, auch Kinder mit chronischen Erkrankungen oder Behinderungen nicht. Ebenso können körperlich gesunde Kinder möglicherweise unter Einschränkungen in den anderen Gesundheitsbereichen leiden, genauso wie Kinder mit körperlichen Erkrankungen in den anderen Teilbereichen weitgehend gesund sein können.

doi.org/10.35468/6197-03

Chronische Erkrankung: Eine Form der Behinderung

Jede Erkrankung beeinträchtigt - zumindest zeitweise - den eigenen Lebensvollzug. Eine chronische Erkrankung schränkt das eigene Leben längerfristig und meist noch mehr ein und wird so oft zu einer (sekundären) Behinderung. Behinderungen und chronische Erkrankungen können - unabhängig von ihrer Schwere - sichtbar oder unsichtbar - sein. Jedenfalls stellen sie eine dauerhafte Beeinträchtigung aufgrund körperlicher, geistiger oder seelischer Leiden dar (Keller & Novak 1979). Es kann Vor-, aber auch Nachteil sein, dass viele chronische Erkrankungen sich nach außen unauffälliger zeigen als körperliche Behinderungen. Für beide, Erkrankung und Behinderung gilt: Sie können es Kindern erschweren, ihre eigenen Potenziale zu entfalten und ihre Ausdrucksmöglichkeiten einschränken. Begrenzte Möglichkeiten erfahren Kinder mit Behinderung oder chronischen Erkrankungen auch durch bewusste und unbewusste Ausgrenzung seitens ihres Umfelds oder der Gesellschaft. Nicht nur deshalb ist es wichtig, Kinder nicht auf *Diagnosen* festzulegen, sondern auch, weil Kinder immer mehr sind als ihre Behinderung oder (chronische) Erkrankung. Entscheidend ist ohnehin, wie sie mit ihrer Erkrankung bzw. Behinderung umgehen.

Kinder mit chronischen Erkrankungen: Einschränkung durch sekundäre Behinderung

Neben einer mehr oder weniger belastenden Erkrankung erleben Kinder eine solche *sekundäre Behinderung* oft als zusätzlichen Stolperstein für ihre Lebensmöglichkeiten, die es zu vermeiden gilt. Kommen noch Ablehnung oder gar Vernachlässigung durch die Umwelt hinzu, manchmal sogar von Seiten der Eltern, verlieren junge Menschen noch mehr Boden in der Welt. Auch das Gegenteil, nämlich Überbehütung, Verwöhnung oder Gängelung (Keller & Novak 1979) kann zu einer Überhöhung des Ich, aber auch zu Resignation führen. All dies hilft Kindern nicht, ihrem Leben generell und den speziellen Herausforderungen durch ihre Erkrankung zu begegnen (ebd. 1979). Ausweiten lässt sich der Blick auf (chronische) Erkrankungen und Behinderung durch gesundheitsfördernde Perspektiven.

Ziel der Gesundheitsförderung: Entfaltung der Lebenskräfte

Gesundheitsförderung betrifft alle Menschen, einerlei an welchem Punkt der gedachten Linie zwischen den beiden Polen von Krankheit und Gesundheit sie sich befinden. Sie setzt nicht an Defiziten, sondern an den gesunden Anteilen an, die gefördert werden. Ihr Anspruch ist es, ausgehend von den Gegebenheiten auf eine möglichst umfassende Gesundheit hinzuwirken, wissend, dass sich

doi.org/10.35468/6197-03

dieser nur angenähert werden kann. Sie „will nicht verhindern, sondern will (...) dem einzelnen helfen, Lebenskräfte und Lebensleitlinien zu entwickeln" (Waibel 1994, 110). Sie zielt primär darauf, die (noch) gesunden Bereiche des Kindes zu stützen und den kranken Anteilen sekundär und tertiär präventiv entgegenzutreten (ebd. 1994). Wird Gesundheit in diesem umfassenden Sinn verstanden, rückt die Entfaltung des ganzen Menschen und damit die pädagogische Unterstützung dieses Anliegens in den Mittelpunkt. Dieser Grundgedanke wird zu einem Ausgangspunkt der Existenziellen Pädagogik.

Ziele der Existenziellen Pädagogik: Stärkung von Kindern und Jugendlichen

Ziel der Existenziellen Pädagogik ist es, Kinder und Jugendliche zu stärken, damit sie ihr Leben mit den je eigenen gegebenen Bedingungen und Fakten aktiv in die Hand nehmen und auf diese Weise sich selbst und ihr Leben so weit wie ihnen möglich authentisch gestalten. Existenziell pädagogisches Vorgehen setzt vor allem darauf, die mentale und psychosoziale Gesundheit der Kinder und Jugendlichen, aber auch der Erziehenden zu verbessern und die Lebenskompetenzen aller zu fördern. Ein solches Vorgehen steuert die Persönlichkeitsentwicklung der Kinder, der Jugendlichen, aber auch der Erziehenden an und festigt deren Resilienz. Dabei werden Kinder in ihren gesunden Anteilen angesprochen und in ihrer Frustrationstoleranz bestärkt. Kinder darin zu unterstützen, ihr Leben mit *innerer Zustimmung* (Längle 2013; Längle & Holzhey-Kunz 2008) zu leben, gilt genauso für Kinder mit chronischen Erkrankungen. Diese werden dabei unterstützt, so gut wie möglich mit ihrer Erkrankung umzugehen. Behinderung und gerade auch chronische Erkrankung bedeuten nicht zwangsläufig, der Erkrankung, den Fakten die Hoheit über das eigene Leben zu überlassen. Wenn begleiten heißt, Menschen in ihrer Lebensbewältigung zu ermutigen, drängen sich zwei grundlegende Themen in den Vordergrund: Die Frage nach dem Wesen und dem Bild des Menschen und die Frage nach den grundlegenden Bedürfnissen und Antrieben, den Werten sowie den grundsätzlichen Lebensthemen, sowohl im Allgemeinen als auch im Speziellen. Zunächst zum Allgemeinen.

Das existenzielle Verständnis des Menschen: Zwei Bilder vom Menschen

Die drei Dimensionen des Menschen

Was ist der Mensch? Auch wenn sich das Wesen Mensch als zu komplex für einfache Antworten erweist, vermag das vereinfachte Modell der Dreidimen-

doi.org/10.35468/6197-03

sionalität des Menschen (Frankl 2002) möglicherweise zu einem ersten Verständnis hinführen. Es ist offensichtlich: Da ist ein Körper, der sich zu einem (kleineren) Teil ansehen und befühlen lässt. Die körperliche Ebene ist zwar auch nicht einfach zu überblicken, aber noch relativ eindeutig zu umreißen. Ihr ist jedes körperliche Geschehen auf chemischer, physikalischer, biologischer und physiologischer Ebene zuzuordnen (Waibel & Melzer 2024). Spätestens seit Sigmund Freud ist Allgemeinwissen, dass der Mensch zudem mit einer Psyche ausgestattet ist. Die Psyche beinhaltet bewusste und unbewusste Anteile wie etwa Stimmungen, Triebe, Instinkte, Affekte, Charakter, Persönlichkeitszüge, erworbene Verhaltensmuster sowie Copingstrategien. Die enge Verbindung zwischen Körper und Psyche wird gerade im gesundheitlichen Bereich offensichtlich. Erkrankungen, deren Auslöser in der psychischen Ebene vermutet werden, bezeichnen wir als psychosomatisch. Wenn es uns psychisch nicht gut geht, stellen sich körperliche Erkrankungen ein und wenn es uns körperlich nicht gut geht, leidet die Psyche. So wichtig diese beiden Dimensionen Körper und Psyche für das Verständnis vom Menschen sind, nicht nur vor dem Hintergrund von Gesundheit und Krankheit, so ergeben sie doch noch ein unvollständiges Bild. Den Menschen *nur* unter diesen beiden Aspekten zu sehen, stellt für Frankl eine Verkürzung des Menschseins dar, die er als *Reduktionismus* (Frankl 1987) geißelte. Denn das Gespür für Freiheit und Verantwortung, Werte und Wille, Liebe und Begegnung, Vertrauen, Glaube und Hoffnung, ... sieht er weder dem Körper noch der Psyche zuordenbar. Diese Phänomene ordnet er einer dritten Dimension zu, die er als das *Geistige* im Menschen bezeichnet, nicht zu verwechseln mit dem Verstand. Dieses Geistige könnte aber auch als goldenes Wesen oder als *goldener Kern* (Waibel 2024) des Menschen angesehen werden, eine Vorstellung, die sich gerade in der Pädagogik als hilfreich erweist. Wie auch immer die geistige Dimension bezeichnet wird, sie ermöglicht dem Menschen zu erkennen, was er für sich als richtig und wichtig einschätzt. Sie lässt ihn spüren, welche Themen darauf warten, in welcher Form auch immer von ihm bearbeitet zu werden. Längle spricht vom Geistigen erstmals 1993 als „In-mir-Sprechendes" (Längle 1993b, 137). Das Geistige kann daher auch als Resonanzraum für die *Fragen* der Welt und die aus Sicht des jeweiligen Menschen stimmigen *Antworten* verstanden werden. Frankl verortet hier zudem die „Trotzmacht des Geistes" (Frankl 1987, 233; Frankl 2002, 93), wenn er etwa deutlich macht, dass der Mensch nicht nur von Trieben getrieben wird, sondern dass in ihm eine „innere Instanz" innewohnt, die sich zu den Gegebenheiten der Welt und des Lebens zu stellen vermag (Frankl 1987, 46.). Konkret: Mithilfe des Geistigen, das als innerer Resonanzraum wirkt, kann der Mensch Stellung beziehen, zur eigenen körperlichen oder psychischen Befindlichkeit, zu den Widrigkeiten des Lebens, kurz zu allen äußeren Umständen und inneren Zuständen des Daseins (Frankl

doi.org/10.35468/6197-03

2002). Alle drei Dimensionen bilden eine *Denkfigur* und lassen den Menschen als ganzheitliches Wesen erscheinen. Sie ermöglichen sein besseres Verstehen und zeigen verschiedene Ansatzpunkte für zielorientiertes Handeln. Sie stehen allerdings nicht isoliert nebeneinander, sondern interagieren in nicht vorhersehbarer Weise miteinander. Dieses statische Bild bildet noch nicht die gesamte existenzielle Wirklichkeit des Menschen ab. Denn der Mensch ist auch ein von der Welt Befragter und In-sich-hinein-Hörender. Er steht in einem doppelten Dialog.

Die existenziell-dialogische Situation des Menschen

Man könnte sagen, er „steht in einer unaufhebbaren Beziehung zur ‚Welt', auf die er angewiesen ist", wie es Längle (2013, 41) ausdrückt. Gleichzeitig steht er in Verbindung zu seiner inneren Welt, zu sich selbst. Diese existenzielle Situation des Menschen ist wesentlich durch das zweifache Angefragt-Sein durch die Außenwelt und durch die dadurch ausgelöste Anfrage an seine Innenwelt gekennzeichnet. Längle bezeichnet diese existenzielle Situation auch als „doppelte Realität" des Menschen (ebd. 2008, 92). Ständig treffen Reize, Informationen, Anregungen, Herausforderungen, Versuchungen, im existenziellen Sinn *Anfragen* aus der Welt auf den Menschen. Ob und in welcher Weise ihn diese ansprechen oder er sich ansprechen lässt, hängt von der Resonanz seiner Innenwelt ab. „Im Mittelpunkt dieser dialogischen Verwobenheit mit Eigenem und Anderem steht das Ich als Person" (ebd. 2013, 46), das zwischen den beiden Polen *vermittelt*. Dieser dialogischen Dynamik kann der Mensch nicht entkommen, wohl aber kann er sich verschließen. Voraussetzung für ein existenzielles Leben ist es, in *beiden Welten* beheimatet zu sein. Aus dieser Perspektive ist für Längle entscheidend, „was und wie das Individuum auf die Situation antwortet" (ebd. 2013, 43). Die heutige Existenzanalyse versteht den Menschen *immer* als vom Leben angefragt und – zumindest potenziell – in der Lage, eine für ihn stimmige Antwort zu finden. „Menschsein heißt ‚in Frage stehen', Leben ist ‚Antwort geben'", lautet die diesbezügliche Kurzformel von Längle (ebd. 2013, 45).

Existenzielles Menschenbild: Pädagogische Konsequenzen aus dieser Perspektive

- Diese beiden theoretischen Positionen zum Menschenbild bilden den Ausgangspunkt für viele in der Existenzanalyse und in der Existenziellen Pädagogik grundlegende, praktische und zentrale Überlegungen. Aus der Idee, dass der Mensch neben Körper und Psyche noch von einem inneren „Geistigen", einem „inneren Resonanzraum", geleitet wird, erschließt sich für Existenzanalyse und Existenzielle Pädagogik die „absolute Würde" des Menschen (Waibel & Melzer 2024, 63).

doi.org/10.35468/6197-03

- Die geistige Dimension des Menschen existiert nicht nur unabhängig von körperlicher, psychischer oder mentaler Erkrankung und Behinderung, sondern kann selbst nicht erkranken, auch wenn sie im Ausdruck behindert sein kann.
- Ein existenziell erfülltes Leben ist unter anderem dadurch gekennzeichnet, dass Menschen mithilfe ihres Geistigen, ihrer Innenwelt, Anfragen des Lebens hören und spüren lernen und idealerweise auf der Grundlage gefühlter Stimmigkeit passende Antworten entwickeln.
- Antworten auf die Bedingungen des Lebens zu finden, heißt, in einer existenziellen Antworthaltung (Frankl 1989) durchs Leben zu gehen, das heißt, auf die Fragen des Lebens eine für sich selbst möglichst gute Antwort zu geben. Die Antworthaltung leitet an, sich auf eigene Ressourcen und gegebene Möglichkeiten zu konzentrieren. Ein solch aktives Zugehen auf die Fragen des Lebens auf der Grundlage eigener Stimmigkeit führt Menschen aus ihrer Opferhaltung. Diese ist von Passivität und der Wunschhaltung nach weniger Herausforderungen und angenehmeren Gegebenheiten geprägt. Auch wenn es angesichts sehr herausfordernder Fragestellungen des Lebens (Leid, Schuld und Tod) oftmals äußerst schwer ist, sich in eine Antworthaltung einzuschwingen, können jedenfalls mit ihr vom Leben gestellte An- und Herausforderungen besser bewältigt werden – nicht im Sinne einer normativen Vorgabe, sondern in Form einer authentischen Stellungnahme.
- Zudem bildet das Geistige für die Existenzielle Pädagogik in mehrfacher Hinsicht den wesentlichen Ansatzpunkt für pädagogisches Handeln.
- Ein Grundgedanke dabei ist, zwischen der geistigen Dimension und dem Verhalten, zwischen der geistigen Dimension und der Diagnose, zwischen der geistigen Dimension und der augenblicklichen Situation des Menschen zu unterscheiden. Dies lässt die unbedingte Wertschätzung der Person unter allen Umständen zu.
- Sich auf das Geistige, den Resonanzraum des Kindes zu fokussieren, bedeutet, es in seinem inneren goldenen, unversehrten Kern zu sehen, was sich gerade bei Kindern mit chronischen Erkrankungen sowie mit ausweichendem Verhalten als besonders hilfreich erweist. In seinem inneren Wesen erkannt zu werden, stärkt das eigene Selbst und mindert negative Gefühle, die sich ansonsten andernorts – meist in ausweichendem Verhalten – bemerkbar machen. Diese wertschätzende Haltung entwickelt sich bei Erziehenden im Bemühen, auf den goldenen Kern zu fokussieren.
- Da dieser goldene Kern – unabhängig von allen anderen Aspekten – als wesentlich und gut angesehen wird, bedeutet ein Einschwingen in eine solche Haltung, Kinder zu *sehen*. Zudem stärkt sie Offenheit und Interesse

dem anderen gegenüber, erleichtert das genaue Hinschauen, Hinhören und Hinspüren (Waibel 2022; Waibel 2017b), als wesentliche Leitgedanken des Bemühens um den anderen. *Wer bist du? Wer gibst du vor zu sein?*

- Auf der Grundlage einer solchen Haltung werden Erziehende zwischen dem inneren Wesen und dem Verhalten eines Kindes unterscheiden, genauso wie zwischen dem inneren Wesen und einer (chronischen) Erkrankung. Sie werden nicht ausschließlich Körper und Psyche im Blick haben, sondern versuchen, das innere Wesen zu erreichen. Sie werden die Person anfragen und zu einer Stellungnahme herausfordern (Waibel 2022). Sie werden möglicherweise ihre Haltung und Einstellung Kindern gegenüber verändern. Diese Bilder vom Menschen unterstützen Erziehende auch dabei, jedes Kind als einmalige und einzigartige Person zu sehen und führen zum individuellen und speziellen Zugang zum Kind. Ein wesentliches Tor ist dabei das Anfragen des Kindes.

Anfragen: Ziel ist Verstehen

Anfragen zielt auf tiefes Verstehen des Kindes und darauf, hinter die Kulissen zu schauen, zum inneren Resonanzraum des Kindes vorzudringen und es in seinem Inneren zu berühren. Anfragen heißt daher nicht einfach fragen, heißt nicht aus- oder abfragen. Es geht nicht um philosophische oder gar inquisitorische Fragen oder Wissensfragen. Anfragen zielen nicht auf die Psyche und nicht auf einen objektiven Sachverhalt, sondern auf den Resonanzraum des Kindes und seine persönliche Stellungnahme: Wie siehst du das? Was bedeutet das für dich? Wie geht es dir (jetzt) damit? Wie ist das für dich? Ist das gut so für dich? Was würde dir (jetzt, in dieser Situation) helfen? Was brauchst du (jetzt) von mir? Denkst du, du könntest damit umgehen? Was wären mögliche Umgangsformen mit dem Problem für dich? (Waibel 2022). Anfragen haben die Person und ihren Umgang mit den sie beschäftigenden Themen im Blick. Anfragen oder gar in der Erziehung in einer Anfragehaltung zu sein, die das Kind, in dem, was es beschäftigt, ganz ernst nimmt, ist nicht so einfach, wie es auf den ersten Blick scheint und will gelernt sein. Aber ohne eine Haltung der (phänomenologischen) Offenheit (Längle 2013), der Demut, des Noch-nicht-Wissens und vor allem des tiefen Verstehen-Wollens des Kindes, bleiben Erziehende an der Oberfläche und die Fragen werden vom Kind als (lästiges) Ausfragen erlebt (Waibel 2022).

Ein solch phänomenologisches Anfragen unterstützt das Kind darin, sich selbst besser verstehen zu lernen. Außerdem wird das Kind durch die Aufforderung zur persönlichen Stellungnahme zu eigenen Handlungsspielräumen sowie zu einer für sich selbst stimmigen Antwort herausgefordert. Das Kind wird dadurch ernstgenommen und bei der eigenen Suche nach Antworten

 doi.org/10.35468/6197-03

begleitet. Von den Erziehenden verlangt ein solches Vorgehen, subjektive Wünsche, (Erziehungs-)Konzepte, Vorstellungen, Ideen, ja sogar die eigene Person zurückzustellen und ihm keine persönlichen Antworten vorzugeben oder gar aufzudrücken. Kinder erleben sich damit in ihrer Selbstwirksamkeit. Zudem nehmen sie auf diese Weise ihr Leben selbst in die Hand und setzen sich immer häufiger ans Steuerrad ihres eigenen Lebens, auch wenn sie mit Widrigkeiten zu kämpfen haben.

Fundament für ein gutes Leben: Personale Werte

Eine wesentliche Möglichkeit, der Geistigkeit eines je speziellen Kindes näherzukommen, führt über das Kennenlernen seiner personalen Werte. Dieses einzigartige Konzept der *personalen* Werte, das von Frankl (1987) entwickelt wurde, erweist sich gerade in der Pädagogik als mehrfach zielführend. Menschen stehen, wie schon ausgeführt, solange sie bei Bewusstsein sind, immer im Austausch zwischen der auf sie einwirkenden Außenwelt und dem bewussten und unbewussten Antworten ihrer immer gegenwärtigen Innenwelt. Jeder Mensch nimmt die Welt aus seiner Perspektive wahr und verfügt über eine je charakteristische Innenwelt. Die Welt zeigt sich manchmal von ihrer schönen und manchmal von ihrer weniger schönen Seite. Sie stellt Menschen vor angenehme und unangenehme Tatsachen, vor mehr oder weniger schwere Aufgaben. Sie zeigt Menschen aber auch viele spannende Möglichkeiten auf, wie etwa das eigene Leben gestaltet werden könnte. Welche dieser vielfältigen Möglichkeiten werden nun als für das eigene Leben inspirierend angesehen, sprechen den einzelnen Menschen besonders an? Welche Tätigkeiten erfüllen ihn, kann er genießen, findet er attraktiv, ziehen ihn an? „Personale Werte unterscheiden sich von allgemeinen Werten dadurch, dass sie als *Resonanz* auf Menschen, Dinge und Ideen in der Welt *gefühlt* werden. (...). Sie berühren uns in unserem Inneren" (Waibel 2022, 212). Menschen nehmen diejenigen Angebote in der Welt, die sie ansprechen oder vielleicht sogar *anspringen*, mit ihrem inneren Gespür wahr (Längle 1993a). Die vorwiegend *schöpferisch* ausgerichteten personalen Werte (Frankl 1987) setzen sie durch aktives Tun um (den Garten umgraben, eine Suppe kochen, ein Gespräch führen, ein Kind großziehen oder unterrichten, ein Instrument spielen, singen, zeichnen, töpfern, sich in einem Museum inspirieren lassen, einen Sport betreiben, ein Fest planen oder organisieren, ...). Die vorwiegend *erlebnis*orientierten personalen Werte (Frankl 1987; Waibel 2017a) realisieren sie durch (bewusstes) Genießen (ein Kind, ein heißes Bad, die Waldluft, den Tau im Gras, den Sonnenuntergang, ein liebevoll zubereitetes Menü, ein Kunstwerk, Musikhören, ...). In der dritten Wertkategorie, den *Einstellungswerten* (Frankl 1977; Waibel 2017a), der schwierigsten Kategorie, geht es darum, eine

doi.org/10.35468/6197-03

für sich selbst stimmige Antwort auf eine vorgegebene unabänderliche Situation (beispielsweise eine chronische Erkrankung, ...) in Form einer Einstellung zu finden. Wie schon unter der Antworthaltung angesprochen, wäre es eine Möglichkeit für den Menschen, sich (s)einem Leiden, (s)einer Schuld, (s)einem schweren Schicksalsschlag nicht unterzuordnen, sondern einen lebensförderlichen Umgang damit zu finden. Voraussetzung dafür - wie auch bei jeder Stellungnahme - ist die Fähigkeit zur Selbstdistanzierung. Ansätze dazu sind bei Kindern schon vor dem dritten Lebensjahr erkennbar (Steinbacher 2016). Personale Werte erschließen sich den Erziehenden nicht nur durch Anfragen. Auch durch Hinschauen, Hinhören und Hinspüren lassen sich bereits bei Babys wesentliche Vorlieben und bedeutsame Anliegen erkennen. In jedem Fall gilt: Zu wissen, durch welche personalen Werte das einzelne Kind angesprochen wird, lässt viel von seinem Wesen erfahren und erahnen und hilft, das Kind besser zu verstehen. Durch die Verwirklichung von personalen Werten, den damit zusammenhängenden Tätigkeiten und dem dazugehörenden Erleben erfährt der Mensch zudem Erfüllung und Sinn. So gesehen sind personale Werte in einer existenziell ausgerichteten Pädagogik zentral. Existenziell Erziehende begleiten junge Menschen daher zum einen darin, das, was Kinder anspricht, ernst zu nehmen, zum anderen darin, stimmige Antworten auf die Fragen des Lebens zu finden.

Existenzielle Pädagogik: Im Wesentlichen eine Haltung

Bereits aus dem bisher Dargelegten wird deutlich, dass die Existenzielle Pädagogik im Wesentlichen auf einer Haltung (vgl. auch Waibel 2022) beruht, die dem Kind auf Augenhöhe begegnet und es in seinem je eigenen Wesen und in seinen Bedürfnissen zu erkennen trachtet[1]. Erziehende, die sich von diesen Grundannahmen inspiriert fühlen, sowie sich mit dem existenziellen Verständnis vom Menschen und dem existenziellen Gerüst der Grundbedürfnisse auseinandersetzen, wachsen immer mehr in eine solche Haltung hinein. Existenziell arbeitende Erziehende sind daher daran zu erkennen, dass sie den (jungen) Menschen mit Offenheit begegnen. Sie sind interessiert an ihrer einmaligen und einzigartigen Person (Waibel 2022), an ihren Werten und Zielen, an all dem, was Kindern wichtig ist. Sie fragen die Kinder an. Sie sind nicht vorrangig am *Funktionieren* der Kinder interessiert, sondern an der personalen *Begegnung* von Person zu Person. Erziehende, die von diesem Verständnis vom Kind getragen sind und die Entwicklungserfordernisse und Grundbe-

1 Wünsche und Bedürfnisse zu kennen, bedeutet nicht, dass diese jederzeit erfüllt werden sollten. Pädagogisches Vorgehen wird auch wesentlich dadurch bestimmt, was Erziehende *in der jeweiligen Situation und auf Dauer* als zielführend und *nachhaltig* ansehen.

doi.org/10.35468/6197-03

dürfnisse von Kindern aufnehmen, ohne ihre eigenen zu vernachlässigen, setzen wesentliche Elemente der Existenziellen Pädagogik um.

Entwicklungserfordernisse und Grundbedürfnisse: Eine Hintergrundmatrix

Was versteht die Existenzanalyse und damit die Existenzielle Pädagogik unter Grundbedürfnissen? *Grundbedürfnisse* sind grundlegende, zu stillende Strebungen, die - aus existenzieller Sicht - das Fundament für ein erfülltes Leben bilden. Die existenziellen Grundbedürfnisse ordnete Alfried Längle vier Gruppen zu (2008). Diese können auch als umfassende *Lebensthemen* oder *Lebensfragen* gesehen werden, weil sie Menschen im Verlaufe ihres Lebens *begleiten* und sie immer wieder - besonders in herausfordernden Lebenssituationen - konfrontieren. Es sind die vier grundlegenden Fragen: Wo bin ich (sicher)? Wie ist mein Leben und wie soll es sein? Wer bin ich und wer will ich sein? Wozu will ich da sein? (Längle 2008). Diese *Grundfragen* kennzeichnen gleichzeitig die *Grundbedingungen* menschlichen Lebens. Längle bezeichnet sie als die *Grundmotivationen* des Menschen, da sie die Grundlage für die Umsetzung eines *guten Lebens* und die Verwirklichung des eigenen Sinns bilden (ebd. 2013).

Die vier Grundmotivationen

Die vier Grundmotivationen bilden sich in vier großen Themen ab, erstens *meine Welt*, zweitens *mein Leben*, drittens *mein Selbst* und viertens *mein Sinn* (Längle 2008). Unser (oft fragiles) In-der-Welt-Sein weckt unser Bedürfnis nach Sicherheit. In unserem Leben entstehen durch Beziehungen und Dialog Lebendigkeit und Wärme. Das gilt auch für unseren Austausch mit der Welt. Zum Selbst-sein-Dürfen und Wissen-Wollen, wer ich bin, gesellt sich die Frage nach unserer eigenen Identität und Authentizität und das Bedürfnis nach Gesehen-Werden im je Eigenen. Abgerundet werden die Themen mit der Frage nach dem Sinn: Wozu bin ich hier, mit meinem Leben, in dieser Welt? (ebd. 2008). Unser Sein ist somit gekennzeichnet durch „vier Lebensthemen, die gleichzeitig die Grundbedingungen aufzeigen, in denen der Mensch steht, sowie seine grundsätzlichen Motivationskräfte beschreiben" (Waibel 2023, 176). Alle diese Grundbedürfnisse enthalten jeweils drei Bausteine, sodass schließlich zwölf Bausteine die Basis dieser *Bedürfnispyramide* bilden.

Die Bausteine der Grundbedürfnisse

Das *erste* Bedürfnis nach Sicherheit enthält die Bausteine *Raum, Schutz* und *Halt* (Längle 2013; 2021; Längle & Kolzhey-Kunz 2008). Für Längle sind sie die Voraussetzung, um gut in der Welt sein zu können. Durch Schutz entsteht ein Gefühl der Beheimatung, durch Raum ein Gefühl der Offenheit und durch

doi.org/10.35468/6197-03

Halt ein Gefühl von Gelassenheit. Erfahren Kinder genügend Raum, Schutz und Halt, entwickeln sie ein stabiles *Grundvertrauen*.
Das *zweite* Bedürfnis nach Dialog mit der Welt basiert auf den Bausteinen *Beziehung, Zeit* und *Nähe*. Beziehung fokussiert in diesem Fall nicht nur auf die Beziehung zu anderen Menschen, sondern auch auf die Beziehung zu Dingen, Tätigkeiten, Themen in der Welt (die personalen Werte) sowie das spirituelle oder gläubige Aufgehoben-Sein. Beziehung, Zeit und Nähe sind mit Emotionen wie Berührung, Gefühl und Wärme verbunden. Werden Kindern diese Erfahrungen zuteil und gehen sie aktiv auf diese zu, entsteht eine Grundbeziehung zum Leben, die sie das eigene Leben als gut empfinden lässt und in der Existenzanalyse auch als *Grundwert* bezeichnet wird.
Das *dritte* Bedürfnis nach Selbst-sein-Dürfen setzt die Bausteine *Beachtung* durch Wahrung der (eigenen) Grenzen, *Gerechtigkeit* durch Festigkeit und Autorität sowie *Wertschätzung* durch Anerkennung des Eigenen voraus. Gelingt dies, so entsteht der *Selbstwert*.
Das *vierte* Bedürfnis schließlich erfordert die Bausteine *mögliche Tätigkeitsfelder*, aber auch *Strukturen zur Orientierung* sowie das *Wahrnehmen personaler Werte*. Kann der Mensch diesen nachgehen, entsteht das Gefühl, in seinem Leben *Sinn*volles umzusetzen.
Dieser sehr kurze Einblick enthält nur einen Teil der gesamten Landkarte. Alle Bausteine können nochmals in Hinblick auf das Menschenbild aufgegliedert werden, nämlich in die körperliche, psychische und geistige Dimension (Längle 2008; 2013; 2021)[2].
Festhalten lässt sich: Diese vier Lebensthemen, Grundbedürfnisse, Grundbedingungen oder Grundmotivationen bilden das „Gerüst der Existenz" (Längle 2013, 72). Sie sind zugleich eine *Hintergrundmatrix* für Erziehende, aus denen diese ihr praktisches Handeln ableiten können. Diese Landkarte der wesentlichen Entwicklungserfordernisse ermöglicht es Erziehenden zudem, Kinder in ihren Bedürfnissen aufzufangen, aber auch „Verhaltensauffälligkeiten präventiv und aktuell zu begegnen" (Waibel 2023, 177). In diesen Lebensthemen erfolgt für Kinder *und* Erziehende die Auseinandersetzung mit der Außenwelt und der Innenwelt. Sie unterstützen Kinder *und* Erziehende darin, in einen guten Umgang mit ihrem Leben zu kommen. Die Grundbedürfnisse sind bei allen Kindern und Menschen gleich, gelten in erhöhtem Maße aber für Kinder mit chronischen Erkrankungen und deren Betreuungspersonen[3].

2 Die Ähnlichkeit zwischen der Maslow´schen Bedürfnispyramide und den vier Grundmotivationen stützt die von beiden Forschern jeweils als essenziell erkannten Bausteine. Eine wesentliche Stärke der Längle´schen Konzeption ist ihre wissenschaftliche Validierung, ihre Tiefe sowie ihre weit in die Breite reichende, detaillierte Verästelung.

3 Gerade Eltern und Betreuungspersonen von Kindern mit chronischen Erkrankungen werden vermutlich ebenfalls in ihren Grundbedürfnissen und Grundfragen gestützt werden müssen.

 doi.org/10.35468/6197-03

Die Grundbedürfnisse: Empowerment bei Kindern mit chronischen Erkrankungen

Im Falle von Kindern mit chronischen Erkrankungen werden die Bedürfnisse nach Schutz, Raum und Halt noch mehr in den Vordergrund treten. Das Bedürfnis nach körperlichem Schutz wird jedenfalls zu beachten sein, um die Erkrankung hintanzuhalten. Zum anderen wird auch auf den psychischen Schutz des Angenommen-Seins des Kindes in der Erkrankung zu achten sein. Ebenso wichtig wird sein, einen Ort oder auch ein Thema zu haben oder zu schaffen, in dem sich das Kind sicher und geborgen fühlen kann. Raum kann hier bedeuten, trotz der Erkrankung die Offenheit von Menschen zu erleben, aber auch die Möglichkeit zu erhalten, eigene und neue Wege zu gehen und nicht durch eventuelle Überbehütung, Verwöhnung (Waibel, 2017a) und Gängelung *behindert* zu werden. Haltgeben könnte darin bestehen, als Erziehende selbst zum Anker für das Kind zu werden. Haltgeben kann bedeuten, das Kind darin zu unterstützen, auf die Erkrankung eine eigene stimmige Antwort zu finden. Das kann Annehmen oder Aushalten sein, das kann auch ein *Trotzdem* sein, aber keinesfalls im Sinne eines Rat-*Schlags* oder einer (normativen) Vorgabe. Haltgeben kann aber auch bedeuten, auf Regelmäßigkeiten (Jahreszeiten, Rituale, Feste, Strukturen, ...) zu achten.

Beziehungen helfen - nicht nur, aber besonders - in schwierigen Zeiten. Dafür braucht es von Seiten der Erziehenden qualitative Zeit sowie echte Zuwendung, die Nähe ermöglicht. Besondere Bedeutung werden auch Beziehungen des Kindes zu personalen Werten erhalten. Was findet das Kind spannend? Was macht es gerne? Worin geht es auf, wenn es etwas macht? Was erfüllt es? Was ist - auch angesichts der Erkrankung - möglich?

Schließlich will das Kind nicht nur in seiner Erkrankung gesehen werden, sondern ebenso in seinen (vorhandenen) Potenzialen. Hier geht es darum, im Sinne des Empowerments das Kind zu befähigen, einen guten Umgang mit sich in der Erkrankung zu finden und gleichzeitig sein Leben - wenn möglich - nicht allzu sehr von der Erkrankung beeinflussen zu lassen. Aber auch ein Kind mit Erkrankung braucht zu gegebener Zeit Festigkeit von Seiten der Erziehenden und die Möglichkeit, sich (vielleicht vor allzu viel Sorge oder Übergriffigkeit) abzugrenzen.

Gerade auch Kinder mit chronischen Erkrankungen sollten ihre personalen Werte, diejenigen Themen und Dinge kennen, die sie besonders ansprechen, die sie lebendig werden lassen. Und sie brauchen Tätigkeitsfelder, in denen sie sich beweisen können, in denen sie etwas ausprobieren, gestalten und zu Ende bringen können, am besten in gemeinschaftlichen Strukturen.

doi.org/10.35468/6197-03

Fazit

Worum geht es vorrangig bei Kindern mit chronischen Erkrankungen? Eine ihrer Bedingungen, in denen sie sich vorfinden, ist ihre chronische Erkrankung mit den jeweils gegebenen Einschränkungen. Dieser gilt es ins Auge zu schauen, ihr realistisch zu begegnen, sie idealerweise anzunehmen oder auszuhalten. Entscheidend ist aber gerade auch für sie, dass sie ihr eigenes Leben innerhalb ihrer Bedingungen so gut wie möglich gestalten, dass sie sich selbst in die Hand nehmen und das eigene Leben so weit wie machbar in die eigene Hand nehmen. Ein solches Ziel wird in der Existenziellen Pädagogik im Dialog mit dem Kind umgesetzt.

Literatur

Antonovsky, A. (1997): Salutogenese: Zur Entmystifizierung der Gesundheit. Tübingen: Deutsche Gesellschaft für Verhaltenstherapie (DGVT).

Frankl, V. E. (1977): Psychotherapie für heute. Freiburg im Breisgau: Herder.

Frankl, V. E. (1987): Ärztliche Seelsorge. Grundlagen der Logotherapie und Existenzanalyse. Frankfurt am Main: Fischer.

Frankl, V. E. (1989): Der leidende Mensch. Anthropologische Grundlagen der Psychotherapie. München: Piper.

Frankl, V. E. (2002): Logotherapie und Existenzanalyse. Texte aus sechs Jahrzehnten. Weinheim: Beltz.

Keller, J. A. & Novak, F. (1979): Kleines Pädagogisches Wörterbuch. Freiburg im Breisgau: Herder.

Längle, A. (1993a): Wertberührung. Bedeutung und Wirkung des Fühlens in der existenzanalytischen Therapie. In: Gesellschaft für Logotherapie und Existenzanalyse (Hrsg.): Wertberührung. Tagungsbericht 1 und 2. Wien: GLE-Eigenverlag, 22-9.

Längle, A. (1993b): Personale Existenzanalyse. In: Gesellschaft für Logotherapie und Existenzanalyse (Hrsg.): Wertberührung. Tagungsbericht 1 und 2. Wien: GLE-Eigenverlag, 133-160.

Längle, A. (2013): Lehrbuch der Existenzanalyse. Grundlagen. Wien: Facultas.

Längle, A. (2021): Existenzanalyse und Logotherapie. Stuttgart: Kohlhammer.

Längle, A. & Holzhey-Kunz, A. (2008): Existenzanalyse und Daseinsanalyse. Wien: Facultas.

Steinbacher, R. (2016): Die Entwicklung des Sinnerlebens und der sinnvollen Lebensgestaltung. In: R. Biberich, A. Kunert, B. Adenbeck & R. Steinbacher (Hrsg.): Existenzanalytische Psychotherapie mit Säuglingen, Kindern und Jugendlichen. Wien: GLE-Eigenverlag, 82-107.

Waibel, E. M. (1994): Von der Suchtprävention zur Gesundheitsförderung in der Schule. Der lange Weg der kleinen Schritte. Lausanne: Peter Lang.

Waibel, E. M. (2017a): Erziehung zum Sinn – Sinn der Erziehung. Grundlagen einer Existenziellen Pädagogik. Weinheim und München: Beltz Juventa.

Waibel, E. M. (2017b): Erziehung zum Selbstwert. Persönlichkeitsförderung als zentrales pädagogisches Anliegen. Weinheim und München: Beltz Juventa.

Waibel, E.M. (2022): Haltung gibt Halt. Mehr Gelassenheit in der Erziehung. Weinheim und München: Beltz Juventa.

Waibel, E. M. (2023): Existenzielle Pädagogik. In: M. Huber, M. & M. Döll (Hrsg.): Bildungswissenschaft in Begriffen, Theorien und Diskursen. Heidelberg: Springer VS, 173-180.

Waibel, E. M. (2024): Ein personales und existenzielles Bild vom Menschen. In: M. Fede, S. Roszner, E. Süss-Stepancik (Hrsg.): Personbezogene überfachliche Kompetenzen. Impulse für Bildungs-, Lern- und Entwicklungsprozesse in der Lehrer:innenbildung. Weinheim und München: Beltz Juventa, 54-85.

 doi.org/10.35468/6197-03

Autorin

Waibel, Eva Maria, Mag.[a] Dr.[in]
Institut für Existenzielle Pädagogik
Vortragende und Autorin, Leiterin des Instituts für Existenzielle Pädagogik, Beirätin der GLE-I, Psychotherapeutin (Existenzanalyse), Forschung zur Existenziellen Pädagogik, Erfahrung in Lehre und Gesundheitsförderung

waibelevamaria@gmail.com

Herbert Herbst

Gesundheit und Krankheit durch die kulturelle Linse
Multiperspektivische Einblicke für Pädagoginnen und Pädagogen

Abstract

Gesundheit und Krankheit sind nicht allein biologische oder biomedizinische Zustände, sondern tief in kulturelle Kontexte eingebettet. Wie Menschen mit Erkrankungen umgehen, was sie als gesund empfinden oder wie sie Hilfe in Anspruch nehmen, wird maßgeblich durch ihre kulturellen Prägungen, sozialen Erfahrungen und soziokulturellen Rahmenbedingungen beeinflusst. Besonders im Kontext von Migration zeigt sich, dass kulturelle

doi.org/10.35468/6197-04

Diversität eine zentrale Herausforderung, aber auch Potenzial für Bildungs- und Gesundheitsinstitutionen darstellt (Spallek & Razum 2021).
Im schulischen Setting rücken damit Fragen in den Fokus, wie Lehrpersonen, Sozialarbeit oder Pflegekräfte in Bildungseinrichtungen den spezifischen gesundheitlichen Bedürfnissen von Kindern und Jugendlichen mit chronischen Erkrankungen gerecht werden können – insbesondere dann, wenn diese durch Migration oder soziale Benachteiligung zusätzlich belastet sind. Pädagogische Fachkräfte agieren dabei an der Schnittstelle zwischen Bildung, Betreuung und psychosozialer Begleitung – und sind zunehmend gefordert, nicht nur fachlich, sondern auch interkulturell kompetent zu handeln (Gundolf 2024; Reuner & Gräßer 2023).
Der vorliegende Beitrag nähert sich dieser Thematik aus einer interdisziplinären Perspektive. Er beleuchtet, wie kulturelle Hintergründe das Verständnis von Gesundheit und Krankheit prägen, welche strukturellen Hürden den Zugang zu Gesundheitsleistungen für migrierte Kinder und Jugendliche erschweren und wie interkulturelle Kommunikation in Bildungs- und Gesundheitssettings gelingen kann. Abschließend wird diskutiert, wie durch die Verknüpfung pädagogischer und gesundheitlicher Ansätze Brücken gebaut werden können – hin zu einer inklusiveren, gerechteren Versorgung für alle.

Keywords: Kulturelle Prägung; Migration und Gesundheit; interkulturelle Kompetenz; Chancengleichheit; chronische Erkrankung

Gesundheit und Krankheit – Begriffsverständnis

Gesundheit ist ein zentraler, aber keineswegs eindeutig definierter Begriff. In der Alltagssprache wird Gesundheit häufig mit dem Freisein von Krankheit gleichgesetzt. Die Weltgesundheitsorganisation (WHO 1948, zitiert nach Franzkowiak und Hurrelmann 2022, Abs. 4) hat diesen engen Zugang bereits früh hinterfragt und ein ganzheitliches Gesundheitsverständnis formuliert: „[...] der Zustand des vollständigen körperlichen, geistigen und sozialen Wohlbefindens und nicht nur das Freisein von Krankheit und Gebrechen". Dieser Ansatz hat sich im gesundheitswissenschaftlichen Diskurs weitgehend etabliert und bildet die Grundlage moderner Gesundheitsförderung.
Trotz dieser Definition bleibt Gesundheit ein dynamisches Konzept, das sich je nach kulturellem, sozialem und individuellem Kontext unterschiedlich zeigt. Was in einer Gesellschaft als gesund gilt, kann in einer anderen als behandlungsbedürftig wahrgenommen werden. Gesundheit ist also nicht nur biologisch, sondern immer auch kulturell konstruiert. Dieses Verständnis ist besonders im Umgang mit Kindern und Jugendlichen aus verschiedenen Herkunftsländern bedeutsam, da deren Krankheits- und Gesundheitsverständnis

oft andere Dimensionen einbezieht – etwa spirituelle oder gemeinschaftsbezogene Deutungen (Gundolf 2024; Schmidt-Rumposch & Werner 2024).
Krankheit wiederum wird in der Medizin als Störung der normalen physischen oder psychischen Funktionen verstanden, die die subjektive Befindlichkeit und/oder die objektive Leistungsfähigkeit negativ beeinflusst (Pschyrembel Online 2024). In der Praxis zeigt sich jedoch, dass sich die Grenze zwischen Krankheit und Befindlichkeitsstörung nicht immer klar ziehen lässt, insbesondere bei psychosomatischen oder chronischen Erkrankungen im Kindes- und Jugendalter.
Zur differenzierten Betrachtung hat sich in der Gesundheitswissenschaft das Konzept des Gesundheits-Krankheits-Kontinuums etabliert (Faltermeier 2023). Dieses Modell beschreibt Gesundheit nicht als feststehenden Zustand, sondern als ein Kontinuum, auf dem sich Individuen im Laufe ihres Lebens – teils täglich – bewegen. Menschen können sich trotz diagnostizierter Erkrankung subjektiv gesund fühlen, während andere sich trotz medizinischer Unauffälligkeit stark beeinträchtigt erleben. Damit wird die subjektive Sichtweise ernst genommen und gesundheitliche Vielfalt anerkannt. Das salutogenetische Modell von Antonovsky bietet einen hilfreichen Orientierungsrahmen. Es fragt nicht nach der Ursache von Krankheit (Pathogenese), sondern danach, was Menschen gesund erhält. Im Zentrum steht das Kohärenzgefühl – also das Gefühl von Verstehbarkeit, Handhabbarkeit und Sinnhaftigkeit des eigenen Lebens (ebd. 2023).
Gerade bei Kindern und Jugendlichen mit chronischen Erkrankungen – etwa aus sozial belasteten oder migrierten Familien – gewinnt dieses salutogenetische Denken an Bedeutung. Bildungs- und Betreuungseinrichtungen können durch stabile Beziehungen, Struktur und kulturelle Sensibilität dazu beitragen, Gesundheit im Sinne von Resilienz und Wohlbefinden zu stärken.

Kulturelle Unterschiede im Krankheitsverständnis

Gesundheit und Krankheit werden in jeder Gesellschaft auf spezifische Weise interpretiert. Diese Interpretationen sind tief in kulturellen Deutungsmustern verankert und beeinflussen sowohl die Wahrnehmung von Symptomen als auch das Verhalten im Krankheitsfall. In der westlich geprägten Biomedizin steht meist die somatische Ursache im Vordergrund – Krankheit wird als Funktionsstörung biologischer Systeme betrachtet, die durch standardisierte Diagnose- und Therapieverfahren zu behandeln ist. Andere Kulturen hingegen integrieren spirituelle, soziale oder moralische Dimensionen in ihr Krankheitsverständnis. So können Krankheitssymptome als Folge von Ungleichgewicht, Fluch, spiritueller Belastung oder familiären Konflikten gedeutet werden (Golsabahi-Broclawski u. a. 2020).

doi.org/10.35468/6197-04

Der Anthropologe Arthur Kleinman (1978) beschreibt dieses Phänomen anhand seines Modells des Krankheitsverhaltens, dem wiederum auf verschiedenen Ebenen begegnet wird, um Gesundheit wiederherzustellen. Darin wird zwischen dem Laien-Sektor, in dem Familie und soziale Netzwerke dominieren, dem volksmedizinischen Sektor, in dem traditionelle, religiöse und spirituelle Heilmethoden angewendet werden, und dem professionellen Sektor, der auf wissenschaftlich fundierter Medizin basiert, unterschieden.
In vielen nicht-westlichen Kontexten haben alle drei Sektoren gleichwertige Bedeutung – im Gegensatz zu europäischen Gesundheitssystemen, die stark auf den professionellen Sektor fokussiert sind (Samerski 2021).
Kulturelle Unterschiede zeigen sich insbesondere in der Erklärung von Ursachen. Während Menschen in westlichen Ländern häufig nach objektiven Auslösern suchen (*Was habe ich?*), fragen andere Kulturen stärker nach dem *Warum?* im spirituellen oder sozialen Sinn. Dies beeinflusst auch, welche Behandlungswege bevorzugt werden – sei es durch traditionelle Heilerinnen und Heiler, religiöse Rituale oder pflanzenbasierte Medizin. Auch das Vertrauen in schulmedizinische Angebote, die Rollenverteilung innerhalb der Familie oder der Umgang mit chronischer Erkrankung kann kulturell stark variieren.
Im Bildungskontext ist dieses Wissen zentral. Lehrpersonen begegnen Kindern und Jugendlichen, deren Gesundheitsverständnis und Bewältigungsstrategien, die stark von kulturellen und familiären Prägungen beeinflusst sind. Kinder mit Flucht- oder Migrationshintergrund etwa nutzen seltener präventive Angebote oder therapeutische Unterstützung, obwohl sie teilweise überdurchschnittlich von gesundheitlichen Belastungen betroffen sind (Fragner u. a. 2023; Hofmarcher & Wüger 2022). Finanzielle Hürden, Sprachbarrieren, kulturelle Stigmatisierung von psychischen Erkrankungen sowie Unsicherheiten im Umgang mit Behörden spielen hierbei eine zentrale Rolle.
Ein konkretes Beispiel dazu: Kinder und Jugendliche aus Afghanistan, Irak und Syrien erhalten in Österreich durchschnittlich nur rund die Hälfte der Pro-Kopf-Gesundheitsausgaben als Kinder aus EU-15-Ländern. Gleichzeitig berichten sie seltener von *sehr guter* Gesundheit und weisen häufiger einen langfristigen Versorgungsbedarf auf. Solche Daten verweisen auf strukturelle Ungleichheiten, aber auch auf kulturelle und systemische Barrieren im Zugang zur Gesundheitsversorgung (Fragner u. a. 2023).
Daraus ergibt sich für pädagogische Fachkräfte die Notwendigkeit, nicht nur medizinisches Wissen zu berücksichtigen, sondern auch die subjektiven und kulturellen Erklärungsmodelle der Kinder und ihrer Familien ernst zu nehmen. Kultursensibilität bedeutet hier nicht nur sprachliche Zugänglichkeit, sondern das Verstehen und Anerkennen unterschiedlicher Gesundheitslogiken – ohne sie zu bewerten oder darüber zu urteilen. Erst dadurch kann interkulturelle

doi.org/10.35468/6197-04

Gesundheitsbildung gelingen und zur Stärkung von Gesundheit im ganzheitlichen Sinne beitragen.

Strukturelle Barrieren und gesundheitliche Auswirkungen

Auch wenn in Österreich ein grundsätzlich solidarisch aufgebautes Gesundheitssystem besteht, zeigen empirische Studien, dass Kinder mit Migrations- und Fluchthintergrund einen erschwerten Zugang zu medizinischen Leistungen haben (RKI 2024; Biddle u. a. 2019). Diese Benachteiligungen entstehen nicht zufällig, sondern sind Ausdruck struktureller Barrieren, die sich aus einem komplexen Zusammenspiel von sprachlichen, administrativen, sozialen und kulturellen Faktoren ergeben.

Sprachbarrieren als ein zentrales Problem erschweren nicht nur die Kommunikation zwischen Patientinnen bzw. Patienten und medizinischem Personal, sondern wirken sich unmittelbar auf Diagnostik, Therapie und Gesundheitsbildung aus. Eltern erhalten Informationen nicht in einer ihnen verständlichen Sprache und Kinder fungieren als Sprachunterstützungsdienst in medizinischen Gesprächen. Dabei besteht ein erhöhtes Risiko für Informationsverzerrungen, emotionale Belastungen bei Kindern oder Angehörigen sowie Datenschutzkonflikte durch die Weitergabe personenbezogener und sensibler Informationen (Kaelin u. a. 2013). Auch schriftliche Materialien sind oft nur einsprachig auf Deutsch verfügbar oder enthalten Fachbegriffe, die ohne Kontext schwer verständlich sind (Herbst 2015).

Administrative Hürden wie unzureichende Information über Anspruchsrechte oder Angst vor behördlichen Konsequenzen führen dazu, dass insbesondere geflüchtete Familien Leistungen nicht in Anspruch nehmen. Hinzu kommen oft lange Wartezeiten, fehlende ärztliche Versorgung in ländlichen Regionen sowie die mangelnde Verfügbarkeit von kultursensiblen Therapieangeboten, insbesondere im Bereich der psychosozialen Versorgung (Grabe 2023).

Besonders betroffen sind Kinder mit somatischen Erkrankungen. Hofmarcher und Wüger (2022) zeigen auf, dass 14 % der Kinder aus Afghanistan, Irak und Syrien einen langfristigen Versorgungsbedarf aufweisen – deutlich mehr als Kinder ohne Migrationshintergrund (10 %). Gleichzeitig erhalten sie durchschnittlich deutlich weniger Gesundheitsausgaben pro Kopf (113 EUR vs. 220 EUR bei EU-15-Gruppen) (Fragner u. a. 2023). Diese Diskrepanz weist auf eine Unterversorgung hin, die mitunter schwerwiegende gesundheitliche Folgen haben kann.

Strukturelle Hürden zeigen sich jedoch nicht nur im medizinischen System, sondern wirken in das schulische Umfeld hinein (Schwartz u. a. 2023). Kinder mit gesundheitlichen Problemen und gleichzeitig erschwertem Zugang zu Behandlungsmöglichkeiten erleben häufiger Belastungen oder soziale Ausgren-

 doi.org/10.35468/6197-04

zung. Pädagogische Fachkräfte stehen dadurch vor der Herausforderung, gesundheitliche Einschränkungen frühzeitig zu erkennen, angemessen darauf zu reagieren und gleichzeitig kulturelle Unterschiede sensibel zu berücksichtigen. Die damit verbundenen, strategischen Handlungsbedarfe wurden als Grundlage für sämtliche Maßnahmen, die die Gesundheit junger Menschen in Österreich nachhaltig verbessern sollen, verankert (Bundesministerium für Soziales, Gesundheit, Pflege und Konsumentenschutz 2024).
Für das Personal in den Schulen bedeutet das, dass sie nicht nur Informationen über gesundheitliche Problemlagen ihrer Schülerinnen und Schüler benötigen, sondern auch über die systemischen Bedingungen, die deren Versorgung beeinflussen. Gesundheitsbildung, multiprofessionelle Zusammenarbeit, Sprachunterstützungsdienst und die Einbindung von Familien sind zentrale Elemente, um auf diese Herausforderungen adäquat reagieren zu können.
Zusammenfassend lässt sich festhalten, dass strukturelle Barrieren im Gesundheitssystem nicht nur individuelle Gesundheit betreffen, sondern sich unmittelbar auf Bildungsgerechtigkeit und Teilhabechancen auswirken.

Kommunikation im interkulturellen Kontext

Kommunikation ist das Herzstück jeder medizinischen und pädagogischen Beziehung – sie ermöglicht Verständnis, Vertrauen und Kooperation. In interkulturellen Kontexten ist Kommunikation jedoch häufig durch sprachliche, kulturelle und soziale Unterschiede erschwert. Gerade im Gesundheitsbereich, wo präzise Informationen und gemeinsame Entscheidungen wesentlich sind, können sprachliche Missverständnisse gravierende Folgen haben. Wenn Eltern oder Kinder medizinische Informationen nicht in ihrer Muttersprache erhalten, kann es gehäuft zu Missverständnissen, fehlerhaften Behandlungsentscheidungen oder geringer Therapietreue kommen. Untersuchungen zeigen (Ayvazyan 2024; Kruse 2023; Sothmann u.a. 2016), dass unzureichende Sprachkompetenz nicht nur die Diagnose erschwert, sondern auch zu Frustration auf Seiten der Behandelnden und der Betroffenen führt – mit der Gefahr, dass Familien langfristig das Vertrauen in das Gesundheitssystem verlieren (Herbst 2015).
Neben der Sprache spielt auch die nonverbale Kommunikation eine entscheidende Rolle. Gestik, Mimik, Augenkontakt oder körperliche Distanz werden kulturell unterschiedlich interpretiert. So kann etwa direkter Blickkontakt in einer Kultur als respektvoll, in einer anderen als unangemessen gelten. Auch die Art, wie über Schmerz gesprochen wird – eher zurückhaltend oder expressiv, variiert stark zwischen Kulturen und beeinflusst die medizinische Einschätzung (Grabe 2023).
Im schulischen Alltag wirken sich diese Kommunikationsunterschiede auf Gespräche mit Eltern, Gesundheitsfachkräften und Kindern selbst aus. Lehr-

doi.org/10.35468/6197-04

personen, Schulärztinnen und Schulärzte, Schulsozialarbeiterinnen und Schulsozialarbeiter stehen mitunter vor der Herausforderung, mit Familien zusammenzuarbeiten, deren Erwartungen und Kommunikationsstile von den eigenen stark abweichen. Hier braucht es mehr als nur Dolmetschung – nämlich kulturelle Vermittlung im Sinne eines aktiven Verständnisses der jeweils anderen Perspektive.

Für eine gelingende interkulturelle Kommunikation sind daher mehrere Ebenen entscheidend:

- professionelle Dolmetschdienste (z. B. telefonisch, persönlich oder per Video), um gesicherte Informationsweitergabe zu gewährleisten
- mehrsprachige Materialien in einfacher, verständlicher Sprache
- Schulungen für Fachkräfte zu kultursensibler Kommunikation und interkultureller Kompetenz
- Vermeidung von Fachjargon, jedoch aktives Nachfragen, um Verständnis zu sichern
- Einbindung kultureller Mediatorinnen und Mentoren, die nicht nur übersetzen, sondern auch zwischen Wertesystemen vermitteln

Kommunikation ist keine Einbahnstraße – sie verlangt Offenheit, Geduld und Selbstreflexion auf beiden Seiten. Im Kontext chronischer Erkrankungen, Migration und Bildung ist sie jedoch weit mehr als ein technisches Mittel. Sie ist eine Brücke zur Teilhabe, zur Gesundheit – und letztlich zur Chancengerechtigkeit (Herbst 2020).

Lösungsansätze

Die Herausforderungen interkultureller Gesundheitskommunikation und struktureller Barrieren sind vielschichtig – entsprechend vielfältig müssen auch die Lösungsansätze sein. Es braucht nicht nur technische Hilfsmittel, sondern vor allem strukturelle, institutionelle und personale Strategien, die eine gleichberechtigte Gesundheitsversorgung und Bildungsteilhabe für alle Kinder und Jugendlichen ermöglichen – unabhängig von Herkunft, Sprache oder Aufenthaltsstatus.

Ein zentraler Baustein sind professionelle Dolmetschdienste, die in medizinischen und pädagogischen Einrichtungen zuverlässig und vertraulich übersetzen. Diese können intern – etwa durch festangestellte Sprachmittlerinnen und Sprachmittler oder extern über regionale Dienste organisiert sein. Besonders in akuten Situationen haben sich zwischenzeitlich Telefondolmetschdienste oder Videodolmetschsysteme etabliert, die einen schnellen Zugriff auf qualifiziertes Personal ermöglichen. Ergänzend unterstützen mehrsprachige

 doi.org/10.35468/6197-04

Informationsmaterialien (z. B. Broschüren, Erklärvideos, Online-Plattformen) die Gesundheitsbildung von Familien mit Migrationshintergrund. Wichtig ist dabei nicht nur die sprachliche, sondern auch die kulturelle Verständlichkeit. Inhalte müssen adressatengerecht, frei von Fachjargon und visuell ansprechend aufbereitet sein (Grabe 2023). Materialien in einfacher Sprache oder mit visueller Unterstützung sind besonders hilfreich für Personen mit niedrigem Bildungsstand oder migrantischem Hintergrund.
Kultursensible Beratungsgespräche erfordern zudem geschulte Fachkräfte, die nicht nur über medizinisches oder pädagogisches Fachwissen verfügen, sondern auch reflektiert mit eigenen kulturellen Normen und Vorstellungen umgehen können. Schulungen zu interkultureller Kommunikation, kultursensibler Diagnostik und Trauma-Sensibilität sind daher essenziell – sowohl für medizinisches Personal als auch für pädagogische Fachkräfte und schulische Sozialarbeit (Avci-Werning 2021; Herbst 2020).
Ein innovativer Ansatz besteht in der Einbindung sogenannter kultureller Mediatorinnen und Mediatoren: Personen mit eigener Migrationsbiografie, Sprachkompetenz und interkultureller Schulung, die als Brückenbauerinnen und Brückenbauer zwischen Familien und Institutionen wirken. Sie können Vertrauen schaffen, Missverständnisse klären und helfen, institutionelle Schwellenängste abzubauen (Kaelin u. a. 2013).
Auch institutionelle Vernetzung spielt eine wichtige Rolle. Die Zusammenarbeit zwischen Schule, Gesundheitsdiensten, Sozialarbeit und außerschulischen Beratungsstellen ist besonders in komplexen Versorgungslagen notwendig. Interdisziplinäre Fallbesprechungen, Netzwerktreffen oder koordinierte Hilfepläne können sicherstellen, dass Kinder mit chronischen Erkrankungen, die zusätzlich strukturell benachteiligt sind, bestmöglich begleitet werden.
Schließlich ist es entscheidend, dass Einrichtungen eine Willkommenskultur entwickeln, die Vielfalt als Ressource versteht. Dies reicht von mehrsprachigen Angeboten über kultursensible Elternabende bis hin zur aktiven Einbindung von Eltern mit Migrationsgeschichte in Schulentwicklungsprozesse.
Effektive Lösungen entstehen also nicht allein durch einzelne Maßnahmen, sondern durch ein systemisches Zusammenspiel von Haltung, Struktur und Handlung. Nur so können nachhaltige Brücken gebaut werden – zwischen Systemen, Sprachen, Weltbildern und Menschen.

Fazit

Kinder und Jugendliche verbringen einen großen Teil ihres Alltags in Bildungseinrichtungen. Schulen sind daher nicht nur Orte des Lernens, sondern auch zentrale Lebensräume, in denen Gesundheit gefördert, Belastungen wahrgenommen und bei Bedarf Hilfen vermittelt werden können. Für Kinder

doi.org/10.35468/6197-04

mit chronischen Erkrankungen – insbesondere mit zusätzlichem Migrations- oder Fluchthintergrund – wird Schule häufig zur einzigen stabilen Struktur im Alltag. Umso wichtiger ist eine enge Verzahnung von pädagogischen und gesundheitlichen Perspektiven.

Die Verbindung von Pädagogik und Gesundheitswesen geht über Kooperation hinaus. Sie erfordert ein gemeinsames Verständnis von kindlicher Entwicklung, Teilhabe und Chancengerechtigkeit. Ziel ist es, nicht nur Symptome zu behandeln, sondern Ressourcen zu stärken, um die soziale und emotionale Gesundheit von Kindern langfristig zu fördern.

Ein zentrales Konzept ist hier die interprofessionelle Zusammenarbeit. Lehrpersonen, Sozialarbeiterinnen und Sozialarbeiter, Schulärztinnen und Schulärzte, Therapeutinnen und Therapeuten, Pflegefachkräfte und externe Fachstellen arbeiten dabei gemeinsam daran, individuelle Bedarfe zu erkennen und passgenaue Unterstützung zu ermöglichen. In der Praxis kann dies folgendes bedeuten:

- regelmäßige Fallbesprechungen in multiprofessionellen Teams
- gemeinsame Elterngespräche mit professioneller Dolmetschunterstützung
- koordinierte Hilfepläne für Kinder und Jugendliche mit chronischen somatischen oder psychischen Erkrankungen
- klar geregelte Kooperationsstrukturen zwischen Schule, Gesundheitseinrichtungen und niedergelassenen Fachstellen.

Diese Kooperation gelingt jedoch nur, wenn strukturelle Rahmenbedingungen und ausreichende personelle Ressourcen vorhanden sind sowie verbindliche Schnittstellen gepflegt und gemeinsame Fortbildungen durchgeführt werden. Schulstandorte profitieren beispielsweise von Gesundheitsförderprogrammen, Gesundheitstagen, bewegten Pausen oder sozialpädagogischen Angeboten, die sowohl körperliche als auch psychische Gesundheit thematisieren – und dies idealerweise kultursensibel und barrierearm.

Gleichzeitig braucht es eine professionalisierte Haltung bei allen Beteiligten. Gesundheitswissen muss Bestandteil pädagogischer Aus- und Weiterbildung sein, ebenso wie interkulturelle Kompetenz und traumasensibles Handeln. Lehrpersonen sind häufig erste Ansprechpersonen bei gesundheitlichen Fragen und müssen in der Lage sein, Bedarfe zu erkennen, adäquat zu reagieren und vertrauensvoll weiterzuvermitteln.

Auch auf struktureller Ebene sind Bildung und Gesundheit aufgrund des Querschnittsthemas zunehmend verbunden. Dies umfasst nicht nur Gesundheitsbildung im Unterricht, sondern auch gesundheitsförderliche Schulentwicklungsprozesse. Besonders wirkungsvoll sind Projekte, in denen Kinder und Jugendliche aktiv eingebunden werden – z. B. durch Peer-Projekte, partizipative Gesundheitsaktionen oder kulturell vielfältige Projektwochen. Teil-

doi.org/10.35468/6197-04

habe selbst ist ein wichtiger Schutzfaktor für Gesundheit – gerade bei Kindern und Jugendlichen, deren Alltag durch Unsicherheit, Mehrsprachigkeit oder chronischer Erkrankung geprägt ist.
Zusammengefasst zeigt sich, dass die Verknüpfung von Pädagogik und Gesundheitswesen ein enormes Potenzial für ganzheitliche Förderung eröffnet. Sie verlangt jedoch ein systematisches, reflexives und kultursensibles Vorgehen und eine klare Haltung, die Kinder und Jugendliche als einzigartige, ganze Menschen wahrnimmt.

Literatur

Avci-Werning, M. (2021): Schulpsychologische Beratung im interkulturellen Kontext. In: K. Seifried, S. Drewes & M. Hasselhorn (Hrsg.): Handbuch Schulpsychologie. Psychologie für die Schule. Stuttgart: Kohlhammer, 271-281.

Ayvazyan, A. (2024): Auswirkungen von Sprachbarrieren auf die Inanspruchnahme der Gesundheitsversorgung von Migrant:innen. Online unter: https://reposit.haw-hamburg.de/bitstream/20.500.12738/16606/1/BA_Auswirkungen_von_Sprachbarrieren_auf_die_Inanspruchnahme_der_Gesundheitsversorgung.pdf. (Abrufdatum: 06.06.2025).

Biddle, L., Menold, N., Bentner, M., Nöst, S., Jahn, R. & Bozorgmehr, K. (2019): Health monitoring among asylum seekers and refugees: A state-wide, cross-sectional study in Germany. In: International Journal of Environmental Research and Public Health 16 (17), 3176. Online unter: https://doi.org/10.3390/ijerph16173176. (Abrufdatum: 06.06.2025).

Bundesministerium für Soziales, Gesundheit, Pflege und Konsumentenschutz. (2024): Kinder- und Jugendgesundheitsstrategie. Online unter: https://broschuerenservice.sozialministerium.at/Home/Download?publicationId=846&attachmentName=Kinder_und_Jugendgesundheitsstrategie.pdf. (Abrufdatum: 06.06.2025).

Faltermeier, T. (2023): Salutogenese. In: Bundeszentrale für gesundheitliche Aufklärung (Hrsg.): Leitbegriffe der Gesundheitsförderung und Prävention. Glossar zu Konzepten, Strategien und Methoden.

Fragner, L., Schiffler, T. & Plener, P. (2023): Migration und Flucht – Auswirkungen auf Kinder und Jugendliche.

Franzkowiak, P. & Hurrelmann, K. (2022): Gesundheit. In: Bundeszentrale für gesundheitliche Aufklärung (Hrsg.): Leitbegriffe der Gesundheitsförderung und Prävention. Glossar zu Konzepten, Strategien und Methoden.

Golsabahi-Broclawski, S., Broclawski, A. & Drekovic, A. (2020): Krankheitsverständnis und kultursensible Kommunikation. In: A. Gillessen, S. Golsabahi-Broclawski, A. Biakowski & A. Broclawski (Hrsg.): Interkulturelle Kommunikation in der Medizin. Heidelberg: Springer.

Grabe, F. (2023): Migration, interkulturelle Kommunikation und Kindergesundheit. In: Kinder- und Jugendmedizin 23 (4), 242-246.

Gundolf, A. (2024): Schulgesundheitspflege im Wandel. Norderstedt: BoD – Books on Demand.

Herbst, H. (2015): Dolmetschen im Gesundheitswesen - nichts einfacher als das?! 1. Symposium Interkulturalität und Pflege. Tagungsband. Linz.

Herbst, H. (2020): Interkulturalität. In: S. Neumann-Ponesch & C. Leonie-Scheiber (Hrsg.): Advanced Nursing Practice; Verstehen – anwenden – umsetzen. Wien: Facultas, 122- 26.

Hofmarcher, M. & Wüger, J. (2022): Migration in Österreich: Gesundheitliche und ökonomische Aspekte II. Kinder und Jugendliche in Österreich. Online unter: https://www.integrationsfonds.at/fileadmin/content/AT/monitor/Forschungsbericht_Kindergesundheit.pdf. (Abrufdatum: 06.06.2025).

Kaelin, L., Kletečka-Pulker, M. & Körtner U. H. J. (2013): Wie viel Deutsch braucht man, um gesund zu sein? Migration, Übersetzung und Gesundheit. Wien: Verlag Österreich.

Kleinman, A. (1978): Concepts and a Model for the Comparison of Medical Systems as Cultural Systems. In: Social Science & Medicine 12, 85-93.

Kruse, S. (2023): Digitale Kommunikationshilfen in der Allgemeinmedizin. Online unter: https://generalpractice.umg.eu/fileadmin/Redaktion/Allgemeinmedizin/Dokumente/Dissertation_Kruse_finale_Form_ohne_Lebenslauf.pdf. (Abrufdatum: 06.06.2025).

Pschyrembel Online. (2024): Krankheit. Online unter: https://www.pschyrembel.de/Krankheit/K0C8J. (Abrufdatum: 06.06.2025).

Reuner, G. & Gräßer, M. (2023): Chronische körperliche Erkrankungen: Leitfaden Kinder- und Jugendpsychiatrie. Göttingen: Hogrefe.

Robert Koch-Institut (RKI). (2024): KiGGS: Studie zur Gesundheit von Kindern und Jugendlichen in Deutschland. Online unter: https://www.rki.de/DE/Themen/Nichtuebertragbare-Krankheiten/Studien-und-Surveillance/Studien/KiGGS/kiggs_start_inhalt.html. (Abrufdatum: 06.06.2025).

Samerski, S. (2021): Health Literacy und Empowerment. In: J. Spallek & H. Zeeb (Hrsg.): Migration und Gesundheit: Grundlagen, Perspektiven und Strategien. Göttingen: Hogrefe, 421-432.

Schmidt-Rumposch, A. & Werner, J. A. (2024): Human Hospital: wertschätzend. sinnstiftend. menschlich. Berlin: Medizinisch wissenschaftliche Verlagsgesellschaft.

Schwartz, F. W., Walter, U., Siegrist, J., Kolip, P., Leidl, R., Busse, R., Amelung, V. & Dierks, M.-L. (Hrsg.). (2023): Public Health: Gesundheit und Gesundheitswesen. Amsterdam: Elsevier GmbH, 229-235.

Sothmann, P., Schmedt auf der Günne, N., Roggelin, L., Kreuels, B., Rothe, C., Addo, M., Lohse, A., Schulze zur Wiesch, J. & Schmiedel, S. (2016): Medizinische Versorgung von Flüchtlingen – Eine Fallserie des Universitätsklinikums Hamburg-Eppendorf. In: Deutsche Medizinische Wochenschrift 141, 34-37.

Spallek, J. & Razum, O. (2021): Epidemiologisches Erklärungsmodell für den Zusammenhang zwischen Migration und Krankheit. In: J. Spallek & H. Zeeb (Hrsg.): Migration und Gesundheit: Grundlagen, Perspektiven und Strategien. Göttingen: Hogrefe, 81-91.

Autor

Herbst, Herbert, MSc BSc
Seniorenwohnhaus Neumarkt Heim- & Pflegedienstleitung, Umsetzung von Trainings und Lehre mit Fokus auf kultursensible Pflege, interprofessionelle Zusammenarbeit und chancengerechte Versorgung

heimleiter@neumarkt.at

doi.org/10.35468/6197-04

Christiane Diefenbach, Michael S. Urschitz

Chronisch krank in der Schule: Herausforderungen, Chancen und Lösungsansätze aus medizinischer Perspektive

Abstract

Aufgrund epidemiologischer, sozialer und medizinischer Faktoren nimmt der Anteil von Schülerinnen und Schülern mit chronischen Erkrankungen stetig zu. Parallel dazu wächst die Nachfrage nach ganztägigen Betreuungsangeboten. Bildungseinrichtungen und Schulpersonal stehen vor der Herausforderung, diesen Kindern und Jugendlichen eine adäquate und bedarfsgerechte Beschulung zu ermöglichen und sie ggf. auch zu versorgen.

doi.org/10.35468/6197-05

Doch welche Bedarfe haben diese Schülerinnen und Schüler und welche Aufgaben kann oder sollte die Schule übernehmen? Der Beitrag stellt empirische Befunde und Lösungsansätze rund um das Kind mit einer chronischen Erkrankung in der Schule vor.

Keywords: Kindergesundheit; chronische Erkrankung: spezieller medizinischer Versorgungsbedarf; schulische Fähigkeiten; Schulgesundheitspflege

Einführung

Das pädiatrische Krankheitsspektrum hat sich in den letzten Jahrzehnten zunehmend verändert. Im deutschen Sprachraum spricht man in diesem Zusammenhang von den *neuen Morbiditäten* (Reinhardt & Petermann 2010). Gemeint ist damit eine Verschiebung der Krankheitslast (*burden of disease*) weg von akuten Infektionskrankheiten hin zu mehr chronischen somatischen (z. B. Allergien, Asthma, Übergewicht) und psychischen Erkrankungen (z. B. Verhaltensauffälligkeiten, Aufmerksamkeitsdefizit-/Hyperaktivitätsstörung (ADHS), Essstörungen, Angststörungen, Depression, Suizid). Hinzu kommt ein verbessertes Überleben von früher potenziell lebensbedrohlichen Erkrankungen (z. B. Frühgeburtlichkeit, zystische Fibrose, Leukämie, seltene Erkrankungen) und der stärker gewordene Einfluss von sozioökonomischen, psychosozialen sowie kulturellen Lebensumständen auf die Kindergesundheit (z. B. Adipositas, *soziogene* Entwicklungsstörungen, Fluchterfahrung).
Infolge dieser Entwicklungen leiden heute mehr Kinder im schulfähigen Alter an chronischen Erkrankungen (CE) oder gesundheitlichen Beeinträchtigungen (Van Cleave u. a. 2010). Dabei ist die geschätzte Prävalenz stark von der Definition einer CE abhängig (van der Lee u. a. 2007). Diese kann auf ärztlichen Diagnosen (kategoriale Erfassung) oder auf dem speziellen medizinischen Versorgungsbedarf (generische Erfassung) basieren (van der Lee u. a. 2007).
Nach der kategorialen Definition liegt eine CE im Kindesalter vor, wenn

- die Diagnose auf medizinischem Fachwissen basiert und mit reproduzierbaren Methoden nach aktuellen wissenschaftlichen Standards gesichert ist,
- sie noch nicht heilbar oder therapieresistent ist,
- die Krankheit seit mindestens 3 Monaten besteht oder voraussichtlich länger als 3 Monate andauert oder im letzten Jahr mindestens 3-mal aufgetreten ist und wahrscheinlich wieder auftreten wird (Mokkink u. a. 2008).

Wendet man diese Definition auf die ICD-Diagnosenliste an, lassen sich 285 Diagnosen und Diagnosecluster unter dem Überbegriff CE einordnen (ebd. 2008). Nach Daten der repräsentativen KiGGS-Studie (Studie zur Gesundheit

 doi.org/10.35468/6197-05

von Kindern und Jugendlichen in Deutschland) sind die häufigsten somatischen CE bei Kindern zwischen 3 und 10 Jahren atopische Erkrankungen mit einer Prävalenz von 18 % (Kamtsiuris u.a. 2007).
Dem gegenüber steht die generische (also krankheitsübergreifende) Definition einer CE auf Basis eines speziellen medizinischen Versorgungsbedarfs (Bethell u.a. 2002b; Scheidt-Nave u.a. 2007). Dazu wird der Versorgungsbedarf (*special health care needs*) in den folgenden vier Versorgungsbereichen mit Hilfe eines validierten Fragebogens erhoben: 1. Notwendigkeit verschreibungspflichtiger Medikamente, 2. Notwendigkeit medizinischer, sozialer oder spezieller pädagogischer Versorgung, 3. Notwendigkeit spezieller Therapien und 4. Notwendigkeit einer Behandlung aufgrund von psychischen Problemen. Zusätzlich werden funktionelle Beeinträchtigungen im Alltag im Vergleich zu Gleichaltrigen (z.B. Kind kann sich nicht selbstständig anziehen) erfasst. Ein spezieller medizinischer Versorgungsbedarf ist dann gegeben, wenn ein Bedarf in wenigstens einem der fünf Bereiche für mindestens 12 Monate aufgrund einer CE von den Eltern berichtet wird. In der Basiserhebung der KiGGS-Studie zeigte sich bei 17 % der Grundschulkinder ein spezieller medizinischer Versorgungsbedarf (Scheidt-Nave u.a. 2007).

Bildungsaspekte chronischer Erkrankungen

Bildung kann als lebenslanger, aktiver Prozess verstanden werden, der zur Entwicklung einer unabhängigen, selbstbestimmten, urteilsfähigen Persönlichkeit führen kann, die in der Lage ist, die Herausforderungen des Lebens zu meistern (Goeudevert, 2001). Im medizinischen Kontext gilt Bildung zudem als Schlüsselfaktor für den sozioökonomischen Status, der wiederum in engem Zusammenhang mit Gesundheit und Lebenserwartung steht – ein Effekt, der als *Bildungsrendite* beschrieben wird (Kuntz 2011). Investitionen in Maßnahmen der frühen Bildung, z.B. bei Kindern aus benachteiligten sozialen Verhältnissen, wirken sich nachweislich positiv auf deren Entwicklung, langfristige Gesundheit und die gesellschaftlichen Folgekosten aus (Heckman u.a. 2010).
Weniger erforscht war lange Zeit die umgekehrte Richtung: der Einfluss von Gesundheit – insbesondere von CE – auf Bildungslaufbahn und -erfolg. So wurde international erstmals 2011 ein Rahmenmodell zu den Zusammenhängen zwischen Gesundheit und Bildung aufgestellt (Suhrcke & de Paz Nieves 2011) und dieses 2012 in den deutschen Kontext übertragen (Dadaczynski 2012). Dabei wurden Kurzzeit- (z.B. schulische Leistungen) und Langzeitendpunkte (z.B. erreichte Bildungsstufen) definiert, mögliche Mediatoren (z.B. Konzentrationsfähigkeit) beschrieben und die verfügbare Evidenz strukturiert aufgearbeitet. Es zeigten sich erste Hinweise, dass CE wie Adipositas,

doi.org/10.35468/6197-05

Schlafstörungen, Angststörungen, Depression, auffälliges Sozialverhalten und ADHS negative Auswirkungen auf Bildungsergebnisse haben können. Dies wurde 2017 in einem Meta-Review bestätigt (Lum u.a. 2017). Besonders in kognitiv anspruchsvollen schulischen Fächern wie Mathematik scheinen Kinder mit CE schlechtere Leistungen zu erzielen (Crump u.a. 2013), was - wie erwähnt - langfristig Auswirkungen auf die höchsten erreichten Bildungsabschlüsse, den späteren sozioökonomischen Status und damit auch auf die Gesundheit im Erwachsenenalter haben kann (Suhrcke & de Paz Nieves 2011).

Fehlende Evidenz für Deutschland und das ikidS-Projekt

Bis zum Jahr 2012 spielte die Frage nach dem Zusammenhang zwischen CE und Bildungserfolg im deutschsprachigen Forschungsdiskurs kaum eine Rolle. In der Arbeit von Suhrcke und de Paz Nieves (2011) stammten nur 3 der 53 eingeschlossenen Studien aus Deutschland (Budde u.a. 2008; Cawley & Spiess 2008; Urschitz u.a. 2003) und nur eine befasste sich streng genommen mit klassischen Bildungsendpunkten (Urschitz u.a. 2003). In der Übersichtsarbeit von Dadaczynski, der aus Gründen der Evidenzstärke nur longitudinale Studiendesigns zuließ, konnte keine Arbeit aus Deutschland identifiziert werden (Dadaczynski 2012).

Um diese Forschungslücke zu füllen, wurde 2014 das Kindergesundheits- und Bildungsprojekt ikidS (*ich komme in die Schule*) initiiert (Urschitz u.a. 2016). Ein wesentlicher Teil des Projektes war eine populationsbasierte, repräsentative und prospektive Kohortenstudie mit Schulanfängern und -anfängerinnen der Stadt Mainz und des Landkreises Mainz-Bingen (Rheinland-Pfalz). Dazu wurden 2.003 Kinder des Schuljahres 2015/2016 im letzten Kindergartenjahr in die Studie aufgenommen und mehrfache Erhebungen bis zur 6. Klasse durchgeführt.

Der Gesundheitszustand der Kinder wurde im ikidS-Projekt auf zwei Wegen erfasst: zum einen im Rahmen der standardisierten Schuleingangsuntersuchung, zum anderen mithilfe von Elternfragebögen. Dabei kamen zwei Perspektiven zur Anwendung: die kategoriale Erfassung basierend auf ärztlich diagnostizierten Erkrankungen sowie die generische Erfassung eines speziellen medizinischen Versorgungsbedarfs mittels eines validierten Screeninginstruments (Bethell u.a. 2002a; Scheidt-Nave u.a. 2008).

Da in Rheinland-Pfalz in den ersten beiden Grundschulklassen keine Noten vergeben werden, wurden schulische Fähigkeiten entsprechend dem Nationalen Bildungspanel (Blossfeld u.a. 2011) durch die Klassenlehrkraft in den folgenden Bereichen eingeschätzt: (1) mathematische, (2) naturwissenschaftliche, (3) sprachliche, (4) schriftsprachliche, (5) soziale und (6) sportliche Fähigkeiten sowie die (7) schulische Konzentrationsfähigkeit. Jede Fähigkeit

doi.org/10.35468/6197-05

wurde auf einer 5-stufigen Skala im Vergleich zu Kindern gleichen Alters angegeben (Spanne -2 bis +2). Höhere Werte bedeuteten somit bessere Fähigkeiten im Vergleich zu Gleichaltrigen. Ein Skalenwert von Null entsprach durchschnittlichen Fähigkeiten. Darüber hinaus wurden weitere Endpunkte erhoben, die entweder indirekt (z. B. Schulanwesenheit, schulisches Wohlbefinden) oder direkt (z. B. Schulnoten ab der 3. Klasse) mit dem Bildungserfolg im Grundschulalter assoziiert sind.

In den statistischen Analysen wurden zahlreiche potenzielle Störgrößen (sog. Confounder) berücksichtigt, um die Zusammenhänge zwischen CE bzw. speziellem medizinischem Versorgungsbedarf und schulischen Endpunkten möglichst verzerrungsfrei abzubilden. Die Auswahl basierte vor allem auf dem 2011 publizierten Rahmenmodell (Suhrcke & de Paz Nieves 2011) und einer eigenen Literaturrecherche (Urschitz u. a. 2016). Aufgrund ihrer Bedeutung für Gesundheit und Bildung wurden folgende Confounder in der Auswertung berücksichtigt: Geschlecht des Kindes, Mehrling bei Geburt, Stilldauer, sozioökonomischer Status der Eltern (Lampert u. a. 2014), Migrationshintergrund (Oberwöhrmann u. a. 2013; Schenk u. a. 2007), alleinerziehendes Elternteil, Rauchen im Haushalt, Freizeitverhalten (z. B. Zeit im Freien, Fernseher im Kinderzimmer, musikalische Früherziehung), vorgezogene Einschulung (Kann-Kind), verspätete Einschulung (Rückstellung) und Schulstandort (Stadt/Land). Die Zusammenhänge zwischen dem Vorliegen einer CE bzw. dem speziellen medizinischen Versorgungsbedarf und Bildungsendpunkten wurden durch gemischte Regressionsmodelle untersucht (Hoffmann u. a. 2018).

Ergebnisse aus dem ikidS-Projekt

Die erste Analyse (Hoffmann u. a. 2018) basierte auf den Daten von 1462 Kindern (davon 51 % Jungen) und der Summe aus fünf schulischen Fähigkeiten (mathematische, naturwissenschaftliche, sprachliche, schriftsprachliche und soziale Fähigkeiten; Range: -10 bis +10), erhoben am Ende der ersten Klasse. 52 % der Eltern gaben an, dass ihr Kind an einer CE leidet oder gelitten hat. Im Vergleich zu Kindern ohne CE schnitten Kinder mit speziellem medizinischem Versorgungsbedarf (15 %) in der Schule generell schlechter ab (bereinigter Effekt: -0,95; 95 % KI: -1,55 bis -0,35). Kinder mit ärztlicher Diagnose einer CE, aber ohne aktuellen Versorgungsbedarf (37 %) schnitten in der Schule nicht schlechter ab. Der Effekt wurde unter Berücksichtigung des Umfangs des besonderen Versorgungsbedarfs weiter analysiert. Kinder mit Versorgungsbedarf in mehr als einem Bereich hatten die geringsten schulischen Fähigkeiten (bereinigter Effekt: -1,51; 95 % KI: -2,36 bis -0,65).

In einer differenzierten Auswertung wurden einzelne schulische Kompetenzbereiche am Ende der 1. Klasse separat betrachtet (Schlecht u. a. 2022). Dabei zeigte sich, dass Kinder mit speziellem medizinischem Versorgungsbedarf insbesondere in Mathematik (bereinigter Effekt: -0,40; 95 %-KI: -0,57 bis -0,23) und in der Schriftsprache (bereinigter Effekt: -0,22; 95 %-KI: -0,39 bis -0,05) signifikant geringere Fähigkeiten aufwiesen als Kinder ohne Versorgungsbedarf (Schlecht u. a. 2022).

In einer zweiten Analyse (Gräf u. a. 2019) wurden die Unterschiede zwischen somatischen und psychischen CE untersucht. Dazu wurden die Daten der Schuleingangsuntersuchung und Angaben aus den Elternfragebögen genutzt, um zwischen somatischen, externalisierenden (z. B. Aggressivität) und internalisierenden CE (z. B. Ängstlichkeit) zu unterscheiden. Als Bildungsendpunkt wurde die Summe aus vier schulischen Fähigkeiten (mathematische, naturwissenschaftliche, sprachliche und schriftsprachliche Fähigkeiten; Range -8 bis +8) am Ende der 1. Klasse herangezogen. Erneut konnten 1462 Kinder (51 % Jungen) in die Analyse einbezogen werden. Von diesen wiesen 41 % Anzeichen einer psychischen CE auf. Im Vergleich zu Kindern ohne Anzeichen einer somatischen oder psychischen CE zeigten Kinder mit psychischen CE geringere Fähigkeiten (bereinigter Effekt: -0,98; 95 % KI: -1,35 bis -0,61). In Bezug auf die Art der psychischen CE waren vor allem Kinder mit externalisierenden CE betroffen (bereinigter Effekt: -1,44; 95 % KI: -1,83 bis -1,05), während dies bei internalisierenden CE nicht der Fall war. Kinder mit einer ADHS-Diagnose oder deutlichen Hinweisen auf ADHS waren am stärksten betroffen (bereinigter Effekt: -1,96; 95 % KI: -2,36 bis -1,56). Hingegen hatten Kinder mit somatischen CE, aber ohne begleitende psychische Auffälligkeiten keine nachweisbar geringeren schulischen Fähigkeiten.

Unterschiede zwischen einer CE mit und ohne speziellen medizinischen Versorgungsbedarf zeigten sich auch in den Analysen zum schulischen Wohlbefinden (Schnick-Vollmer u. a. 2024). Dazu wurden 1490 Kinder im Rahmen einer Schulstunde am Ende der ersten Klasse mithilfe des Fragebogens zur Erfassung emotionaler und sozialer Schulerfahrungen von Grundschulkindern erster und zweiter Klassen (FEESS 1-2, T-Werte 50 ± 10; Rauer & Schuck 2004) befragt. Basierend auf theoretischen Annahmen und erwartbaren Effekten von CE aufs Wohlbefinden wurden die Subskalen *schulbezogenes Selbstkonzept, soziale Integration* und *Lernfreude* ausgewählt. In dieser Analyse war ein spezieller Versorgungsbedarf (15 % der Stichprobe) mit niedrigeren Werten in den Bereichen *schulbezogenes Selbstkonzept* (bereinigter Effekt: -1,79; SE: 0,80) und *Lernfreude* (bereinigter Effekt: -2,21; SE: 0,83), jedoch nicht im Bereich *soziale Integration* assoziiert. Im Gegensatz dazu hatten Kinder mit einer aktuellen oder zurückliegenden medizinischen Diagnose einer CE, aber ohne aktuellen speziellen Versorgungsbedarf (37 % der Stichprobe) nur im Bereich der *sozialen Integration* geringere Werte (bereinigter Effekt: -1,17; SE: 0,56).

doi.org/10.35468/6197-05

Neben dem schulischen Wohlbefinden werden auch die Konzentrationsfähigkeit und die Anwesenheitszeiten in der Schule als wichtige Voraussetzungen für Lernen und Bildungserfolg angesehen. Daher ließen wir die schulische Konzentrationsfähigkeit von der Klassenlehrkraft am Ende der 1. Klasse auf einer 5-stufigen Skala im Vergleich zu Kindern gleichen Alters einschätzen (Spanne -2 bis +2). In diese Analyse konnten 1921 Kinder (51 % männlich; 14 % mit speziellem Versorgungsbedarf) einbezogen werden. Im Vergleich zu ihren gesunden Klassenkameradinnen und -kameraden hatten Kinder mit Versorgungsbedarf eine niedrigere Konzentrationsfähigkeit (bereinigter Effekt: -0,35; 95 % KI: -0,52 bis -0,17). Der Effekt war erwartungsgemäß bei Kindern mit Behandlung oder Beratung aufgrund von psychischen Problemen am stärksten (bereinigter Effekt: -0,58; 95 % KI: -0,82 bis -0,33). Überraschenderweise blieb der Effekt aber nach Ausschluss von Kindern mit einer ADHS-Diagnose weiter bestehen (bereinigter Effekt: -0,43; 95 % KI: -0,72 bis -0,15), was darauf hindeutet, dass auch andere CE mit reduzierten Konzentrationsfähigkeiten einhergehen können (Schlecht u. a. 2024a).
In Bezug auf Anwesenheitszeiten in der Schule wurde in einer weiteren Analyse der Zusammenhang zwischen CE (definiert als spezieller Versorgungsbedarf) und Schulabsentismus (d. h. krankheitsbedingte Abwesenheitstage von der Schule) während der 1. Klasse analysiert (Schlecht u. a. 2023). Auch hierzu konnten 1921 Kinder eingeschlossen werden (mittleres Alter bei der Nachuntersuchung 7,3 Jahre; 51 % männlich; 14 % hatten Versorgungsbedarf). Im Vergleich zu ihren gesunden Klassenkameradinnen und -kameraden fehlten Kinder mit Versorgungsbedarf 37 % häufiger im Unterricht (bereinigte Rate: 1,37; 95 % KI: 1,16 bis 1,62). Der Effekt war am stärksten bei Kindern mit funktionellen Beeinträchtigungen im Alltag (bereinigte Rate: 1,58; 95 % KI: 1,15 bis 2,17), bei Kindern mit Behandlung oder Beratung bei psychischen Problemen (bereinigte Rate: 1,38; 95 % KI: 1,14 bis 1,68) und bei Kindern, die in zwei oder mehr Bereichen einen Versorgungsbedarf hatten (bereinigte Rate: 1,48; 95 % KI: 1,23 bis 1,77). Damit wurde der Schulabsentismus als wichtige bildungsrelevante Folge von CE bestätigt.
Die aktuell letzte Auswertung bezog sich auf die langfristigen Auswirkungen von CE im Grundschulalter (Schlecht u. a. 2024b). Dazu wurden die Angaben zum speziellen Versorgungsbedarf vor dem Schuleintritt (T1), am Ende der ersten (T2) und am Ende der dritten Klasse (T3) mit der Durchschnittsnote für Deutsch, Mathematik und Naturwissenschaften (Notenskala 1 bis 6) am Ende der 3. Klasse (Alter von 8 bis 9 Jahren) in Zusammenhang gebracht. In diese Analyse wurden 751 Kinder einbezogen, von denen 21 % jemals (also zu mindestens einem Zeitpunkt) einen Versorgungsbedarf hatten. Wie schon in der 1. Klasse war auch in der 3. Klasse ein aktuell bestehender Versorgungsbedarf (zu T3) mit schlechteren Schulleistungen assoziiert (bereinigter Effekt:

doi.org/10.35468/6197-05

0,29; 95 % KI: 0,16 bis 0,41). In der Zusammenschau mit dem Versorgungsbedarf in der Vergangenheit (T1 und T2) traf dies auch für einen dauerhaften Versorgungsbedarf über mehrere Zeitpunkte zu (T1 oder T2 und T3; bereinigter Effekt: 0,25; 95 % KI: 0,07 bis 0,43), nicht jedoch für einen zurückliegenden und jetzt nicht mehr aktuellen Versorgungsbedarf (T1 oder T2, aber nicht T3).

Fazit und Ausblick

Im Rahmen des ikidS-Projekts konnte die schulische Situation von Grundschulkindern mit CE erstmals für Deutschland umfangreich empirisch beschrieben werden. Kinder mit speziellem medizinischem Versorgungsbedarf weisen schon früh in ihrer Schullaufbahn Bildungsdefizite in schulischen Kernbereichen wie Mathematik und Schriftsprache auf und sind in weiteren wichtigen Aspekten wie Konzentrationsfähigkeit, Anwesenheitszeiten und Wohlbefinden an der Schule benachteiligt. Dies könnte ihre weitere Bildungs- und Ausbildungslaufbahn, ihre spätere Berufswahl sowie ihren sozioökonomischen Status und ihre Gesundheit im Erwachsenenalter nachhaltig negativ beeinflussen.
Die Daten wurden mithilfe eines prospektiven Studiendesigns erhoben und die beobachteten Zusammenhänge blieben auch nach Adjustierung für eine Reihe von bildungsrelevanten Störgrößen bestehen. Damit war das Projekt europaweit einmalig und lieferte erstmals eine solide Evidenzbasis, um bestehende Rahmenkonzepte zum Zusammenhang zwischen Gesundheit und Bildung zu erweitern und vorbestehende Hypothesen zu bestätigen.
Dass diese Zusammenhänge nachweisbar waren, ist auch ein indirekter Hinweis darauf, dass bisherige Versorgungs- und/oder Förderkonzepte für Kinder mit CE nicht ausreichen, um die negativen Auswirkungen von CE auf den Bildungserfolg auszugleichen oder zu blockieren. In diesem Sinne sind die beobachteten Effekte auch eher als Untergrenzen des wahren Effekts von CE zu verstehen, da ein Teil des negativen Effekts durch die tatsächlich erfolgte Versorgung und/oder Förderung vermutlich ausgeglichen wurde.
Insgesamt wiesen die Ergebnisse auch darauf hin, dass weitere Anstrengungen im Bereich der Versorgung und Förderung von Kindern mit CE notwendig sind, um Bildungsgerechtigkeit für diese Kinder herzustellen. Die Inanspruchnahme und die Wirksamkeit bestehender Versorgungs- und Fördermaßnahmen für Kinder mit CE müssen kritisch hinterfragt werden. Solange sich eine CE negativ auf die Bildungslaufbahn auswirken kann, ist – bei gleichen Startbedingungen – Chancengleichheit für diese Kinder nicht erreicht. Frühzeitige und spezifische Investitionen in bildungsfördernde Maßnahmen für Kinder mit CE würden im Sinne einer Bildungsrendite auch die wirtschaftliche Pro-

doi.org/10.35468/6197-05

duktivität der Gesellschaft stärken und könnten volkswirtschaftliche Belastungen – z.B. durch Sozialhilfeleistungen – verringern.

Eine der international am weitesten verbreiteten Maßnahmen ist der Einsatz von Schulgesundheitsfachkräften (SGF) an Schulen. Ihr Tätigkeitsprofil ist hoch entwickelt und standardisiert (AAP Council On School Health, 2016) und sie werden als Element der Schulgesundheitsdienste von der WHO gefordert (World Health Organization 2021). Im Bereich der CE können sie durch ein Case-Management eine wichtige koordinierende und unterstützende Funktion übernehmen (Keehner Engelke u.a. 2008).

Aus diesem Grund wurde im Rahmen des ikidS-Projekts von September 2018 bis Juni 2019 eine erste Machbarkeitsstudie für Rheinland-Pfalz an zwei Mainzer Grundschulen durchgeführt (Fischer u.a. 2022). An beiden Schulen dokumentierte die SGF die durchgeführte Versorgung der Schülerinnen und Schüler. Nach 9 Monaten fand eine Befragung von Eltern, Lehrkräften und weiterem Schulpersonal zum Einsatz der SGF statt. An den beiden Schulen wurden 305 und 397 Kinder im Projektzeitraum beobachtet. Es erfolgten 2208 und 1389 einzelne Versorgungen im Behandlungszimmer der SGF. Die Anzahl der Versorgungen stieg kontinuierlich von durchschnittlich 6 und 5 auf 23 und 18 pro Tag. Die Gründe für den Besuch bei der SGF waren Akutversorgungen (1522 und 595), Schulunfälle (473 und 688), Wiedervorstellungen bei Schulunfällen (26 und 70), Unfälle im häuslichen Umfeld (137 und 32) sowie Wiedervorstellungen bei Unfällen im häuslichen Umfeld (50 und 5). Lehrkräfte (33) und Mitarbeitende (18) der Schulen gaben an, dass der persönliche wöchentliche Zeitaufwand für die Übernahme von fachfremden gesundheitsbezogenen Tätigkeiten deutlich (84,8 und 61,1 %) bzw. etwas (9,1 und 5,6 %) abgenommen hatte. Die Mehrheit von ihnen (97 und 66,7 %) fühlte sich durch die Arbeit der SGF entlastet. Ebenso spürte die Mehrheit der Eltern (58 %) eine Entlastung durch die Tätigkeit der SGF. 88 % der Eltern gaben an, dass ihr Kind schon einmal die SGF aufgesucht, und 86 %, dass ihr Kind gute bis sehr gute Erfahrungen mit der SGF gemacht hatte. Damit konnte die Machbarkeit und Akzeptanz von SGF in Rheinland-Pfalz gezeigt werden.

Nach Vorlage des Abschlussberichts der Machbarkeitsstudie beim Bildungsministerium Rheinland-Pfalz entschied sich das Ministerium im Jahr 2022 zu einer schrittweisen Ausweitung des Angebots von SGF an Grundschulen in Rheinland-Pfalz. Diese wurde wiederum durch ein weiteres Studienteam im Rahmen eines multizentrischen Mixed-Methods-Designs evaluiert[1]. Die zwischen 2022 und 2023 durchgeführte Studie umfasste 24 Grundschulen und jeweils drei quantitative Befragungen sowie semi-strukturierte Telefoninterviews, zu denen Eltern und Fachkräfte an den Schulen eingeladen wurden. Auch hier

1 siehe https://bildung.rlp.de/gesundeschule/gesunde-schule/themenfelder/schulgesundheitsfachkraefte

war die überwältigende Mehrheit (rund 95 % der Eltern und des Schulpersonals) mit dem Einsatz der SGF zufrieden bis äußerst zufrieden. Gründe für punktuelle Unzufriedenheit waren u.a. das Stellenprofil (z.B. hohe Abwesenheitszeiten durch Fortbildung, Teilzeitstelle), mangelnde schulinterne Regelungen (z.B. Unterrichtsfehlzeiten der Kinder durch Warten auf Versorgung) sowie Kommunikationsschwierigkeiten (z.B. unzureichende Kommunikation zwischen Eltern und SGF). Aus Sicht des Schulpersonals verbesserte sich durch den Einsatz der SGF insgesamt die Qualität der medizinisch-pflegerischen Versorgung von Schülerinnen und Schülern. Zudem wurden mit den SGF zusätzliche Ansprechpersonen etabliert, die sich für die Bedarfe der Kinder mehr Zeit nehmen konnten, als dies Lehrkräften möglich war. Kinder mit CE schienen besser am Schulalltag teilhaben zu können (u.a. weniger Fehlzeiten, bessere Beteiligung an der Nachmittagsbetreuung und an Schulausflügen). Auf Seiten der Eltern konnten SGF zur Erhöhung des Sicherheitsgefühls und zur Verringerung von Fehlzeiten am Arbeitsplatz beitragen. 85 % des Schulpersonals berichteten von einer deutlichen Entlastung im Schulalltag durch den Einsatz der SGF. Zudem fühlten sie sich bei der Versorgung von Kindern mit CE und bei der Früherkennung von Gesundheitsproblemen unterstützt.
Die Hinweise auf die vielfältigen Effekte von SGF auf Schülerinnen und Schüler (z.B. erhöhte Versorgungsqualität, Ansprech- und Vertrauensperson), Eltern (z.B. gesteigertes Sicherheitsgefühl, Reduktion von Arbeitsfehlzeiten) und Schulpersonal (z.B. Entlastung im Schulalltag) dokumentierten das hohe Potenzial von SGF im Allgemeinen und im Speziellen für Kinder mit CE. SGF könnten so zu einer gesundheitsorientierten Schulentwicklung beitragen und bestehende medizinische Versorgungsangebote bedarfsgerecht ergänzen. Auf Basis dieser positiven Evaluation wird das Projekt im Jahr 2025 (Stand Mai 2025) erneut ausgeweitet: Im Herbst 2025 sollen fünf weitere Grundschulen in Rheinland-Pfalz mit einer SGF ausgestattet werden.
Ob diese Maßnahmen individuell und langfristig die Chancengleichheit für Kinder mit CE erhöhen, muss erst noch gezeigt werden. Mehrere systematische Übersichtsarbeiten konnten bereits zahlreiche positive Effekte auf Bildungsendpunkte nachweisen (z.B. Leroy u.a. 2017). Da die Effektivität von Maßnahmen immer auch vom Kontext abhängt und sich dieser über Länder hinweg unterscheidet, muss die Wirksamkeit von SGF für Kinder mit CE dauerhaft überwacht und das Tätigkeitsprofil ggf. angepasst werden. Hierzu kann auf Konzepte und Vorarbeiten, insbesondere aus den USA, zurückgegriffen werden. In jedem Fall ist zu fordern, dass jede Einführung von Maßnahmen für Kinder mit CE im Hinblick auf Reichweite, Akzeptanz, Wirksamkeit, Nutzen und Kosten begleitend evaluiert werden muss. Nur so kann die Etablierung von unwirksamen Maßnahmen verhindert und die Versorgung dieser Kinder evidenzbasiert weiterentwickelt werden.

 doi.org/10.35468/6197-05

Literatur

AAP Council On School Health. (2016): Role of the School Nurse in Providing School Health Services. In: Pediatrics, 137 (6).

Bethell, C. D., Read, D., Neff, J., Blumberg, S. J., Stein, R. E., Sharp, V. & Newacheck, P. W. (2002a): Comparison of the children with special health care needs screener to the questionnaire for identifying children with chronic conditions-revised. In: Ambulatory Pediatrics 2 (1), 4957. Online unter: http://www.ncbi.nlm.nih.gov/pubmed/11888438. (Abrufdatum: 06.06.2025).

Bethell, C. D., Read, D., Stein, R. E., Blumberg, S. J., Wells, N. & Newacheck, P. W. (2002b): Identifying children with special health care needs: development and evaluation of a short screening instrument. In: Ambulatory Pediatrics, 2 (1), 3848. Onine unter: https://www.ncbi.nlm.nih.gov/pubmed/11888437. (Abrufdatum: 06.06.2025).

Blossfeld, H.-P., Maurice, J. & Schneider, T. (2011): The National Educational Panel Study: need, main features, and research potential. In: Zeitschrift für Erziehungswissenschaft 14 (2), 517.

Budde, H., Voelcker-Rehage, C., Pietrabyk-Kendziorra, S., Ribeiro, P. & Tidow, G. (2008): Acute coordinative exercise improves attentional performance in adolescents. In: Neuroscience Letters 441 (2), 219223.

Cawley, J. & Spiess, C. K. (2008): Obesity and developmental functioning among children aged 2-4 years. Discussion Paper No. 786.

Crump, C., Rivera, D., London, R., Landau, M., Erlendson, B. & Rodriguez, E. (2013): Chronic health conditions and school performance among children and youth. In: Annals of Epidemiology 23 (4), 179184.

Dadaczynski, K. (2012): Stand der Forschung zum Zusammenhang von Gesundheit und Bildung. Überblick und Implikationen für die schulische Gesundheitsförderung. In: Zeitschrift für Gesundheitspsychologie 20 (3), 141153.

Fischer, J., Diefenbach, C., Malonga Makosi, D., Schmazinski, U., Eichinger, M. & Urschitz, M. (2022): Schulgesundheitsfachkräfte an Grundschulen - Erste Ergebnisse einer Machbarkeitsstudie. In: Kinderärztliche Praxis 93, 2126.

Goeudevert, D. (2001): Der Horizont hat Flügel. Berlin: Econ.

Gräf, C., Hoffmann, I., Diefenbach, C., Konig, J., Schmidt, M. F., Schnick-Vollmer, K., Huss, M., Urschitz, M. S., Hoffmann, D., Blettner, M., Kaatsch, P., Queisser-Wahrendorf, A., Wiesel, A., Zepp, F., Faber, J., Gehring, S., Mildenberger, E., Letzel, S., Elflein, H., Schuster, A. K., Willershausen, B., Weusmann, J., Matthias, C., Imhof, M., Simon, P. & Grp, i. P. (2019): Mental health problems and school performance in first graders: results of the prospective cohort study ikidS. Eur Child Adolesc Psychiatry 28 (10), 13411352.

Heckman, J. J., Moon, S. H., Pinto, R., Savelyev, P. A. & Yavitz, A. (2010): The Rate of Return to the High/Scope Perry Preschool Program. In: Journal of public economics 94 (1-2), 114128. Online unter: http://www.ncbi.nlm.nih.gov/pmc/articles/PMC3145373/. (Abrufdatum: 06.06.2025).

Hoffmann, I., Diefenbach, C., Graf, C., Konig, J., Schmidt, M. F., Schnick-Vollmer, K., Blettner, M. & Urschitz, M. S. (2018). Chronic health conditions and school performance in first graders: A prospective cohort study. In: PLoS One 13 (3), e0194846.

Kamtsiuris, P., Atzpodien, K., Ellert, U., Schlack, R. & Schlaud, M. (2007): Prävalenz von somatischen Erkrankungen bei Kindern und Jugendlichen in Deutschland. Ergebnisse des Kinder- und Jugendgesundheitssurveys (KiGGS). In: Bundesgesundheitsblatt Gesundheitsforschung Gesundheitsschutz 50 (5-6), 686700.

Keehner Engelke, M., Guttu, M., Warren, M. B. & Swanson, M. (2008): School nurse case management for children with chronic illness: health, academic, and quality of life outcomes. In: J Sch Nurs 24 (4), 205214.

Kuntz, B. (2011): Bildung und Gesundheit. In: T. Schott & C. Hornberg (Hrsg.): Die Gesellschaft und ihre Gesundheit. 20 Jahre Public Health in Deutschland: Bilanz und Ausblick einer Wissenschaft. Wiesbaden: VS Verlag, 311327.

doi.org/10.35468/6197-05

Lampert, T., Müters, S., Stolzenberg, H. & Kroll, L. E. (2014): Messung des sozioökonomischen Status in der KiGGS-Studie: Erste Folgebefragung (KiGGS Welle 1). In: Bundesgesundheitsblatt 57, 762770.

Leroy, Z. C., Wallin, R. & Lee, S. (2017): The Role of School Health Services in Addressing the Needs of Students With Chronic Health Conditions:A Systematic Review. In: The Journal of School Nursing 33 (1), 6472.

Lum, A., Wakefield, C. E., Donnan, B., Burns, M. A., Fardell, J. E. & Marshall, G. M. (2017): Understanding the school experiences of children and adolescents with serious chronic illness: a systematic meta-review. In: Child: Care, Health and Development 43 (5), 645662.

Mokkink, L. B., van der Lee, J. H., Grootenhuis, M. A., Offringa, M., Heymans, H. S., Dutch National Consensus Committee Chronic, D. & Health Conditions in, C. (2008): Defining chronic diseases and health conditions in childhood (0-18 years of age): national consensus in the Netherlands. In: European Journal of Pediatrics 167 (12), 14411447.

Oberwöhrmann, S., Bettge, S. & Hermann, S. (2013): Einheitliche Erfassung des Migrationshintergrundes bei den Einschulungsuntersuchungen: Modellprojekt der Arbeitsgruppe Gesundheitsberichterstattung, Prävention, Rehabilitation, Sozialmedizin (AG GPRS) der Arbeitsgemeinschaft der obersten Landesgesundheitsbehörden (AOLG) - Abschlussbericht.

Rauer, W. & Schuck, K. D. (2004): Fragebogen zur Erfassung emotionaler und sozialer Schulerfahrungen von Grundschulkindern erster und zweiter Klassen (FEESS 1-2). Göttingen: Hogrefe.

Reinhardt, D. & Petermann, F. (2010): Neue Morbiditäten der Pädiatrie. In: Monatsschrift Kinderheilkunde 158 (1), 14.

Scheidt-Nave, C., Ellert, U., Thyen, U. & Schlaud, M. (2007): Prävalenz und Charakteristika von Kindern und Jugendlichen mit speziellem Versorgungsbedarf im Kinder- und Jugendgesundheitssurvey (KiGGS) in Deutschland. In: Bundesgesundheitsblatt Gesundheitsforschung Gesundheitsschutz 50 (5-6), 750756.

Scheidt-Nave, C., Ellert, U., Thyen, U. & Schlaud, M. (2008): Versorgungsbedarf chronisch kranker Kinder und Jugendlicher. In: Bundesgesundheitsblatt Gesundheitsforschung Gesundheitsschutz 51 (6), 592601.

Schenk, L., Ellert, U. & Neuhauser, H. (2007): Kinder und Jugendliche mit Migrationshintergrund in Deutschland: Methodische Aspekte im Kinder- und Jugendgesundheitssurvey (KiGGS). In: Bundesgesundheitsblatt Gesundheitsforschung Gesundheitsschutz 50 (5-6), 590599.

Schlecht, J., Hammerle, F., König, J., Kuhle, S. & Urschitz, M. S. (2024a): Teachers reported that children with special health care needs displayed more attention problems. In: Acta Paediatrica 113 (5), 10511058.

Schlecht, J., König, J., Kuhle, S. & Urschitz, M. S. (2023). School absenteeism in children with special health care needs. Results from the prospective cohort study ikidS. In: PLOS ONE 18 (6), e0287408.

Schlecht, J., König, J., Kuhle, S. & Urschitz, M. S. (2024b): Third-grade school performance in children with special healthcare needs: a prospective cohort study. In: BMJ Paediatrics Open 8 (1). e002987.

Schlecht, J., König, J. & Urschitz, M. S. (2022): Chronisch krank in der Schule – schulische Fähigkeiten von Kindern mit speziellem Versorgungsbedarf. Ergebnisse der Kindergesundheitsstudie ikidS. In: Klinische Pädiatrie 234 (02), 8895.

Schnick-Vollmer, K., Diefenbach, C., Imhof, M., König, J., Schlecht, J., Kuhle, S. & Urschitz, M. S. (2024): School well-being in primary school children with chronic illness. A prospective cohort study. In: PeerJ, 12, e18280.

Suhrcke, M. & de Paz Nieves, C. (2011): The impact of health and health behaviours on educational outcomes in high income countries: a review of the evidence. WHO Regional Office for Europe.

Urschitz, M. S., Gebhard, B., Philippi, H. & De Bock, F. (2016): Partizipation und Bildung als Endpunkte in der pädiatrischen Versorgungsforschung. Kinder- und Jugendmedizin, 16(3), 206217.

 doi.org/10.35468/6197-05

Urschitz, M. S., Guenther, A., Eggebrecht, E., Wolff, J., Urschitz-Duprat, P. M., Schlaud, M. & Poets, C. F. (2003): Snoring, intermittent hypoxia and academic performance in primary school children. In: American Journal of Respiratory and Critical Care Medicine 168 (4), 464468.

Van Cleave, J., Gortmaker, S. L. & Perrin, J. M. (2010): Dynamics of obesity and chronic health conditions among children and youth. In: Journal of the American Medical Association 303 (7), 623630.

van der Lee, J. H., Mokkink, L. B., Grootenhuis, M. A., Heymans, H. S. & Offringa, M. (2007): Definitions and measurement of chronic health conditions in childhood: a systematic review. In: Journal of the American Medical Association 297 (24), 27412751.

World Health Organization. (2021): WHO guideline on school health services. In: WHO guideline on school health services. World Health Organization. Online unter: https://www.ncbi.nlm.nih.gov/pubmed/34255443. (Abrufdatum: 06.06.2025).

Autorinnen und Autoren

Diefenbach, Christiane, Dipl.-Psych.in Dr.in
Universitätsmedizin Mainz,
Abt. für Pädiatrische Epidemiologie.
Fokus ADHS im Schulkontext,
Früherkennung bei Schuleingang,
ikidS-Projekt zu chronischer Erkrankung & Bildung,
Evaluation von Schulgesundheitsfachkräften.

c.diefenbach@uni-mainz.de

Urschitz, Michael S., EU-M.Sc. Univ.-Prof. Dr. med.
Universitätsmedizin Mainz,
Abt. für Pädiatrische Epidemiologie.
Fokus auf die Epidemiologie chronischer und
seltener Erkrankungen im Kindesalter,
schulbezogene Gesundheitsforschung sowie
Versorgungs- und Bildungsaspekte (ikidS-Projekt).

urschitz@uni-mainz.de

doi.org/10.35468/6197-05

Praxisorientierte Ansätze und Handlungsfelder einer Pädagogik bei chronischen Erkrankungen

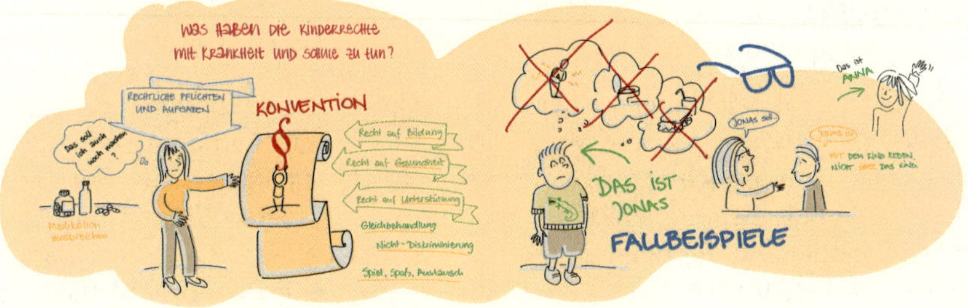

Tamara Reiner

Chronische Erkrankungen und Schule – Was die UN-Kinderrechtskonvention zu einer inklusiven Bildung beitragen kann

Abstract

Kinder und Jugendliche mit chronischen Erkrankungen erleben im Schulalltag häufig strukturelle Barrieren, unzureichende Unterstützung und mangelndes Verständnis. Dieser Beitrag beleuchtet, wie die UN-Kinderrechtskonvention als rechtlicher und ethischer Kompass genutzt werden kann, um die schulische Teilhabe dieser Kinder zu stärken. Zentrale Artikel wie das Recht auf Bildung, Nichtdiskriminierung und das Wohl des Kindes werden praxisnah auf schulische Kontexte bezogen. Lehrpersonen erhalten konkrete Anregungen, wie sie trotz begrenzter Ressourcen einen unterstützenden, inklusiven und rechtskonformen Schulalltag gestalten können. Dabei wird aufgezeigt, dass chronische Erkrankungen nicht nur medizinische, sondern auch psychosoziale Herausforderungen mit sich bringen, die ein sensibles pädagogisches Handeln erfordern. Der Beitrag plädiert für eine enge Zusammenarbeit aller Beteiligten – insbesondere unter Einbezug der Kinder selbst – und bietet Orientierung für einen chancengerechten Umgang mit Diversität im Klassenzimmer.

Keywords: UN-Kinderrechtskonvention; Schulische Inklusion; Bildungsgerechtigkeit; Partizipation von Kindern

doi.org/10.35468/6197-06

Einleitung

Kinder und Jugendliche mit chronischen Erkrankungen sehen sich im schulischen Alltag oftmals mit besonderen Herausforderungen konfrontiert. Neben gesundheitlichen Einschränkungen können strukturelle Barrieren und fehlende Unterstützungsangebote ihre gleichberechtigte Teilhabe erschweren. Doch nicht nur für die Betroffenen selbst, sondern auch für deren Eltern, Lehrpersonen und andere Akteurinnen und Akteure im Schulsystem können sich daraus komplexe Aufgaben ergeben, die flexible Lösungen erfordern und mitunter zusätzlichen organisatorischen oder personellen Aufwand bedeuten. Dabei entsteht ein Spannungsfeld, in dem unterschiedliche Interessen und Bedürfnisse aufeinandertreffen, während die verfügbaren Ressourcen begrenzt sind. Gerade in dieser Vielschichtigkeit kann die UN-Kinderrechtskonvention (UN-KRK 1989/1992) als wichtiger Leitfaden dienen. Sie bietet eine klare rechtliche und ethische Orientierung für alle, die Entscheidungen im schulischen Umfeld treffen. So heißt es in Artikel 28 der KRK: „Die Vertragsstaaten erkennen das Recht des Kindes auf Bildung an […] und treffen insbesondere Maßnahmen, um die Schulpflicht für alle Kinder durchzuführen und den Zugang zu Bildung zu fördern" (UN-KRK 1989/1992, Art. 28). Damit wird das Recht auf Bildung und Chancengleichheit für alle Kinder und Jugendlichen unterstrichen.

Dieser Beitrag zeigt auf, welche Bestimmungen der UN-Kinderrechtskonvention (UN-KRK) für Kinder mit chronischen Erkrankungen im schulischen Kontext wichtig sind und wie sie helfen können, die schulische Situation der betroffenen Kinder und Jugendlichen zu verbessern und praktikable Lösungen zu entwickeln.

Chronische Erkrankung – ein Überblick

Kinder und Jugendliche stellen zwar die gesündeste Bevölkerungsgruppe dar, dennoch ist in den letzten Jahren eine Zunahme an chronischen Erkrankungen unter ihnen beobachtbar (Winkler u. a. 2024).

Zahlen der österreichischen Gesundheitsbefragung aus dem Jahr 2014 belegen, dass ca. 11 % der Kinder und Jugendlichen in Österreich einen speziellen Bedarf an Gesundheitsversorgung haben (Klimont & Baldaszti 2015). Nur 8 Jahre später gaben bereits 20 % der Kinder und Jugendlichen im Rahmen der HBSC-Studie an, an einer chronischen oder langandauernden Erkrankung zu leiden (Felder-Puig u. a. 2023a). In absoluten Zahlen bedeutet dies, dass ca. 197.000 Kinder und Jugendliche im Schulalter von einer chronischen Erkrankung betroffen sind. Mädchen sind hierbei häufiger betroffen als Burschen (Felder-Puig u. a. 2023b). Zu den häufigsten Erkrankungen in dieser Lebensphase zählen atopische Erkrankungen (Neurodermitis, Asthma bronchiale und Heuschnupfen), Diabetes, Epilepsie, juvenile Arthritis, Krebserkrankun-

doi.org/10.35468/6197-06

gen und chronisch entzündliche Darmerkrankungen (Winkler u.a. 2024). Seit 2022 wird in Österreich auch Adipositas als eine chronische Erkrankung anerkannt (Weghuber 2023), die bei 80 % der Betroffenen bereits im Alter von 3 bis 5 Jahren präsent ist und ca. 5 % der Kinder und Jugendlichen betrifft (Winkler u.a. 2024).

Eine weitere große, jedoch sehr heterogene Gruppe sind die sogenannten *seltenen Erkrankungen*, die gemäß der EU-Definition dann als solche bezeichnet werden, wenn sie bei bis zu 5 von 10.000 Personen auftreten (Nguengang u.a. 2020). Zu den weltweit aktuell etwa 6.500 bekannten seltenen Erkrankungen zählen zum Beispiel die Cystische Fibrose oder die spinale Muskelatrophie. Schätzungsweise sind in Österreich etwa 450.000 Menschen betroffen, wobei etwa 75 % davon bereits im Kindes- und Jugendalter auftreten (Karall 2023; Winkler u.a. 2024).

Ebenso können schwerwiegende psychische Erkrankungen bereits im Kindes- und Jugendalter vorhanden sein. In den vergangenen Jahren nach der COVID-19-Pandemie wurde in Österreich, so wie auch auf internationaler Ebene, eine Zunahme an psychischen Erkrankungen in dieser Altersgruppe aufgezeichnet, mit gestiegenen Zahlen an Depressionen, Essstörungen, Angststörungen, Suizidgedanken sowie Suizidversuchen (Dale u.a. 2022; Plener u.a. 2021). Diese steigenden Zahlen lassen sich durch die Leistungsdokumentation der österreichischen Krankenanstalten anhand der Zunahme stationär behandelter Patientinnen und Patienten auf Kinder- und Jugendpsychiatrien belegen (Sagerschnig u.a. 2023). Weiters häufig auftretend sind Entwicklungsstörungen wie ADHS und Autismus-Spektrum-Störung (ASS) mit Prävalenzen von 3 bis 5 % bei ADHS und ca. 1 % bei ASS (Fegert u.a. 2024).

Gemeinsam ist allen chronischen Erkrankungen deren Fortbestehen über einen längeren Zeitraum mit z.B. schubweisem oder fortschreitendem Krankheitsverlauf. Eine Heilung ist (in den meisten Fällen) nicht möglich, vielmehr bedarf es regelmäßiger medizinischer Behandlung aufgrund dauerhafter Gesundheitsprobleme oder bleibender Krankheitsfolgen (Scheidt-Nave 2010), die weitreichende Konsequenzen für die Lebenssituation und Lebensqualität der betroffenen Personen haben können (Lange 2022).

Auswirkungen auf den schulischen Alltag betroffener Kinder und Jugendlicher

Für die betroffenen Schülerinnen und Schüler kann sich ihre Erkrankung vielfältig auswirken, beispielsweise auf ihr Selbstbild, ihre Leistungsfähigkeit bis hin zu ihrer sozialen Teilhabe. Studien (Schlecht u.a. 2022; Unterweger & Felder Puig 2011) zeigen, dass Kinder und Jugendliche mit chronischen Erkran-

doi.org/10.35468/6197-06

kungen häufiger schulische Schwierigkeiten haben als ihre nicht-betroffenen Mitschülerinnen und Mitschüler. Ursachen hierfür sind unter anderem vermehrte Fehlzeiten, Nebenwirkungen von Medikamenten sowie krankheitsbedingte Aufmerksamkeits- und Konzentrationsschwierigkeiten, verringerte Sozialkontakte und eine geringere Schulzufriedenheit.

> „Kinder können ihre Erkrankung zwar vorübergehend ausblenden, jedoch nie gleichsam in der Garderobe ‚abgeben' oder ganz ignorieren. Sie haben ihre Krankheit wie einen fixen Rucksack ständig dabei" (Damm 2022, 14).

Positiv auf die schulische Entwicklung können sich Schutzfaktoren auswirken, indem sie die Anpassung an Umweltbedingungen fördern (Bengel u.a. 2009). Darunter finden sich gute Beziehungen zu Lehrpersonen und Peers, ein wertschätzendes Schul- und Lernklima mit angemessenen Erwartungen sowie eine enge Zusammenarbeit zwischen der Schule und den Eltern bzw. außerschulischen Einrichtungen (Damm 2022). Trotz dieser Unterstützungsmöglichkeiten kommt es vor, dass Kinder und Jugendliche mit chronischen Erkrankungen schulisch nicht gemäß ihrer kognitiven Begabung bewertet werden und ihr Potenzial dadurch nicht voll ausschöpfen können (ebd. 2014).

Anforderungen im schulischen Alltag für Lehrpersonen

Die steigende Zahl betroffener Kinder und Jugendlicher spiegelt sich auch im Schulsystem wider. Lehrpersonen stehen dadurch zunehmend vor der Herausforderung, Schülerinnen und Schüler mit chronischen Erkrankungen angemessen zu betreuen. Zwar bleiben viele Erkrankungen im Schulalltag wahrscheinlich unbemerkt, da sie keine direkte Betreuung erfordern, dennoch sitzen statistisch betrachtet in jeder Schulklasse in Österreich ein bis zwei Kinder mit einer oder mehreren chronischen Erkrankungen (Damm 2022). Einige benötigen tägliche Versorgung (z.B. Blutzuckerüberwachung bei Diabetes), andere erfordern punktuell rasches Handeln bei Notfällen wie Krampfanfällen oder allergischen Reaktionen. Lehrpersonen müssen spezifisches Wissen und Kompetenzen besitzen, um angemessen zu reagieren. Angesichts der Vielfalt chronischer Erkrankungen und der damit verbundenen unterschiedlichen Erfordernisse und Bedürfnisse der Betroffenen kann nicht erwartet werden, dass Lehrpersonen allumfassend informiert sind. Schulungen sowie der Austausch mit Eltern oder (Schul-)Ärztinnen bzw. Ärzten sind daher essenziell. Dies sichert nicht nur das Wohl der betroffenen Kinder und Jugendlichen, sondern gibt auch den Lehrpersonen Handlungssicherheit. Einige Kinder sind möglicherweise aufgrund ihres Alters oder Gesundheitszustandes sogar auf intensivere Unterstützung angewiesen. Eine einzelne Lehrkraft kann dies

 doi.org/10.35468/6197-06

kaum leisten, insbesondere neben der Betreuung der restlichen Schülerinnen und Schüler. Dies birgt das Risiko von Fehlern und führt zu einer erheblichen Mehrbelastung, die nicht zum eigentlichen Tätigkeitsbereich von Lehrpersonen gehört und zu Stress oder Überforderung führen kann.

Dennoch sind Lehrpersonen verpflichtet, im Notfall Erste Hilfe zu leisten und dürfen alle Tätigkeiten ausführen, die auf Allgemeinwissen beruhen und von medizinischen Laien ohne besondere Ausbildung erbracht werden können, wie beispielsweise das Lagern einer bewusstlosen Person in die stabile Seitenlage. Diese einfachen Maßnahmen sind Teil der dienstlichen Pflichten und gesetzlich vorgeschrieben (BMBWF 2019). Zudem müssen sich Lehrpersonen über mögliche Notfallmaßnahmen informieren und diese im Ernstfall anwenden. Darüber hinaus können Lehrpersonen nach vorheriger ärztlicher Einschulung und Übertragung freiwillig auch bestimmte ärztliche Tätigkeiten übernehmen, die über das Allgemeinwissen hinausgehen, etwa die Verabreichung von Medikamenten oder das Bedienen von medizinischen Geräten. Nach einer solchen Unterweisung durch eine Ärztin bzw. einen Arzt geht die Übernahme dieser Tätigkeiten in die Dienstpflicht über, wobei Lehrpersonen grundsätzlich das Recht haben, diese Aufgaben abzulehnen (ebd. 2019). Die rechtlichen Grundlagen scheinen klar, führen in der Praxis jedoch zu Unsicherheiten. In unklaren Situationen oder bei erhöhtem Unterstützungsbedarf ist der Einsatz zusätzlicher Fachkräfte wie School Nurses oder anderer Assistenz- und Gesundheitsberufe hilfreich. Sie übernehmen medizinische Aufgaben, verbessern die Versorgung der Kinder und Jugendlichen und entlasten Lehrpersonen sowie Eltern, die sonst pflegerische Aufgaben übernehmen müssten (Kocks 2023). Vor allem ermöglicht dies den betroffenen Kindern und Jugendlichen, sich auf ihre schulischen und sozialen Anforderungen zu konzentrieren.

Diese praktischen und rechtlichen Aspekte, die sich aus der Betreuung von Kindern und Jugendlichen mit chronischen Erkrankungen ergeben, stellen sicherlich eine organisatorische Herausforderung dar, sind jedoch rechtlich verankert. Die UN-KRK (1989/1992) garantiert jedem Kind das Recht auf Bildung, gesundheitliche Versorgung und angemessene Unterstützung im schulischen Umfeld (UN-KRK 1989/1992, Art. 23, 24, 28). Ihre Umsetzung setzt dabei nicht nur das Engagement einzelner Akteurinnen und Akteure voraus, sondern auch entsprechende strukturelle und finanzielle Rahmenbedingungen. Damit diese Rechte im schulischen Alltag tatsächlich wirksam werden, sollten Politik und Verwaltung durch gezielte Maßnahmen für ausreichend finanzielle und personelle Ressourcen sorgen, um Schulen die notwendige Unterstützung zu ermöglichen.

Insbesondere bei chronischen Erkrankungen ergeben sich spezifische Anforderungen an das Schulsetting, die eng mit der UN-KRK verknüpft sind. Diese vermittelt nicht nur eine rechtliche Grundlage, sondern auch einen ethischen

Leitfaden für Bildungsgerechtigkeit. Im nächsten Abschnitt werden die zentralen Bestimmungen der UN-KRK und deren Bedeutung für das schulische Umfeld näher betrachtet.

Rechtliche Grundlagen und gesellschaftliche Verantwortung für Bildungsgerechtigkeit

Die UN-KRK wurde 1989 durch die Vereinten Nationen verabschiedet und 1992 von Österreich ratifiziert. Heute zählt die Konvention 195 Vertragsparteien und kann damit, zumindest auf der Ebene der Zustimmung, als erfolgreichste Ausprägung universeller Menschenrechte eingestuft werden. Die darin festgehaltenen Kinderrechte formulieren Grundwerte im Umgang mit jungen Menschen sowie deren Rechte auf Überleben, Entwicklung, Schutz und Beteiligung, zu deren Einhaltung und Berücksichtigung sich die Staaten durch die Unterzeichnung verpflichten. Es wird darin eine Sicht auf Kinder, als eigenständige Personen mit eigenen und speziellen Bedürfnissen, gezeichnet, die sich auf alle möglichen Aufenthaltsorte, egal ob zu Hause, in Freizeiteinrichtungen oder in der Schule, gleichermaßen bezieht. Mit der Unterzeichnung der KRK verpflichten sich Staaten, auch deren erfolgreiche Umsetzung nachzuweisen und Bemühungen zur Verwirklichung von Grundsätzen wie Partizipationsrechten, Kindeswohlvorrang, Gewährleistung des Rechts auf Leben, Überleben und Entwicklung sowie Nichtdiskriminierung nachzuweisen (Sax u.a. 2015).

Insgesamt umfasst die KRK 54 Artikel, von diesen werden im Folgenden sieben hervorgehoben, die im Rahmen von Überlegungen zu Kindern und Jugendlichen mit chronischer Erkrankung im Schulsetting als besonders relevant erachtet werden.

Handlungsweisende Artikel der UN-Kinderrechtskonvention

Artikel 2: Achtung der Kindesrechte und Diskriminierungsverbot

Grundlegend gelten die Kinderrechte für alle Kinder, egal wo sie leben oder wer sie sind, welche Hautfarbe sie haben oder Sprache sie sprechen, welche Religion sie ausüben, welches Geschlecht sie haben oder ob sie eine Behinderung haben. Die Vertragsstaaten haben die in der KRK festgelegten Rechte jedem Kind zu gewährleisten, keines der angeführten Rechte darf einem Kind aberkannt oder weggenommen werden. Außerdem müssen Maßnahmen getroffen werden, die Kinder von allen Formen der Diskriminierung bewahren (UN-KRK 1989/1992, Art. 2).

doi.org/10.35468/6197-06

Im Schulsetting bedeutet dies, dass Schulen sicherstellen müssen, dass Kinder und Jugendliche mit chronischen Erkrankungen keine Benachteiligung erfahren. Das bedeutet nicht nur einen gleichberechtigten Zugang zu Bildung, sondern auch die Gewährleistung von Nachteilsausgleichen, barrierefreien Infrastrukturen und Schutz vor Diskriminierung. Dabei ist der Schutz vor Diskriminierung weitreichend zu verstehen: Er umfasst die uneingeschränkte Teilnahme an schulischen Aktivitäten wie Ausflügen, den Zugang zu geeigneten Mahlzeiten in Schulkantinen trotz diätetischer Anforderungen sowie eine Lernumgebung, die den individuellen Entwicklungsstand berücksichtigt und fördert. Schulen sind gefordert, nicht nur Barrieren abzubauen, sondern auch aktiv Bedingungen zu schaffen, die eine gleichberechtigte Teilhabe ermöglichen.

Artikel 3: Wohl des Kindes

Bei allen Entscheidungen, die in öffentlichen oder privaten Einrichtungen getroffen werden und Kinder betreffen, muss ihr Wohl als vorrangig berücksichtigt werden. Als oberste Prämisse bei Maßnahmen muss von Fürsorgepersonen, egal ob in sozialen Institutionen, Gerichten, Verwaltungsbehörden oder Gesetzgebungsorganen, stets das Kindeswohl als handlungsleitend gelten. Vertragsstaaten sind außerdem verpflichtet, Kindern, unter Wahrung der elterlichen Rechte, Schutz und Fürsorge zu gewährleisten und dafür geeignete gesetzliche sowie administrative Maßnahmen zu ergreifen. Für Institutionen und Dienste, die für den Schutz und die Betreuung von Kindern zuständig sind, bedeutet dies ein verbindliches Einhalten bestimmter Standards in Bezug auf Sicherheit, Gesundheit, Personalqualifikation und Aufsicht (UN-KRK, 1989/1992, Art. 3).

Die Gestaltung aller schulischen Maßnahmen muss demnach auch stets im besten Interesse eines jeden Kindes erfolgen. Besonders bei Kindern und Jugendlichen mit chronischen Erkrankungen ist es wichtig, individuelle gesundheitliche Unterstützung im Schulalltag sicherzustellen, was eine enge Zusammenarbeit und einen ständigen Austausch zwischen Schulpersonal, Eltern, medizinischem Fachpersonal sowie politischen Akteurinnen und Akteuren bzw. Entscheidungsträgerinnen und Entscheidungsträgern im Bildungssektor erfordert.

Ein Beispiel zur Illustration der Umsetzung von Maßnahmen gemäß den Inhalten von Art. 2 der UN-KRK wäre die Situation eines Kindes mit Glykogenspeicherkrankheit. Das betroffene Kind muss während der Schulzeit ein strenges und regelmäßiges Nahrungsprotokoll einhalten. Je nach Entwicklungsstand benötigt das Kind Unterstützung bei der Einhaltung von Essenszeiten oder der Mahlzeitenmengen, bei der Zubereitung hochkalorischer Zusatznahrung und der Überwachung von Blutzuckerwerten. Um diese Bedürfnisse im Schulalltag zu erfüllen, könnten beispielsweise Pausenzeiten für die gesamte Klasse so angepasst werden, dass das Kind zu seinen regelmäßigen Mahlzeiten kommen kann, ohne im Klassenverband gesondert hervorzustechen oder sich gar als störend zu empfinden. Ebenso könnte eine Pflegekraft vor Ort diese Betreuung

doi.org/10.35468/6197-06

übernehmen oder es ist in manchen Fällen ebenso vorstellbar, Lehrpersonen, nach entsprechender Schulung und Zutrauen, einige Aufgaben zu übertragen.
Im Sinne des Kindeswohls zu handeln, bedeutet demnach, den Unterricht so zu gestalten, dass das Kind aktiv in die Klasse integriert wird, ohne aufgrund seiner krankheitsbedingten Anforderungen hervorgehoben zu werden. Es gilt, individuelle Lösungen zu entwickeln, die sich an den Bedürfnissen und dem Entwicklungsstand des Kindes orientieren. Diese Lösungen sollten regelmäßig überprüft und bei Bedarf angepasst werden, um dem Kind langfristig eine zunehmende Selbstständigkeit zu ermöglichen. Dabei ist jedoch darauf zu achten, das Kind nicht vorschnell mit der alleinigen Verantwortung für seine medizinische Versorgung oder krankheitsbedingte Anforderungen zu belasten, wenn hierfür noch nicht ausreichend Unterstützung oder Reife vorhanden ist.
Nachvollziehbar ist, dass eine chronische Erkrankung nicht nur medizinische Unterstützung impliziert, sondern auch psychosoziale, denn die chronische Erkrankung per se, wie auch damit einhergehende emotionale und auch soziale Herausforderungen, können zusätzlichen Stress für die betroffenen Kinder und Jugendlichen bedeuten. Diese Aspekte sollten auch in der Schule Beachtung finden, indem ein Umfeld geschaffen wird, das den betroffenen Kindern hilft, sowohl mit den physischen als auch psychischen Belastungen umzugehen. Hierbei spielen zum Beispiel auch geschulte Schulpsychologinnen und -psychologen, Schulärztinnen und -ärzte oder Sozialarbeiterinnen und Sozialarbeiter wertvolle Rollen, um das Kind in seiner emotionalen Entwicklung bestmöglich zu unterstützen. Ebenso kann der Einbezug der Mitschülerinnen und Mitschüler von großer Bedeutung sein. Diese können durch altersgerechte Information über die Erkrankung und Bedürfnisse ihrer von einer chronischen Erkrankung betroffenen Mitschülerinnen oder Mitschüler, selbstverständlich nur nach deren Zustimmung, aktiv miteinbezogen werden. So kann das Verständnis für die betroffenen Mitschülerinnen und Mitschüler gefördert, Empathie erlernt und eventuelle Berührungsängste oder auch Sorgen abgebaut werden, wodurch Ausgrenzung und Stigmatisierung (entsprechend Art. 2) vermieden und ein unterstützendes und inklusives Umfeld geschaffen werden können.

Artikel 6: Recht auf Leben

Hierbei ist nicht nur die grundsätzliche Anerkennung auf ein angeborenes Recht auf Leben eines jeden Kindes gemeint, sondern auch das Recht auf Überleben und die Förderung der Entwicklung eines jeden Kindes (UN-KRK 1989/1992, Art. 6).
m Kontext des Schulsettings bedeutet dies, dass Schulen allen Kindern, einschließlich jener mit chronischen Erkrankungen, einen Zugang zu Bildung ermöglichen sollten und ebenso die notwendige Unterstützung für eine gesunde Entwicklung und das vollständige Ausschöpfen ihrer Potenziale bereitstellen

doi.org/10.35468/6197-06

sollten. Dafür ist ein Umfeld erforderlich, das als sicher empfunden wird und für mögliche medizinische Notfälle ausreichend vorbereitet ist. Für einzelne Lehrpersonen bedeutet dies, über Wissen und Kompetenzen im Umgang mit Notfällen zu verfügen, die auf die spezifischen Bedürfnisse ihrer Schülerinnen und Schüler abgestimmt sind.

Artikel 12: Berücksichtigung des Kindeswillens
Kinder sind fähig, ihre eigene Meinung zu bilden und haben das Recht, in allen sie betreffenden Angelegenheiten, diese frei zu äußern. Vertragsstaaten wiederum haben diese Ansichten und Meinungen entsprechend dem Alter und der Reife des Kindes zu berücksichtigen (UN-KRK 1989/1992, Art. 12). Die Berücksichtigung des Kindeswillens gilt selbstverständlich auch im Schulsetting und ist insbesondere für Kinder und Jugendliche mit chronischer Erkrankung, deren Schulalltag in der Regel von speziellen Herausforderungen geprägt ist, wichtig. Kinder mit chronischen Erkrankungen sind meist Expertinnen und Experten in Bezug auf ihre Erkrankung und sollen dementsprechend befähigt werden, schulische Anpassungen mitzubestimmen. Sie wissen meist selbst am besten, was sie für eine positive und erfolgreiche Teilnahme benötigen und müssen daher in Entscheidungsprozesse, die ihren Schulalltag betreffen, aktiv eingebunden werden. Vorstellbare Anliegen sind Nachteilsausgleiche, längere Prüfungszeiten, flexible Pausenzeiten, Verwendung von Hilfen oder auch organisatorische Maßnahmen, Rückzugsorte oder -zeiten, bestimmte Platzierung im Klassenzimmer oder eine flexible Umstellung auf Online-Unterricht im Bedarfsfall. In Bezug auf gesundheitliche Maßnahmen sollen Kinder selbst bestimmen bzw. je nach Entwicklungsstand und Alter mitbestimmen, ob sie gewisse Handlungen selbstständig durchführen wollen/können oder ob Unterstützung notwendig ist. Kinder sollen in jedem Fall mitentscheiden, durch wen diese umgesetzt werden – etwa durch eine Angehörige, einen Angehörigen oder eine Pflegekraft und an welchem Ort pflegerische oder medizinische Handlungen erfolgen (z. B. Medikamenteneinnahme im Klassenzimmer oder davor). Ebenso müssen die Perspektiven betroffener Kinder hinsichtlich bestehender Barrieren im Klassenzimmer oder der Schule und der inklusiven Gestaltung des Schulumfeldes Beachtung finden. Sie sollen die Möglichkeit haben, in alle sie betreffenden Entscheidungen eingebunden zu werden, sei es die Informationsweitergabe an Mitschülerinnen und Mitschüler, die Gestaltung von Räumlichkeiten oder die Installierung von Hilfsdiensten und Unterstützungspersonen.

Artikel 28: Recht auf Bildung und Schule
Jedes Kind hat ein Recht auf Bildung. Um dies zu verwirklichen und damit Chancengleichheit herzustellen, verpflichten sich die Vertragsstaaten, sowohl eine Grundschulausbildung als auch Bildung in weiterführenden Schulen al-

doi.org/10.35468/6197-06

len Kindern zugänglich zu machen. Geeignete Maßnahmen wie finanzielle Unterstützung oder solche, die einen regelmäßigen Schulbesuch und auch frühzeitiges Verlassen des Schulsystems verringern, sollen getroffen werden (UN-KRK 1989/1992, Art. 28).

Der Schulbesuch muss demnach für alle Kinder, unabhängig von ihrer gesundheitlichen Situation, möglich und auch unentgeltlich sein. So sollen weder durch den Besuch einer passenden Schule noch durch die Notwendigkeit von Unterstützungsmaßnahmen zusätzliche Kosten für betroffene Familien anfallen. Es soll eine individuelle Förderung, angepasst an die körperlichen und kognitiven Fähigkeiten eines jeden Kindes, gewährleistet sein. Dies ist vor allem relevant für Kinder mit chronischen Erkrankungen, die eventuell aufgrund erhöhter krankheitsbedingter Fehlzeiten dem Unterrichtsverlauf nicht folgen können und aufgrund dessen zu Schulabbrüchen oder Schulwechseln gezwungen sind. Hierbei ist allen Beteiligten im Schulsystem ein Höchstmaß an Sensibilität für die (individuellen) Bedürfnisse betroffener Kinder abzuverlangen, ebenso wie ein Interesse an der Umsetzung innovativer Unterrichtsmethoden, die Bedürfnisse von Kindern mit chronischen Erkrankungen adressieren.

Artikel 29: Bildungsziele

Bildung von Kindern soll darauf ausgerichtet sein, ihre individuelle Persönlichkeit, ihre Begabung sowie ihre geistigen und körperlichen Fähigkeiten bestmöglich zu fördern. Es sollen ihnen Achtung vor den Menschenrechten, ihre Grundfreiheiten und Werte ihrer eigenen sowie anderer Kulturen nähergebracht werden. Außerdem soll Bildung Kinder vorbereiten, ein verantwortungsbewusstes Leben in einer freien und friedvollen Gesellschaft zu führen. Toleranz, Gleichberechtigung und interkulturelles Verständnis dienen hierbei als zentrale Aspekte (UN-KRK 1989/1992, Art. 29).

In der praktischen Umsetzung bedeutet dies das Legen eines Grundsteines für ein respektvolles und inklusives Zusammenleben sowie die Vermittlung grundlegender sozialer Werte im schulischen Kontext. Es soll ein Miteinander erlernt und erlebt werden, welches von Gleichberechtigung und Inklusion geprägt ist. Schule ist demnach ein Ort, an dem nicht nur faktisches Wissen gesammelt wird, sondern ebenso soziales Lernen stattfindet. Kinder und Jugendliche mit chronischen Erkrankungen als gleichwertige Personen des Klassenverbandes zu sehen und ein rücksichtsvolles Miteinander zu schaffen, ein sogenanntes Classroom-Management, ist ein nicht zu unterschätzender Faktor für das Verständnis der Vielfalt des menschlichen Lebens sowie der Akzeptanz und der Empathie im gesellschaftlichen Zusammenleben.

doi.org/10.35468/6197-06

Fazit und Ausblick

Deutlich wird, dass die schulische Teilhabe von Kindern und Jugendlichen mit chronischen Erkrankungen nicht nur eine medizinische oder pädagogische Herausforderung darstellt, sondern vor allem eine zentrale Frage der Bildungsgerechtigkeit ist. Die UN-Kinderrechtskonvention bietet hierfür auf politischer Ebene eine wichtige Orientierung für Schulen und Entscheidungsträgerinnen und Entscheidungsträger sowie auf persönlicher Ebene für die gelebte Praxis. Sie kann dazu beitragen, die Rechte von Kindern und Jugendlichen mit chronischen Erkrankungen zu schützen und bestehende strukturelle Barrieren systematisch abzubauen.

Im schulischen Alltag vieler Kinder und Jugendlicher zeigt sich jedoch eine unzureichende Umsetzung der Kinderrechte. Häufig mangelt es an notwendigen Ressourcen, abgestimmten Konzepten sowie an einer klaren und verlässlichen Kommunikation zwischen Schule, Familien und medizinischem Fachpersonal. Die Folgen davon sind vielfältige Barrieren. Diese betreffen zum Beispiel die Organisation medizinischer Maßnahmen im Schulalltag, die Gewährleistung von Nachteilsausgleichen oder die Förderung eines inklusiven sozialen Miteinanders.

Eine tatsächliche Verbesserung hin zu inklusiver und chancengerechter Bildung kann nur gelingen, wenn alle relevanten Akteurinnen und Akteure eng zusammenarbeiten. Dazu gehören Schulen, Lehrpersonen, medizinisches Personal sowie die betroffenen Kinder und Jugendlichen und ihre Familien. Lehrpersonen benötigen gezielte Fortbildungen und strukturelle Unterstützung, zum Beispiel durch Schulpsychologinnen und -psychologen oder Sozialarbeiterinnen und Sozialarbeiter, um individuelle Bedürfnisse frühzeitig zu erkennen und angemessen darauf reagieren zu können

Von zentraler Bedeutung ist zudem die aktive Einbindung der Kinder und Jugendlichen selbst. Sie verfügen über wertvolle Erfahrungen zu ihrer eigenen Lebensrealität und sollten bei allen sie betreffenden Entscheidungen einbezogen werden. Das gilt etwa für die Durchführung medizinischer Maßnahmen während der Schulzeit ebenso wie für die Gestaltung geeigneter Rückzugsräume.

Die konsequente Verankerung der Kinderrechte im schulischen Alltag ist ein wesentlicher Baustein, um chancengerechte Bildung zu verwirklichen. Dafür braucht es ein bewusstes und gemeinsames Engagement aller Beteiligten, um individuelle Lösungen zu entwickeln, Barrieren abzubauen und Kinder und Jugendliche mit chronischen Erkrankungen nachhaltig in ihrer Entwicklung und Teilhabe zu stärken.

doi.org/10.35468/6197-06

Literatur

Bengel, J., Meinders-Lücking, F. & Rottmann, N. (2009): Schutzfaktoren bei Kindern und Jugendlichen – Stand der Forschung zu psychosozialen Schutzfaktoren für Gesundheit. Reihe: Forschung und Praxis der Gesundheitsförderung, Band 35, 18, 48-49, 111, 113. Köln: Bundeszentrale für gesundheitliche Aufklärung.

Bundesministerium für Bildung, Wissenschaft und Forschung (BMBWF). (2019): Medizinische Laientätigkeiten, Übertragung ärztlicher Tätigkeiten an Lehrpersonen, Verhalten im Notfall (Rundschreiben Nr. 13/2019, Geschäftszahl: BMBWF-40.000/0031-I/9/2018). Wien: BMBWF.

Dale, R., Jesser, A., Pieh, C., O'Rourke, T., Probst, T. & Humer, E. (2022): Mental health burden of high school students, and suggestions for psychosocial support, 1.5 years into the COVID-19 pandemic in Austria. In: European Child & Adolescent Psychiatry 32 (6), 1-10.

Damm, L., Trapp, E.-M. & Hutter, H.P. (2014): Kinder mit gesundheitlichen Beeinträchtigungen: Bericht und Empfehlungen aus Child Public Health Perspektive. Wien: Colloquium Working Paper für das Bundesministerium für Bildung, Wissenschaft und Kultur.

Damm, L. (2022): Von Kinderrechten und Schutzfaktoren: Verständnis von Gesundheit und Krankheit in der Schule aus Child Public Health-Perspektive. In: N. Sommer & E. Ditsios (Hrsg.): Schule und chronische Erkrankungen: Grundlagen, Herausforderungen und Teilhabe. Bad Heilbrunn: Julius Klinkhardt, 13-25.

Felder-Puig, R., Teutsch, F. & Winkler, R. (2023a): Gesundheit und Gesundheitsverhalten von österreichischen Schülerinnen und Schülern. Ergebnisse des WHO-HBSC-Survey 2021/22. Wien: Bundesministerium für Arbeit, Soziales, Gesundheit, Pflege und Konsumentenschutz (BMSGPK).

Felder-Puig, R., Vana, I., Lindner, B., Schlee, L., Rohrauer-Näf, G. (2023b): Angebote zur Stärkung der psychosozialen Gesundheit von Kindern, Jugendlichen und jungen Erwachsenen. Überblick über die Angebote, die sich direkt an die Zielgruppen wenden. Wien: Gesundheit Österreich.

Fegert, J. M., Resch, F., Kaess, M., Döpfner, M., Konrad, K., Legenbauer, T. & Plener, P. (2024): Psychiatrie und Psychotherapie des Kindes- und Jugendalters. Heidelberg: Springer.

Karall, D. (2023): Selten und nicht so selten. In: Pädiatrie & Pädologie 58, 45.

Klimont, J. & Baldaszti, E. (2015): Österreichische Gesundheitsbefragung 2014: Hauptergebnisse des Austrian Health Interview Survey (ATHIS) und methodische Dokumentation. Wien: Statistik Austria.

Kocks, A. (2023): Inklusionsarbeit der School Nurse. Pädiatrie & Pädologie 58 (Suppl 1), 24-27.

Lange, K. (2022): Bewältigung und Umgang mit chronischen Krankheiten. In: R. Haring (Hrsg.): Gesundheitswissenschaften. Springer Reference Pflege – Therapie – Gesundheit. Heidelberg: Springer, 1-10.

Nguengang Wakap, S., Lambert, D. M., Olry, A., et al. (2020): Estimating cumulative point prevalence of rare diseases: analysis of the Orphanet database. In: European Journal of Human Genetics 28, 165-173.

Plener, P. L., Klier, C. M., Thun-Hohenstein, L. & Sevecke, K. (2021): Psychische Versorgung von Kindern und Jugendlichen in Österreich neu aufstellen: Dringender Handlungsbedarf besteht JETZT! In: Neuropsychiatrie 35 (4), 213-215.

Sagerschnig, S., Pichler, M. & Grabenhofer-Eggerth, A. (2023): Surveillance Psychosoziale Gesundheit: aktuelle Ergebnisse (Stand 31. März 2023). Wien: Gesundheit Österreich.

Sax, H., Turek, E., Steurer, D., Ausserer, K. & Ausserer, I. (2015): Kinderrechte und Partizipation – Indikatorenentwicklung im schulischen Kontext: Ein Pilotprojekt (OeNB). Wien: Ludwig Boltzmann Institut für Menschenrechte – Forschungsverein, Zentrum polis – Politik Lernen in der Schule.

Scheidt-Nave, C. (2010): Chronische Erkrankungen – Epidemiologische Entwicklungen und die Bedeutung für die Öffentliche Gesundheit. In: Public Health Forum 18 (1), 21-24.

 doi.org/10.35468/6197-06

Schlecht, J., König, J. & Urschitz, M. S. (2022): Chronisch krank in der Schule – schulische Fähigkeiten von Kindern mit speziellem Versorgungsbedarf. Ergebnisse der Kindergesundheitsstudie ikidS. In: Klinische Pädiatrie 234 (2), 88-95.

United Nations (1989/1992): Übereinkommen über die Rechte des Kindes (UN-Kinderrechtskonvention). Berlin: Bundesgesetzblatt II, 1992.

Unterweger, K. & Felder-Puig, R. (2011): Kinder und Jugendliche mit einer chronischen Erkrankung und/oder einem speziellen Versorgungsbedarf in Österreichs Schulen. Leitfaden für LehrerInnen und SchulleiterInnen. Wien: LBIHPR Forschungsbericht.

Weghuber, D. (2023): Herausforderungen und Möglichkeiten in der Therapie von Übergewicht bei Kindern und Jugendlichen. Fachtagung Übergewicht im Kinder- und Jugendalter. Salzburg, 22. Mai 2023.

Winkler, P., Ecker, S., Delcour, J., Kern, D. & Nowotny, M. (2024): Gesundheitsbericht Kinder und Jugendliche. Überblick über chronische Krankheiten – Adipositas – Depression. Wien: Bundesministerium für Soziales, Gesundheit, Pflege und Konsumentenschutz (BMSGPK).

Autorin

Reiner, Tamara, Dr.[in]
Medizinische Universität Wien Assistenzärztin KJP, tätig in der Psychosomatik. Abschluss in Int. Entwicklung (Global Health). Forschung zu Trauma, Partizipation und Social Media.

tamara.reiner@meduniwien.ac.at

doi.org/10.35468/6197-06

Erwin Ditsios

Kinder und Jugendliche als Expertinnen und Experten ihrer eigenen Gesundheit – Partizipation, Selbstbestimmung und Empowerment

Abstract

Chronisch erkrankte Kinder und Jugendliche stehen in der Schule vor besonderen Herausforderungen – schulisch, emotional und sozial. Der Beitrag beleuchtet praxisnah, wie Partizipation, Selbstbestimmung und Empowerment in der Begleitung dieser Schülerinnen und Schüler wirksam werden können. Lehrpersonen spielen dabei eine Schlüsselrolle: Sie unterstützen nicht nur beim Lernen, sondern fördern gezielt Eigenverantwortung und Selbstwirksamkeit. Modelle wie das Gesundheits-Krankheits-Kontinuum und die Aneignungsdidaktik helfen, Erkrankung nicht defizitär zu betrachten, sondern in ihrer Vielschichtigkeit zu verstehen. Anhand zahlreicher Beispiele wird aufgezeigt, wie chronisch erkrankte Kinder und Jugendliche als Expertinnen und Experten ihrer eigenen Gesundheit ernst ge-

doi.org/10.35468/6197-07

nommen und in schulische Prozesse aktiv einbezogen werden können. Das stärkt nicht nur ihre Resilienz und Lebensqualität, sondern bereichert den schulischen Alltag insgesamt. Der Beitrag macht Mut, sich diesen Fragen zuzuwenden – und bietet konkrete Impulse für eine inklusive und gesundheitsfördernde Unterrichtspraxis.

Keywords: Partizipation; Empowerment; Gesundheits-Krankheits-Kontinuum; Aneignungsdidaktik

Einleitung

Jedes Kind und jeder Jugendliche kann im Laufe der Schulzeit erkranken und auf medizinisch-therapeutische Hilfe angewiesen sein. Der Themenbereich *Krankheit und Schule* gewinnt besonders dann an Relevanz, wenn betroffene Schülerinnen und Schüler aufgrund gesundheitlicher Einschränkungen nicht regelmäßig am Unterricht teilnehmen können. Erkrankungen können die schulische Entwicklung und das Wohlbefinden von Kindern und Jugendlichen in unterschiedlicher Weise beeinflussen (Papastefanou 2009). Dabei sind sowohl somatische als auch psychische Erkrankungen zu berücksichtigen, da sie das Lernen und die soziale Integration betreffen können. Lehrpersonen stehen vor der Herausforderung, den betroffenen Schülerinnen und Schülern sowohl während der Erkrankung als auch nach deren Genesung die bestmögliche Unterstützung zu bieten (Haep & Brendgen 2008).

Aktuelle Ergebnisse einer 2024 durchgeführten Elternbefragung an einer österreichischen Mittelschule zeigen bei n = 238 Schülerinnen und Schülern, dass 24 % davon von einer (Vor-)Erkrankung betroffen sind. Diese teilen sich in folgende Bereiche auf: 14 % Allergien, 2 % Medikamentenunverträglichkeiten, 2 % Herzerkrankungen, 2 % ADHS und 1 % Lebensmittelunverträglichkeiten. 0,5 % weisen weitere (Vor-)Erkrankungen wie Asthma, Skoliose, Epilepsie, Rheuma, Leukämie und Migräne auf.

Dies zeigt, dass der Themenbereich *Krankheit und Schule* kein Randphänomen ist (Sommer & Ditsios 2022), wie u.a. bereits Wertgen (2019) sowie die Ergebnisse der WHO-HBSC-Studie zeigen. Diese „bestätigen das Bild, das andere internationale und nationale Studien, […], gezeigt haben: Gesundheit und Wohlbefinden der Schülerinnen und Schüler haben sich verschlechtert, und auch bei einigen Lebensstilvariablen und Gesundheitsdeterminanten sind negativere Ergebnisse als in der Vergangenheit zu beobachten" (HBSC 2023). Die Langzeit-Kindergesundheitsstudie (KiGGS) des Robert-Koch-Instituts zeigte bereits 2017, dass rund 11 % der Mädchen und 16 % der Jungen in Deutschland an chronischen Erkrankungen leiden, die länger als ein Jahr andauern (Robert-Koch-Institut 2017).

doi.org/10.35468/6197-07

Der vorliegende Artikel versteht sich als praxisorientierter Beitrag zu einem gelingenden Unterricht, an dem alle Schülerinnen und Schüler, unabhängig von ihrem Gesundheits- oder Krankheitszustandes gleichberechtigt teilhaben können.

Partizipation – Unterricht für erkrankte Schülerinnen und Schüler

Krankheit und Schule stellen für Schülerinnen und Schüler eine besondere Herausforderung dar. Sie beeinträchtigen häufig sowohl die schulische Leistung als auch das emotionale Wohlbefinden (Desch 2010). Lehrpersonen kommt dabei eine zentrale Rolle zu: Sie unterstützen erkrankte Kinder und Jugendliche darin, den schulischen und sozialen Anschluss zu halten und gleichzeitig ihre gesundheitlichen und psychosozialen Bedürfnisse zu berücksichtigen. Ein flexibles und unterstützendes Umfeld, das sich an den individuellen Bedürfnissen der betroffenen Schülerinnen und Schüler orientiert, kann sie nachhaltig fördern. Voraussetzung für gelingende Teilhabe ist eine differenzierte Betrachtung jener Faktoren, die den schulischen Verlauf bei chronischer Erkrankung beeinflussen. Eine Erkrankung betrifft nicht nur den Körper, sondern kann auch erhebliche psychische Auswirkungen haben. Kinder und Jugendliche erleben häufig Angst, Traurigkeit und Frustration – insbesondere dann, wenn sie durch die Erkrankung den Kontakt zur Schule und ihren Freunden verlieren. Schwere oder langwierige (chronische) Erkrankungen, insbesondere bei jungen Menschen, die sich gerade in einer sensiblen Entwicklungsphase befinden (Pfeiffer & Pinquart 2013), können die schulische Motivation und das Selbstwertgefühl beeinträchtigen (Weber & Wirtz 2019). Ein längerer Aufenthalt zu Hause oder im Krankenhaus bedeutet zudem eine soziale Trennung, die den Kontakt zu Mitschülerinnen und Mitschülern erschwert und das Zugehörigkeitsgefühl zur Klassengemeinschaft schwächen kann. Besonders Jugendliche, die sich stark über Peers definieren, erleben Isolation oft als zusätzliche psychische Belastung – etwa in Form von Ängsten oder depressiven Symptomen. Schülerinnen und Schüler, die aufgrund einer Erkrankung über längere Zeit nicht zur Schule gehen können, verlieren schnell den Anschluss an den Unterricht. Fehlende Lerninhalte und nicht nachgeholte Aufgaben können zu Wissenslücken und Motivationsproblemen führen. Besonders gefährdet sind dabei Schülerinnen und Schüler mit chronischen Erkrankungen, die regelmäßig durch Krankenhausaufenthalte oder Therapien im Unterricht fehlen.
Bei länger andauernder Erkrankung können Lehrpersonen im Sinne eines Nachteilsausgleichs (Wertgen 2013) die schulischen Anforderungen individuell anpassen. Dies kann beispielsweise das Verschieben von Prüfungen oder das Erstellen von vereinfachten Lernmaterialien umfassen. Mit der zu-

 doi.org/10.35468/6197-07

nehmenden Nutzung digitaler Technologien ist es für erkrankte Schülerinnen und Schüler heute möglich, während ihrer Abwesenheit online am Unterricht teilzunehmen. Dies ermöglicht nicht nur den Zugang zu Lernmaterialien, sondern auch die aktive Teilnahme an videobasierten virtuellen Klassenräumen. Viele Schulen bieten zusätzlich Beratungsdienste an, die darauf abzielen, die psychischen Belastungen von erkrankten Schülerinnen und Schülern zu mindern. Diese Angebote unterstützen Schülerinnen und Schüler dabei, emotionale und soziale Herausforderungen, im Umgang mit ihrer (chronischen) Erkrankung, zu bewältigen. Um eine mögliche soziale Isolation zu verringern, sollen gezielt Möglichkeiten zum Austausch mit Mitschülerinnen und Mitschülern geschaffen werden, etwa durch digitale Gruppenarbeiten, Besuche oder Briefwechsel. Die enge Zusammenarbeit mit den Eltern ist dabei ein zentraler Baustein (Weber 2008), um das Wohlbefinden betroffener Kinder und Jugendlicher zu fördern und mögliche Ängste oder Frustrationen frühzeitig zu erkennen. Eine weitere – wenn auch nicht immer umsetzbare Unterstützungsmöglichkeit besteht im Unterricht zu Hause durch Lehrpersonen, die den Unterrichtsstoff vermitteln oder Unterrichtsmaterialien persönlich übermitteln.
Zusammenfassend lässt sich festhalten: Chronisch bedingte psychische und/ oder somatische Belastungen können die Bildungsbiografie von Schülerinnen und Schülern erheblich beeinträchtigen. Daher sind im Sinne der Teilhabe bzw. Partizipation Unterstützungsmöglichkeiten durch die Schule als geeignete Maßnahmen zu identifizieren. Dazu können digitale Angebote, krankheitsbedingte Anpassung des Unterrichts, psychosoziale Unterstützung und Hilfestellungen, Förderung sozialer Kontakte sowie individualisierter Unterricht und gegebenenfalls auch Hausunterricht genannt werden. Partizipation umfasst daher mehr als die Teilhabe am Unterricht: Sie bedeutet, dass chronisch erkrankte Kinder und Jugendliche aktiv an Entscheidungen, die ihre Gesundheit betreffen, mitwirken können. Dies reicht von alltäglichen Gesundheitsentscheidungen bis hin zu langfristigen, entscheidenden Fragen, die ihre physische und psychische Gesundheit betreffen.

Selbstbestimmung und Empowerment

Selbstbestimmung bedeutet, dass Kinder und Jugendliche die Verantwortung für ihre Gesundheit übernehmen können und die Freiheit haben, Entscheidungen zu treffen, die ihr Wohlbefinden betreffen. Erkrankte Kinder und Jugendliche können, insbesondere im schulischen Umfeld ermutigt werden, ihre eigenen Gesundheitsentscheidungen zu treffen, sei es in Bezug auf ihre Lernfortschritte, schulische Leistungsfähigkeit oder den Umgang mit krankheitsbedingten Herausforderungen. Dies umfasst auch die Fähigkeit, frühzeitig auf

doi.org/10.35468/6197-07

gesundheitliche Beschwerden zu reagieren, den eigenen Körper besser wahrzunehmen und bei Bedarf Unterstützung zu suchen.

> „Lehrkräfte wenden ihr individuelles Wissen und ihre Kompetenzen an, um im Idealfall einen sicheren Umgang mit chronisch erkrankten Schüler/-innen zu gewährleisten. Dabei finden situative, persönliche sowie gesellschaftlich- und umweltbedingte Determinanten auf der individuellen Ebene Anwendung, um Herausforderungen auf der Bevölkerungsebene, nämlich den Schüler/-innen, zu begegnen. Durch ihre Vorbildfunktion und ihre Unterstützungsmöglichkeiten könnten Lehrkräfte Einfluss auf das Gesundheitsverhalten ihrer Schüler/-innen nehmen, welches sich langfristig auswirken kann, etwa auf den Gesundheitszustand im Erwachsenenalter und damit verbunden auf die Inanspruchnahme von Leistungen des Gesundheitssystems. Außerdem könnte die Gesundheitskompetenz von Lehrkräften gesundheitliche Chancengleichheit, Partizipation sowie Empowerment von gesundheitlich benachteiligten und nichtbenachteiligten Kindern und Jugendlichen fördern" (Hartmann u.a. 2020, 1175).

Als Empowerment wird jener Prozess bezeichnet, durch den erkrankte Kinder und Jugendliche ihre eigenen Fähigkeiten und Ressourcen erkennen und stärken, um eigenständig und selbstbewusst Entscheidungen zu treffen, die ihre Gesundheit betreffen. Das Ziel ist, die persönliche und soziale Kompetenz zu fördern und die Fähigkeit zu entwickeln, gesundheitsrelevante Herausforderungen im schulischen Kontext zu meistern.
Empowerment umfasst die Fähigkeit, gesundheitsrelevante Informationen zu verstehen, kritisch zu hinterfragen und eigenständig anzuwenden. Dies geht über das bloße Wissen hinaus und schließt auch den Umgang mit psychischer Gesundheit, Stressbewältigung und die Entwicklung von Resilienz ein. Je mehr Wissen und Fähigkeiten Kinder und Jugendliche in Bezug auf ihre Gesundheit entwickeln, desto gestärkter werden sie darin, ihre eigenen Gesundheitsentscheidungen zu treffen und sich für ihr Wohlbefinden einzusetzen. Schülerinnen und Schüler werden so zu wahren Expertinnen und Experten ihrer eigenen Gesundheit. Dies impliziert ebenso, dass erkrankte Kinder und Jugendliche wissen, wo und wie sie Unterstützung finden können. Sie werden darin bestärkt, bei Bedarf auf Hilfsangebote zuzugreifen, sei es im schulischen, familiären oder medizinischen-therapeutischen Bereich. Das stärkt ihre Fähigkeit, sich in schwierigen gesundheitlichen Situationen Hilfe zu holen. Lehrpersonen können „kranke Menschen dahingehend empowern, ihren eigenen Weg zu finden, der in Einklang steht mit ihrer Individualität, Lebenswelt und Krankheit" (Röh 2005, 336). Röh (2005) führt des Weiteren aus:

> „Grundlage allen pädagogischen Handelns ist hier die Anerkennung der Gleichberechtigung von beruflichem Helfer und Klient, die Konstruktion einer symmetrischen Arbeitsbeziehung also, die auf die Attribute einer bevormundenden Fürsorg-

doi.org/10.35468/6197-07

> lichkeit verzichtet, die Verantwortung für den Arbeitskontrakt gleichverteilt und sich auf einen Beziehungsmodus des partnerschaftlichen Aushandelns einlässt" (ebd. 2005, 336).

Zusammenfassend kann festgehalten werden, dass Selbstbestimmung und Empowerment im Kontext chronisch erkrankter Schülerinnen und Schüler zu einer Stärkung des Selbstwertgefühls, zur Förderung von gesundheitsbewusstem Verhalten, zur Reduktion von Stigmatisierungen und schlussendlich auch zu einer verbesserten Lebensqualität führen können.

Hilfsmodelle für den Unterricht chronisch erkrankter Schülerinnen und Schüler

Um den Herausforderungen gewachsen zu sein, die Unterricht für chronisch erkrankte Schülerinnen und Schüler mit sich bringen kann (van Dick 2006, 39), werden an dieser Stelle zwei Modelle erläutert, die einerseits den Status der betroffenen Kinder und Jugendlichen als Expertinnen und Experten ihrer eigenen Gesundheit unterstreichen (Gesundheits-Krankheits-Kontinuum) sowie andererseits einen unterrichtsdidaktischen Ansatz aufzeigen (Aneignungsdidaktik).

Gesundheits-Krankheits-Kontinuum

> „Bei Ihnen in der Klasse ist alles gesund? [...] In jeder Klasse befinden sich Schüler/-innen, die sich auf dem Kontinuum gesund versus krank an irgendeinem Punkte befinden, der nicht vollständig als gesund zu bezeichnen ist. Dies ist kein Thema, das nur eine kleine Gruppe von Schülern/-innen betrifft, sondern es betrifft viele. Und damit grundsätzlich alle, die den Lehrberuf ausüben oder etwas damit zu tun haben" (Steins 2008, 11).

Das Gesundheits-Krankheits-Kontinuum stellt die Annahme in den Vordergrund, dass Schülerinnen und Schüler nicht einfach nur krank oder gesund sind, sondern dass sich ihr Gesundheitszustand (psychisch und somatisch) kontinuierlich in einem weiten Bereich zwischen diesen beiden Polen bewegen kann. Das Gesundheits-Krankheits-Kontinuum versteht die verschiedenen Zustände von Gesundheit und Krankheit als ein dynamisches, fließendes Spektrum, anstatt sie als zwei voneinander strikt getrennte und statische Zustände (Extreme) zu betrachten. An einem Ende des Kontinuums befindet sich der Zustand (vollständiger) Gesundheit. Am anderen Ende befindet sich der Zustand schwerer Krankheit (oder sogar Tod). Zwischen diesen Polen gibt es eine Vielzahl von Zuständen, die verschiedene Grade von Gesundheit oder Krankheit widerspiegeln.

doi.org/10.35468/6197-07

Anstatt Gesundheit und Krankheit als Gegensätze zu sehen, ermöglicht dieses Modell, die verschiedenen Nuancen menschlicher Gesundheit zu verstehen und steht damit einem medizinisch orientierten Defizitmodell gegenüber:

> „Das medizinische, individuelle Modell ist trotz seiner bereits langen Geschichte noch nicht so recht aus der Mode gekommen und findet weiterhin in verschiedenen Studien Anwendung. Im Fokus steht das individuelle Defizit einer Person, welches es zu diagnostizieren, beheben oder wenigstens zu lindern gilt" (Ludstock 2023, 6).

Die Merkmale des Modells des Gesundheits-Krankheits-Kontinuums zielen darauf ab, die Dynamik der Gesundheit darzustellen. Gesundheit wird nicht als statischer Zustand verstanden, sondern als ein dynamischer Prozess, der durch verschiedene Faktoren beeinflusst wird, wie z. B. genetische Veranlagung, Lebensstil, Umweltfaktoren, Ernährung und psychosoziale Aspekte. Ein Mensch kann sich daher ständig zwischen den Polen des Kontinuums bewegen. Menschen können sich an unterschiedlichen Positionen des Kontinuums befinden, die je nach ihrer körperlichen, mentalen und emotionalen Verfassung variieren. Zum Beispiel könnte eine Person gesundheitlich relativ stabil sein, jedoch kleinere gesundheitliche Einschränkungen haben, die sie aber nicht als *krank* bezeichnen würde.

> Jeder Mensch hat sowohl gesunde als auch kranke Anteile, niemand ist ausschließlich zu 100 % krank oder zu 100 % gesund. Dieses Gleichgewicht zwischen gesunden und kranken Anteilen kann man mit dem Bild der Waage vergleichen oder wie einen Balken betrachten, auf dem das aktuelle Befinden/Gesundheitsgefühl immer wieder neu eingestellt wird, mehr Richtung Gesundheit, ein anderes Mal mehr Richtung Krankheit" (Damm 2022, 16).

Der Übergang von Gesundheit zu Krankheit oder umgekehrt erfolgt oft schleichend und kann verschiedene Zwischenstufen umfassen, wie etwa das Vorliegen von leichten Symptomen oder das Fehlen vollständiger Krankheitsbilder. Wie die Begrifflichkeiten von Gesundheit und Krankheit erlebt und wahrgenommen werden, hängt ausschließlich vom betroffenen Individuum ab. Asthma als chronische Erkrankung beispielsweise kann von bestimmten Schülerinnen und Schülern als leichte Einschränkung eher unerheblich empfunden werden, während sich andere stark beeinträchtigt fühlen. Der subjektive Zustand spielt eine zentrale Rolle in der Zuordnung zu einem bestimmten Punkt im Kontinuum. Krankheit wird im Gesundheits-Krankheits-Kontinuum nicht nur als Negativzustand, sondern als Übergang und potenzieller Wendepunkt verstanden. Ein Krankheitsprozess könnte durch medizinische Intervention, eine Änderung des Lebensstils oder eine psychische Stabilisierung überwunden und der Gesundheitszustand wieder verbessert werden.

doi.org/10.35468/6197-07

Zusammenfassend lässt sich festhalten: Das Modell des Gesundheits-Krankheits-Kontinuums ermöglicht einen umfassenderen, flexibleren Blick auf die menschliche Gesundheit. Es verdeutlicht, dass sich der Gesundheitszustand von Menschen kontinuierlich verändert – beeinflusst durch gesundheitsfördernde ebenso wie durch krankmachende Faktoren.

Aneignungsdidaktik

Die Aneignungsdidaktik vertritt eine didaktische Perspektive, in der Lernen als aktiver, subjektiver und sinnstiftender Prozess verstanden wird. Sie ist eng mit der konstruktivistischen Lerntheorie verbunden, die davon ausgeht, dass Lernen ein aktiver und selbstgesteuerter Prozess ist, bei dem Lernende neue Informationen in ihre bestehende Wissensstruktur integrieren.
Der Begriff *Aneignung* bezieht sich darauf, dass Wissen nicht passiv aufgenommen, sondern aktiv durch die Lernenden selbst erschlossen und verinnerlicht wird. In diesem Kontext wird Lernen als ein Prozess der Bedeutungszuweisung verstanden, bei dem Lernende neue Inhalte in Bezug auf ihre Vorerfahrungen und Vorstellungen einordnen (Klement 2020).
Die Aneignungsdidaktik betont die Bedeutung von Kontext und Motivation beim Lernen. Sie geht davon aus, dass Lernprozesse stärker von den individuellen Bedürfnissen, Interessen und Vorerfahrungen der Lernenden abhängen, als von einer rein von Lehrpersonen gesteuerten Wissensvermittlung. So wird der Lernprozess als ko-konstruktiver und dynamischer Prozess gesehen, in dem Lehrpersonen als Lernbegleiter und nicht als alleinige Wissensvermittler fungieren.
Ein zentraler Aspekt der Aneignungsdidaktik ist die Differenzierung des Unterrichts, um den unterschiedlichen Lernvoraussetzungen und -stilen gerecht zu werden.

> „Der individualisierende Unterricht richtet seinen Fokus demnach auf das lernende Subjekt und dessen Entwicklung: Lernen wird dann effektiv, wenn emotionale und situierte Prozesse, hohe Selbsttätigkeit, pädagogische Kooperation und Selbstbestimmung harmonisch ineinandergreifen. Das Objekt der reinen Belehrung wandelt sich kontinuierlich zum Subjekt eigener (systematisch angeeigneter) Lerntätigkeit" (Klement 2006, 5).

Dies bedeutet, dass Lernprozesse vielfältig gestaltet und an die verschiedenen Fähigkeiten und Interessen der Lernenden angepasst werden müssen. Dazu gehören unter anderem kooperative Lernformen, projektbasiertes Lernen oder die Nutzung von Medien und digitalen Werkzeugen, die den Lernenden eine aktive Rolle im Lernprozess ermöglichen (Winkler 2007). In der Praxis zielt die Aneignungsdidaktik darauf ab, die Lernenden zu eigenständigem und kritischem Denken zu befähigen. Sie fördert nicht nur den reinen Wis-

doi.org/10.35468/6197-07

senserwerb, sondern auch die Fähigkeit, dieses Wissen in neuen, unbekannten Kontexten anzuwenden.

Für den Unterricht von chronisch erkrankten Schülerinnen und Schülern bedeutet dies, als zentrales Anliegen den Fokus auf die Lernenden zu legen - die betroffenen Schülerinnen und Schüler werden zu Expertinnen bzw. Experten und die Lehrpersonen zu Unterstützerinnen und Unterstützern eines erfolgreichen Bildungsweges. Einfache, im schulischen Alltag ein- und umsetzbare Maßnahmen könnten daher beinhalten: individuelle Lernpakete und individualisierter, differenzierter Unterricht, Unterricht in Krankenhäusern, Online-Unterricht sowie Unterricht zu Hause (Wertgen 2013, 23ff).

Dabei geht es neben den didaktischen Ansätzen auch um Kooperationen und die Kommunikation mit (möglichst) allen Beteiligten. Der enge Austausch zwischen Lehrpersonen, Erziehungsberechtigten, Ärztinnen und Ärzten oder Therapeutinnen und Therapeuten ist entscheidend, um die bestmögliche Unterstützung für das erkrankte Kind zu gewährleisten. Dabei müssen sowohl die schulischen Anforderungen als auch die gesundheitlichen Bedürfnisse berücksichtigt werden.

Insgesamt ist es wichtig, dass erkrankte Kinder und Jugendliche nicht nur in ihrer schulischen Entwicklung unterstützt werden, sondern dass auch ihre sozialen und emotionalen Bedürfnisse nicht zu kurz kommen. Der Unterricht kann so gestaltet werden, dass er den spezifischen Herausforderungen der Erkrankung gerecht wird und den erkrankten Schülerinnen und Schülern ermöglicht, mit Unterstützung und Flexibilität trotz Erkrankung zu lernen.

Fazit

Der Unterricht für chronisch erkrankte Kinder und Jugendliche stellt Lehrpersonen vor besondere Herausforderungen - insbesondere dann, wenn die Betroffenen den regulären Schulalltag nicht kontinuierlich wahrnehmen können (Szilagyi 2022). Um unter diesen Bedingungen schulische Teilhabe und Bildungsprozesse zu fördern, gilt es im Sinne des Inklusionsgedankens folgende Ziele erreichbar zu machen: Wiederherstellung bzw. Gewährleistung von Lernfortschritten, individuelle Förderung bzw. individualisierter Unterricht sowie psychosoziale Unterstützung (Wertgen 2013). Die Schulbildung dient dabei auch unterstützend zur Bewältigung der Erkrankung und als Stabilitätsfaktor für die Betroffenen. Der Kontakt zu anderen Schülerinnen und Schülern und die Aufrechterhaltung des sozialen Umfelds spielen dabei wichtige Rollen. Die Anerkennung von chronisch erkrankten Kindern und Jugendlichen als Expertinnen und Experten ihrer eigenen Gesundheit fördert den Inklusionsgedanken und reduziert Stigmatisierungen (Wertgen 2013). Sie werden nicht als ausschließlich *kranke* oder *hilfsbedürftige* Schülerinnen und Schüler wahr-

doi.org/10.35468/6197-07

genommen, sondern als aktive und selbstbestimmte Individuen, die Verantwortung für ihre Gesundheit übernehmen können. Dabei kommt auch die Idee eines Gesundheits-Krankheits-Kontinuums zum Tragen, in dem dargelegt wird, dass Gesundheit sowie Krankheit entgegengesetzte Pole bilden. So mögen chronisch erkrankte Schülerinnen und Schüler zwar (teilweise) Einschränkungen haben, ein beträchtlicher Teil ihres Daseins ist davon jedoch unbetroffen.
Chronisch erkrankte Kinder und Jugendliche als Expertinnen und Experten ihrer eigenen Gesundheit zu sehen basiert auf den Prinzipien Partizipation, Selbstbestimmung und Empowerment. Dies bedeutet, dass erkrankte Schülerinnen und Schüler aktiv in Entscheidungen eingebunden werden, die ihre Gesundheit betreffen, und Verantwortung für ihr eigenes Wohlbefinden übernehmen. Es wird darauf abgezielt, das Selbstbewusstsein der betroffenen Kinder und Jugendlichen zu stärken, ihnen zu ermöglichen, ihre eigenen Gesundheitsbedürfnisse zu erkennen und zu artikulieren, und sie in den Prozess der Gesundheitsförderung und -versorgung einzubeziehen. Wenn chronisch erkrankte Kinder und Jugendliche als Expertinnen und Experten ihrer eigenen Gesundheit wahrgenommen werden, führt dies zu einem gesteigerten Selbstbewusstsein. Sie lernen, Verantwortung zu übernehmen und in ihrer eigenen Entscheidungsfähigkeit Vertrauen zu fassen.
Kinder und Jugendliche als Expertinnen und Experten ihrer eigenen Gesundheit zu betrachten, fördert nicht nur ihre Eigenverantwortung und Selbstbestimmung, sondern auch ihre Fähigkeit, aktiv und selbstbewusst mit ihrer Gesundheit umzugehen. Durch Partizipation, Empowerment und die Entwicklung von Gesundheitskompetenzen können sie Verhaltensweisen etablieren und sich in ihrer Umwelt als kompetente Akteurinnen und Akteure in Gesundheitsfragen wahrnehmen. Dies trägt letztlich zu einer besseren Lebensqualität und einer stärkeren psychischen und physischen Widerstandskraft bei.

Literatur

Damm, L. (2022): Von Kinderrechten und Schutzfaktoren. Verständnis von Gesundheit und Krankheit in der Schule aus Child Public Health-Perspektive. In: N. Sommer & E. Ditsios (Hrsg.): Schule und chronische Erkrankungen. Grundlagen, Herausforderungen und Teilhabe. Bad Heilbrunn: Julius Klinkhardt, 13-24.

Desch, C. (2010): Chronisch kranke Kinder und ihre Probleme im Schulunterricht. Studienarbeit. Norderstedt: Grin.

Haep, A. & Brendgen, A. (2008): Lehrer und Lehrerinnen. In: G. Steins (Hrsg): Schule trotz Krankheit. Eine Evaluation von Unterricht mit kranken Kindern und Jugendlichen und Implikationen für die allgemeinbildenden Schulen. Lengerich: Pabst Science Publishers, 63-77.

Hartmann, A., Rückmann, J. & Tannen, A. (2020): Individuelle Gesundheitskompetenz von Lehrkräften und deren (Un)Sicherheit im Umgang mit chronisch erkrankten Schulkindern und Notfallsituationen. In: Bundesgesundheitsblatt 63,1168-1176. Online unter: www.refubium.

doi.org/10.35468/6197-07

fu-berlin.de/bitstream/handle/fub188/35638/2020_Hartmann_etal.pdf?sequence=1&isAllowei=y. (Abrufdatum: 14.02.2025).

HBSC 2023: Bundesministerium für Soziales, Gesundheit, Pflege und Konsumentenschutz (BMSGPK): Gesundheit und Gesundheitsverhalten von österreichischen Schülerinnen und Schülern. Ergebnisse des WHO-HBSC-Survey 2021/22. Wien: Gesundheit Österreich GmbH (GÖG). Stand: 24. Jänner 2023.

Klaus, P. (2023): Wie kann ich als Lehrkraft Schülerinnen und Schüler mit chronischen Erkrankungen bei ihrer Krankheitsbewältigung in der Schule und im Unterricht sinnvoll unterstützen? In: L.A. Dos Santos Gomes (Hrsg.): Pädagogik – Krankheit – Inklusion. Sind Lehramtsstudierende für die professionelle Arbeit mit chronisch erkrankten Schülerinnen und Schülern vorbereitet? München: Open Access LMU, 15-19. Online unter: www.epub.ub.uni-muenchen.de/94795/1/Pädagogik%20–%20Krankheit%20–%20Inklusion.pdf#page=22. (Abrufdatum: 14.02.2025).

Klement, K. (2006): Neue Lernkulturen systematisch entwickeln. Habilitationsvortrag Universität Potsdam. In: Online Journal for Research and Education, 14. Online unter: https://journal.phnoe.ac.at/index.php/resource/article/view/931/906. (Abrufdatum: 01.03.2022).

Klement, K. (2020): Aneignungsdidaktik. Lernen und Lehren in der Krise. In: Online Journal for Research and Education, 14. Online unter: https://journal.phnoe.ac.at/index.php/resource/article/view/931/906. (Abrufdatum: 01.03.2022).

Ludstock, L. E. (2023): Unsere Gesellschaft behindert. In: L.A. Dos Santos Gomes (Hrsg.): Pädagogik – Krankheit – Inklusion. Sind Lehramtsstudierende für die professionelle Arbeit mit chronisch erkrankten Schülerinnen und Schülern vorbereitet? München: Open Access LMU, 6-10. Online unter: www.epub.ub.uni-muenchen.de/94795/1/Pädagogik%20–%20Krankheit%20–%20Inklusion.pdf#page=22. (Abrufdatum: 14.02.2025).

Papastefanou, C. (2009): Entwicklungspsychologische Grundlagen. In: von Hagen, C. & Schwarz, H. P. (Hrsg.): Psychische Entwicklung bei chronischer Krankheit im Kindes- und Jugendalter. Stuttgart: Kohlhammer, 39-52.

Pfeiffer, J. P. & Pinquart, M. (2013): Die Realisierung von Entwicklungsaufgaben bei chronisch erkrankten Kindern und Jugendlichen. In: M. Pinquart (Hrsg.): Wenn Kinder und Jugendliche körperlich chronisch krank sind. Psychische und soziale Entwicklung, Prävention, Intervention. Heidelberg: Springer, 67-79.

Robert-Koch-Institut (2017): Kinder und Jugendliche mit besonderem Versorgungsbedarf im Follow-up: Ergebnisse der KiGGS-Studie 2003–2012. Online unter: https://edoc.rki.de/handle/176904/2901. (Abrufdatum: 18.07.2024).

Röh, D. (2005): Empowerment als Hilfe zur Lebensbewältigung: Anforderungen an ein integratives Empowermentmodell für die Arbeit mit psychisch erkrankten Menschen in Zeiten postmoderner Gesellschaftsveränderungen. Dissertation. Online unter: www.oops.uni-oldenburg.de/148/1/roeemp05.pdf. (Abrufdatum: 05.09.2024)

Sommer, N. & Ditsios E. (2022): Editorial. In: N. Sommer N. & E. Ditsios E. (Hrsg.): Schule und chronische Erkrankungen. Grundlagen, Herausforderungen und Teilhabe. Verlag Bad Heilbrunn: Julius Klinkhardt, 11-12.

Steins, G. (2008): Vorwort. In: G. Steins (Hrsg.): Schule trotz Krankheit. Eine Evaluation von Unterricht mit kranken Kindern und Jugendlichen und Implikationen für die allgemeinbildenden Schulen. Lengerich: Pabst Science Publishers, 11-12.

Szilagyi, I. S. (2022): Chronische Erkrankungen bei Schülerinnen und Schülern und deren Auswirkungen in physischer und psychosozialer Hinsicht. In: N. Sommer & E. Ditsios(Hrsg): Schule und chronische Erkrankungen. Grundlagen, Herausforderungen und Teilhabe. Bad Heilbrunn: Verlag Julius Klinkhardt, 40-57.

Van Dick, R. (2006): Stress und Arbeitszufriedenheit bei Lehrerinnen und Lehrern. Zwischen „Horrorjob" und Erfüllung. Marburg: Tectum Verlag.

doi.org/10.35468/6197-07

Weber, P. A. (2008): Der Faktor Familie. In: G. Steins (Hrsg.): Schule trotz Krankheit. Eine Evaluation von Unterricht mit kranken Kindern und Jugendlichen und Implikationen für die allgemeinbildenden Schulen. Lengerich: Pabst Science Publishers, 78-102

Weber, K. & Wirtz P (2019): Krankheit, Tod und Trauer in der Schule. Eine Praxishilfe zum achtsamen Umgang. Bern: Beltz.

Wertgen, A. (2013): Krankheit und Schule - wie ist das möglich? Rahmenbedingungen, Organisation, pädagogische Hilfen - Ein Ratgeber für Schüler, Eltern und Lehrkräfte. Idstein: Schulz Kirchner.

Wertgen, A. (2019): Deutschsprachige Monografien im Themenfeld „Pädagogik bei Krankheit" ab 1995: Eine kommentierte Bibliografie. In: H. Frey & A. Wertgen (Hrsg.): Pädagogik bei Krankheit. Lengerich: Pabst Science Publishers, 333-371.

Winkler M (2007): Chancen und Risiken beim Einsatz der Neuen Medien im Unterricht. In: J. Hinne-Fischer, U. Flachskamp, C. Rittmeyer, R. Rotthaus & A. Wertgen (Hrsg.): Schule und Klinik. Beiträge zur Pädagogik bei Krankheit. Berlin: LIT Verlag, 179-192.

Autor

Ditsios, Erwin, BEd MEd Dipl.-Päd. Dr.
Auszeitgruppe Bruck - Mürzzuschlag. Studium in Österreich und Großbritannien. Doktoratsstudium Pflegewissenschaft. Schwerpunkt: Unterricht und Begleitung chronisch kranker Schülerinnen und Schüler

azg@koerner-kpfg.at

doi.org/10.35468/6197-07

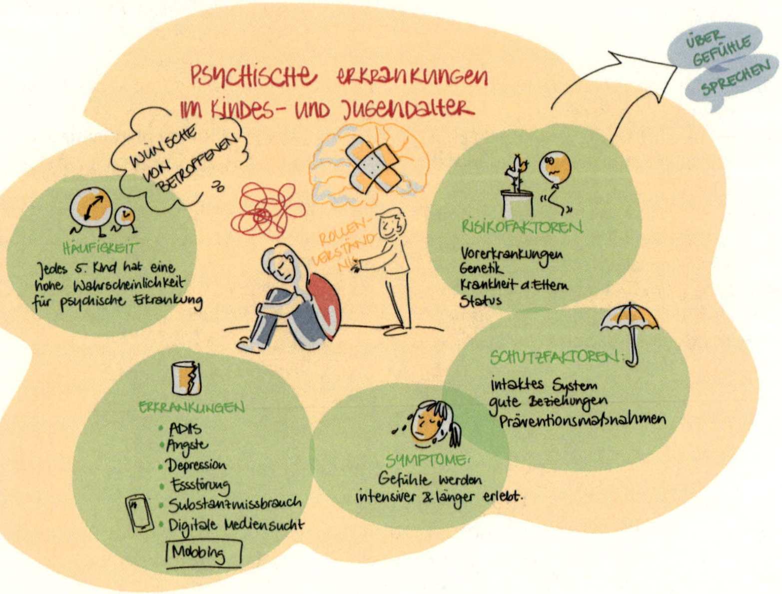

Ulrike Kipman, Emily Kaiser und Samantha Barton

Kindliche Entwicklungs- und Verhaltensstörungen im Überblick – Klassifikation und schulpraktische Implikationen

Abstract

Psychische und entwicklungsbezogene Störungen bei Kindern sind im schulischen Alltag allgegenwärtig – dennoch fühlen sich viele Lehrpersonen unsicher im Umgang mit entsprechenden Verhaltensauffälligkeiten. Der Beitrag bietet einen fundierten Überblick über häufige kindliche Störungsbilder und ihre Klassifikation im ICD-10-System. Die Autorinnen erläutern zentrale

doi.org/10.35468/6197-08

Diagnosen wie Legasthenie, Dyskalkulie, ADHS oder Bindungsstörungen und verdeutlichen deren konkrete Erscheinungsformen im Klassenzimmer. Praktische Hinweise zur schulischen Förderung, Hinweise zur Differenzierung von Symptomen und eine Einführung in die Neuerungen des ICD-11 runden den Text ab. Ziel ist es, Lehrpersonen für typische Symptome zu sensibilisieren, Handlungsoptionen aufzuzeigen und einen differenzierten Blick auf kindliches Verhalten zu fördern. So kann schulische Teilhabe trotz Entwicklungs- und Verhaltensbesonderheiten gelingen.

Keywords: Entwicklungsstörungen; Verhaltensauffälligkeiten; ICD-10; ICD-11; schulische Förderung

Einleitung

Die frühzeitige Erkennung und sachgerechte Diagnostik psychischer sowie entwicklungsbezogener Störungen bei Kindern und Jugendlichen sind entscheidend für deren Bildungsweg und soziale Entwicklung. Neben der individuellen Unterstützung ist eine fundierte Diagnostik auch gesamtgesellschaftlich relevant, da unbehandelte Störungen langfristig zu erheblich sozialen und wirtschaftlichen Folgekosten führen. Im schulischen Kontext sind Lehrpersonen häufig erste Ansprechpersonen, wenn Lern- oder Verhaltensprobleme auftreten. Ein Grundverständnis für häufige Störungsbilder sowie die Fähigkeit, Förderbedarf zu erkennen, ist daher essenziell.
Eine Darstellung der systematischen Einordnung kindlicher Entwicklungs- und Verhaltensstörungen im Klassifikationssystem ICD-10 soll das Verstehen erleichtern.
Im Anschluss an die Darstellung der Logik des ICD-10-Systems wird ein Überblick über ausgewählte Störungsbilder gegeben, die aufgrund ihrer Häufigkeit oder Schwere im Schulkontext Relevanz haben könnten.

Kindliche Störungen im Klassifikationssystem des ICD-10

Im ICD-10 (Dilling u.a. 2019) sind die meisten psychischen Störungen im Kindes- und Jugendalter unter den Codes F8 (*Entwicklungsstörungen*) und F9 (*Verhaltens- und emotionale Störungen mit Beginn in der Kindheit und Jugend*) klassifiziert. Die erste Ziffer nach dem Buchstaben *F* gibt die Hauptkategorie an, während die nachfolgenden Zahlen die spezifischen Störungsbilder benennen. Andere relevante Störungen, wie Intelligenzminderung oder Belastungsreaktionen nach Traumata, sind hingegen unter F7 bzw. F43 zu finden und verfügen nicht über eine spezifische Kodierung für Kinder.

doi.org/10.35468/6197-08

Die Gruppe F8 umfasst die Entwicklungsstörungen, darunter die umschriebenen Entwicklungsstörungen des Sprechens und der Sprache (F80), schulischer Fertigkeiten (F81), der motorischen Funktionen (F82), kombinierte Entwicklungsstörungen (F83), tiefgreifende Entwicklungsstörungen (F84) sowie Restkategorien (F88 und F89). Die Codes F85 bis F87 sind im ICD-10 nicht belegt. Innerhalb der schulischen Entwicklungsstörungen (F81) zählen zu den zentralen Diagnosen die Lese- und Rechtschreibstörung (Legasthenie), die isolierte Rechtschreibstörung, die Rechenstörung (Dyskalkulie), die Lernschwäche/Lernstörung sowie die kombinierte Störung schulischer Fertigkeiten. Letztere wird diagnostiziert, wenn mehrere dieser Teilleistungsstörungen gleichzeitig vorliegen, ohne dass eine Intelligenzminderung besteht.

Die Entwicklungsstörungen der motorischen Funktionen (F82) – häufig zusammengefasst unter dem Begriff *Dyspraxie* – betreffen die Grob-, Fein- oder Mundmotorik. Je nach Schwerpunkt spricht man etwa von graphomotorischen oder oralen Dyspraxien. Die betroffenen Kinder zeigen deutliche Koordinationsprobleme, die jedoch nicht durch eine Intelligenzminderung oder andere organische Ursachen erklärbar sein dürfen. Die Dyspraxie wird in all ihren Ausprägungen beschrieben.

In der Kategorie F83 werden kombinierte umschriebene Entwicklungsstörungen geführt. Diese betreffen gleichzeitig sprachliche, motorische und schulische Fertigkeiten, wobei keine der Störungen dominierend ist. Hier ist keine eigenständige Diagnostik erforderlich – vielmehr ergibt sich die Kodierung aus dem Vorliegen mehrerer Entwicklungsprobleme in unterschiedlichen Bereichen.

Die tiefgreifenden Entwicklungsstörungen (F84) beinhalten verschiedene Autismus-Spektrum-Störungen wie frühkindlichen Autismus (F84.0), atypischen Autismus (F84.1) oder das Asperger-Syndrom (F84.5). Auch überaktive Störungen mit Bewegungsstereotypien (F84.4) gehören zu dieser Gruppe. Restkategorien finden sich unter F84.8 und F84.9.

Die sogenannten *sonstigen Entwicklungsstörungen* (F88) und *nicht näher bezeichneten Entwicklungsstörungen* (F89) bilden eine Art Auffangbecken für klinische Bilder, die keiner der zuvor genannten Kategorien eindeutig zuzuordnen sind. Hierzu zählen unter anderem die visuokonstruktive Störung, die häufig mit einer Rechenschwäche verwechselt wird, sowie die Störung des Problemlösens, die in der klinischen Praxis oft unzureichend erkannt wird.

Die F9-Codierungen umfassen die Verhaltens- und emotionalen Störungen mit Beginn in der Kindheit und Jugend. Sie gliedern sich in folgende Hauptgruppen: hyperkinetische Störungen (F90), Störungen des Sozialverhaltens (F91), kombinierte Störungen von Sozialverhalten und Emotionen (F92), emotionale Störungen des Kindesalters (F93), Störungen sozialer Funktionen

doi.org/10.35468/6197-08

(F94), Ticstörungen (F95) und sonstige Störungen (F98). Die Codes F96 und F97 sind nicht belegt.
Zu den hyperkinetischen Störungen (F90) zählen die einfache Aktivitäts- und Aufmerksamkeitsstörung (F90.0), die hyperkinetische Störung des Sozialverhaltens (F90.1) sowie nicht näher bezeichnete Formen (F90.8, F90.9).
Die Störungen des Sozialverhaltens (F91) werden unterteilt in auf den familiären Rahmen beschränkte Störungen (F91.0), Störungen bei fehlenden (F91.1) oder vorhandenen (F91.2) sozialen Bindungen sowie in oppositionell-aufsässiges Verhalten (F91.3). Auch diese Kategorie enthält unspezifische Restformen (F91.8 und F91.9).
Die kombinierten Störungen des Sozialverhaltens und der Emotionen (F92) bezeichnen Fälle, in denen aggressives oder dissoziales Verhalten mit ausgeprägten emotionalen Symptomen (z. B. Angst oder kindliche Depression) einhergeht.
Die emotionalen Störungen des Kindesalters (F93) umfassen unter anderem Trennungsangst (F93.0), phobische Störungen (F93.1), soziale Ängstlichkeit (F93.2) und Geschwisterrivalität (F93.3). Die generalisierte Angststörung im Kindes- und Jugendalter wird unter den Restkategorien F93.8 und F93.9 geführt.
Die Störungen der sozialen Funktionen mit Beginn in der Kindheit und Jugend (F94) umfassen unter anderem den elektiven Mutismus (F94.0) und Bindungsstörungen – sowohl die reaktive Form als auch jene mit sozialer Enthemmung (F94.2 und F94.3). Auch hier gibt es Restkategorien.
Die Ticstörungen (F95) betreffen motorische oder vokale Tics und können sowohl vorübergehend als auch chronisch oder kombiniert auftreten.
Die Kategorie F98 bildet schließlich eine Sammelgruppe für *sonstige Störungen aus dem Bereich Verhalten und Emotionen*. Hierzu zählen unter anderem Einnässen (Enuresis), Einkoten (Enkopresis), Fütterstörungen, Stottern oder auch nicht näher spezifizierte Verhaltensauffälligkeiten, auch ADS ist unter den F98-Störungen zu finden, und zwar unter dem Code F 98.80.
Kindliche Belastungsstörungen und kindliche Angststörungen können unter die emotionalen Störungen subsumiert werden oder auch bei den allgemeinen nicht kind-spezifischen Codes zu Belastungsstörungen oder Angststörungen unter F4 diagnostiziert werden. Intelligenzminderungen bei Kindern werden immer unter den nicht kind-spezifischen Codes im ICD 10 unter F7 diagnostiziert.

Exkurs zum ICD-11

Die Umstellung auf das ICD-11 (WHO 2022) in der klinischen und schulpsychologischen Diagnostik ist in Österreich perspektivisch vorgesehen, ein konkreter Termin für die verbindliche Einführung steht bislang nicht fest. Die

doi.org/10.35468/6197-08

Übersetzung ist noch nicht vollständig. Was schon jetzt gesagt werden kann, ist, dass im ICD-11 einige strukturelle Änderungen vorgenommen werden. Störungen mit Beginn in der Kindheit und Jugend werden nicht mehr wie bisher strikt in getrennten Kategorien (z. B. Entwicklungsstörungen vs. Verhaltensstörungen) geführt, sondern unter dem übergeordneten Kapitel *neurodevelopmental disorders* zusammengefasst. Dazu zählen dann unter anderem: Aufmerksamkeitsstörungen, Autismus-Spektrum-Störungen, Lernstörungen und Sprachentwicklungsstörungen.
Einzelne Diagnosebezeichnungen werden verändert oder zusammengeführt; so wird beispielsweise das Asperger-Syndrom in das Autismus-Spektrum integriert. Auch die Subtypen von ADHS werden detaillierter beschrieben sein, insbesondere im Hinblick auf unterschiedliche Ausprägungen von Unaufmerksamkeit, Hyperaktivität und Impulsivität.
Für Störungen des Sozialverhaltens und oppositionelles Verhalten wird die neue Kategorie *disruptive behaviour and dissocial disorders* eingeführt werden. Diese wird bisherige Diagnosen wie oppositionelles Trotzverhalten sowie Störungen des Sozialverhaltens zusammenfassen.
Für die schulische Praxis ergibt sich daraus derzeit keine unmittelbare Veränderung, schulrechtliche Regelungen (und auch andere gesetzliche Regelungen) basieren aktuell und bis auf weiteres weiterhin auf der ICD-10.

Kurzbeschreibung wichtiger Störungsbilder

Lese- und Rechtschreibstörung (Legasthenie)

Die Lese- und Rechtschreibstörung ist eine umschriebene Störung beim Erlernen von Lesen und Schreiben, die bei ca. 4 % der Kinder auftritt. Sie tritt unabhängig von der allgemeinen Intelligenz auf und bleibt oft langfristig bestehen. Im Schulalltag zeigen betroffene Kinder ein deutlich verlangsamtes Lesetempo, Probleme beim Erkennen von Wörtern sowie eine hohe Fehlerquote beim Schreiben. Trotz intensiven Übens bleiben Fortschritte aus, was zu Frustration und sekundären emotionalen Belastungen führen kann. Lehrpersonen beobachten häufig Vermeidung schriftlicher Aufgaben, mangelnde Leseflüssigkeit oder auffällige Fehler beim Abschreiben. Wichtig sind frühzeitige Diagnostik, individuelle Förderung (z. B. Lesestrategien, phonologische Übungen) sowie ein transparenter Nachteilsausgleich.

Rechenstörung (Dyskalkulie)

Kinder mit einer Rechenstörung (Prävalenz: rund 4 %) haben Schwierigkeiten beim Verstehen von Mengen, Zahlenbeziehungen und Grundrechenarten. Die Leistungen in Mathematik liegen deutlich unter dem altersentsprechenden Ni-

doi.org/10.35468/6197-08

veau, obwohl allgemeine Lernvoraussetzungen gegeben sind. Betroffene Kinder zählen häufig an den Fingern, benötigen sehr lange für einfache Aufgaben und zeigen große Unsicherheit beim Rechnen. Im Schulunterricht führen diese Probleme zu wiederholtem Misserfolg, Vermeidung mathematischer Inhalte und verringertem Gefühl von Selbstwirksamkeit. Wichtig ist es, grundlegende mathematische Konzepte anschaulich und strukturiert zu vermitteln.

Störung der motorischen Koordination (Dyspraxie)

Diese Störung (Prävalenz: rund 4 %) betrifft die Fähigkeit, Bewegungen geplant, koordiniert und zielgerichtet auszuführen. Häufig sind sowohl grob- als auch feinmotorische Bereiche beeinträchtigt. Im schulischen Kontext zeigen betroffene Kinder bspw. ein unleserliches Schriftbild, langsames Schreiben, Schwierigkeiten beim Umgang mit Schere, Lineal oder Sportgeräten auf. Trotz normaler Intelligenz wirken die Leistungen unstrukturiert oder ungeschickt. Pädagogische Unterstützung umfasst motorisches Training, Pausen bei Schreibaufgaben, strukturierte Anleitungen sowie ggf. ergotherapeutische Maßnahmen.

Soziale Interaktionsstörung (Asperger-Syndrom)

Kinder mit dieser Störung zeigen eine auffällige, häufig unangemessene Art der sozialen Interaktion. Sie verstehen soziale Regeln nur schwer, haben Mühe mit Perspektivübernahme und kommunizieren oft wortwörtlich oder in langen Monologen über Spezialinteressen (Prävalenz: < 1 %). Im Schulalltag kann dies zu Missverständnissen, sozialem Rückzug oder Konflikten führen. Betroffene Kinder benötigen eine strukturierte Umgebung, vorhersehbare Abläufe, klare Anweisungen und Unterstützung im sozialen Lernen. Die schulische Integration gelingt insbesondere dann gut, wenn Lehrpersonen über die spezifischen Kommunikations- und Wahrnehmungsweisen informiert sind.

Visuell-räumliche Verarbeitungsstörung (visuokonstruktive Störung)

Diese Störung betrifft das Erfassen und Umsetzen von räumlich-visuellen Informationen. Schwierigkeiten zeigen sich z. B. beim Zeichnen, beim Ablesen von Plänen, beim Erkennen geometrischer Zusammenhänge oder beim Abschreiben von der Tafel. Die betroffenen Kinder erscheinen oft desorganisiert oder unkonzentriert, obwohl sie sich anstrengen (Prävalenz: rund 4 %). Besonders in Fächern wie Mathematik, Geometrie oder Sachunterricht treten Leistungsprobleme auf. Schulisch wichtig sind graphische Hilfen, klare räumliche Strukturierungen und Wiederholungen.

doi.org/10.35468/6197-08

Problemlösestörung

Kinder mit dieser Störung haben Schwierigkeiten, selbstständig Lösungen für komplexe oder neue Aufgaben zu entwickeln (Prävalenz: rund 2 %). Es fehlen strukturierte Denkstrategien oder ein planvolles Vorgehen. In der Schule zeigen sich Defizite insbesondere bei offenen Aufgabenstellungen, Projektarbeiten oder Transferleistungen. Diese Kinder arbeiten häufig impulsiv und sprunghaft oder verlieren den Überblick bei mehrschrittigen Aufgaben. Die pädagogische Unterstützung umfasst das Erlernen von Planungstechniken, das strukturierte Üben von Problemlösestrategien sowie die gezielte Anleitung zur Selbstreflexion.

Generalisierte Angststörung

Kinder mit generalisierter Angst (Prävalenz: rund 4 %) zeigen übermäßige Sorgen, die zahlreiche Lebensbereiche betreffen (Schule, Familie, Gesundheit, Zukunft). Diese Kinder wirken überangepasst, vermeiden Risiken und stellen wiederholt Rückfragen nach Sicherheit. In der Schule fallen sie häufig durch Prüfungsangst, psychosomatische Beschwerden (z. B. Bauchschmerzen) oder Rückzugsverhalten auf. Die emotionale Belastung beeinträchtigt oft die Konzentrationsfähigkeit und Leistungsbereitschaft. Wichtig ist ein sensibles Vorgehen im Unterricht: klare Erwartungen, Ermutigung, Stärkung der Selbstwirksamkeit und ggf. therapeutische Begleitung.

Aufmerksamkeitsstörung mit/ohne Hyperaktivität (ADHS/ADS)

Diese Störung zeigt sich in Form von Unaufmerksamkeit, Impulsivität und bei einem Teil der Kinder auch durch übermäßige motorische Unruhe (Prävalenz: rund 4 %). Im Unterricht sind betroffene Kinder leicht ablenkbar, unterbrechen andere, arbeiten unsystematisch und sind oft nicht in der Lage, Aufgaben selbstständig zu beenden. Dadurch entstehen Leistungsschwächen, Konflikte mit Gleichaltrigen und häufig auch emotionale Folgeprobleme. Lehrpersonen sollten klare Strukturen schaffen, visuelle Zeitvorgaben nutzen, Lob gezielt einsetzen und Reizüberflutung vermeiden.

Hyperkinetische Störung

Diese Störung ist durch ein anhaltendes Muster aus Unaufmerksamkeit, motorischer Unruhe (Hyperaktivität) und Impulsivität gekennzeichnet (Prävalenz: rund 4 %). Im Schulkontext äußert sich dies durch geringe Ausdauer, häufiges Wechseln der Aktivität, Störungen des Unterrichts, Schwierigkeiten beim Zuhören und impulsive Reaktionen. Kinder mit hyperkinetischem Verhalten schreiben oft unvollständig mit, verlieren Arbeitsmaterial oder reagie-

doi.org/10.35468/6197-08

ren unangemessen oder impulsiv auf Anforderungen. Trotz normaler Intelligenz führen die Aufmerksamkeitsprobleme zu deutlichen Leistungseinbußen. Besonders herausfordernd ist der Umgang mit Frustration, Regeln und sozialer Impulskontrolle. Eine strukturierte Klassenführung, klare Routinen, kurze Arbeitsphasen und gezielte Rückmeldung sind pädagogisch sinnvoll.

Störung des Sozialverhaltens

Kinder mit einer Störung des Sozialverhaltens zeigen dauerhaft normverletzendes, aggressives oder oppositionelles Verhalten (Prävalenz: rund 4 %). Dazu zählen u.a. häufiges Streiten, Provokationen, Regelverstöße, Lügen oder körperliche Aggression. Im schulischen Alltag führt dies zu massiven Belastungen des Klassenklimas, zu Konflikten mit Lehrpersonen und anderen Kindern sowie zu erhöhtem Ausschlussrisiko. Die Ursachen liegen häufig in ungünstigen sozialen Lernbedingungen, familiären Belastungen oder mangelnden Problemlösestrategien. Pädagogisch wirksam sind klare Verhaltensvereinbarungen, Strukturierung, sozial-emotionale Förderung sowie intensive Kooperation mit dem Elternhaus und außerschulischen Hilfesystemen.

Bindungsstörung

Bindungsstörungen resultieren aus frühen Beziehungsabbrüchen, Vernachlässigung oder instabilen Bezugspersonen (Prävalenz: < 1 %). Sie äußern sich entweder in übermäßiger Zurückgezogenheit oder – gegenteilig – in distanzlosem Verhalten gegenüber fremden Personen. In der Schule zeigen betroffene Kinder häufig geringes Vertrauen, emotionale Instabilität, ausgeprägte Trennungsängste oder unangepasste Nähe zu Erwachsenen. Diese Kinder benötigen einen klar strukturierten Schulalltag, stabile Bezugspersonen, Geduld und verlässliche Beziehungen.

Exkurs Externalisierende und internalisierende Störungen

Psychische Störungen im Kindesalter lassen sich grob in zwei Kategorien unterteilen:

- Externalisierende Störungen richten sich nach außen und äußern sich durch störendes, impulsives oder aggressives Verhalten, sie finden sich tendenziell unter den F9-Diagnosen.
- Internalisierende Störungen richten sich nach innen und betreffen das emotionale Erleben, sie finden sich tendenziell unter den F8-Diagnosen.

Beide Störungstypen können zu erheblichen schulischen Beeinträchtigungen führen. Wichtig ist daher eine differenzierte Beobachtung sowie die enge Zusammenarbeit zwischen Schule, Elternhaus und Fachpersonen.

doi.org/10.35468/6197-08

Fazit

Generell kann folgendes gesagt werden: Mit gezielter Beobachtung, flexibler Unterstützung und einer wertschätzenden Haltung können Lehrpersonen maßgeblich dazu beitragen, dass Kinder mit Entwicklungs- und Verhaltensbesonderheiten ihre Potenziale entfalten und sich im schulischen Umfeld gut integriert fühlen. Wichtig ist daher eine differenzierte Beobachtung sowie die enge Zusammenarbeit zwischen Schule, Elternhaus und Fachpersonen.

Literatur

Dilling, H., Mombour, W. & Schmidt, M. H. (Hrsg.) (2019): Internationale Klassifikation psychischer Störungen: ICD-10 Kapitel V (F) – Klinisch-diagnostische Leitlinien. Bern: Hogrefe.

World Health Organization (WHO). (2022): Internationale statistische Klassifikation der Krankheiten und verwandter Gesundheitsprobleme (ICD-11). Genf: WHO. Online unter: https://icd.who.int. (Abrufdatum: 06.06.2025).

Weiterführende Literatur

Blank, R., Smits-Engelsman, B., Polatajko, H., & Wilson, P. (2012). European Academy for Childhood Disability (EACD) recommendations on the definition, diagnosis and intervention of developmental coordination disorder (long version). Developmental Medicine & Child Neurology, 54(1), 54-93.

Diamond, A. (2013). Executive functions. Annual Review of Psychology, 64, 135-168.

Frick, P. J., & Viding, E. (2009). Antisocial behavior from a developmental psychopathology perspective. Development and Psychopathology, 21(4), 1111–1131.

Kucian, K., von Aster, M., Loenneker, T., Dietrich, T., Martin, E., & Konrad, K. (2006). Impaired neural networks for approximate calculation in dyscalculic children: A functional MRI study. Behavioral and Brain Functions, 2, Article 31.

Mammarella, I. C., & Cornoldi, C. (2005). Sequence and space: The critical role of visuospatial working memory in learning mathematics. British Journal of Developmental Psychology, 23(1), 77-93.

Schulte-Körne, G., & Remschmidt, H. (2003). Legasthenie – Symptomatik, Diagnostik, Ursachen, Verlauf und Behandlung. Deutsches Ärzteblatt, 100(7), 396-406.

Sonuga-Barke, E. J. S., Sergeant, J. A., Nigg, J., & Willcutt, E. (2005). Executive dysfunction and delay aversion in Attention Deficit Hyperactivity Disorder: Nosologic and diagnostic implications. Child and Adolescent Psychiatric Clinics of North America, 14(3), 387-404.

Volkmar, F. R., & Klin, A. (2000). Diagnostic issues in Asperger syndrome. In A. Klin, F. R. Volkmar, & S. S. Sparrow (Eds.), Asperger syndrome (pp. 25-71). Guilford Press.

Zeanah, C. H., & Gleason, M. M. (2015). Annual Research Review: Attachment disorders in early childhood – clinical presentation, causes, correlates, and treatment. Journal of Child Psychology and Psychiatry, 56(3), 207-222.

 doi.org/10.35468/6197-08

Autorinnen

Kipman, Ulrike, BSc MMag.a DDDr.[in]
Pädagogische Hochschule Salzburg
Diagnostik, Bildungsforschung,
Statistik. gerichtl. zertifizierte Sachverständige,
Arbeits- & Forensische Psychologin,
Spezialisierung in Neuro-, Kinder- und Familienpsychologie

ulrike.kipman@phsalzburg.at

Kaiser, Emily, BSc
Masterstudentin an der Universität Salzburg

Barton, Samantha, BSc
Masterstudentin an der Universität Salzburg

doi.org/10.35468/6197-08

Melanie Greil, Ulrike Kipman

Umgang mit AD(H)S: Pädagogische Hilfen, schulische Unterstützung und ressourcenorientierte Förderansätze

Abstract

Die Aufmerksamkeitsdefizit-/Hyperaktivitätsstörung (AD(H)S) zählt zu den häufigsten neurobiologischen Entwicklungsstörungen im Kindes- und Jugendalter. Betroffene Kinder und Jugendliche zeigen erhebliche Schwierigkeiten in der Aufrechterhaltung von Aufmerksamkeit, ein überdurchschnittliches Maß an Aktivität sowie eine verminderte Impulskontrolle. Man unterscheidet zwischen dem vorwiegend unaufmerksamen Typ (oft als ADS bezeichnet, codiert mit F98.80 im ICD-10 (WHO 2015)), bei dem hauptsächlich Aufmerksamkeitsprobleme bestehen, und dem kombinierten Typ, der zusätzlich durch Hyperaktivität und Impulsivität gekennzeichnet ist, codiert mit F90.0 im ICD-10 (WHO 2015, vgl. auch Kipman Kap. 3.3). In diesem Beitrag soll zuerst ein kurzer Überblick zu den wesentlichen und typischen Auffälligkeiten von Kindern und Jugendlichen mit AD(H)S gegeben werden. Ziel dieses Beitrags ist es, typische Erscheinungsformen von AD(H)S im Schulalltag darzustellen. Ein Fallbeispiel soll die beschriebene Störung illustrieren, um darauf aufbauend Implikationen für den Schulunterricht ableiten zu können.

Keywords: AD(H)S im Schulalltag; Pädagogische Förderstrategien; Unterrichtsanpassung; Beziehungsgestaltung; Inklusive Bildung

Einleitung

Das AD(H)S-Syndrom stellt eine erhebliche Herausforderung für jede Lehrkraft dar – und damit auch für das Bildungssystem. Obwohl umfangreiche Informationen zu AD(H)S verfügbar sind, mangelt es den relevanten Berufsgruppen häufig an fundiertem Wissen über dieses medizinische Phänomen

doi.org/10.35468/6197-09

und auch an Wissen, wie für Schülerinnen und Schüler mit diesem Störungsbild entsprechende Rahmenbedingungen geschaffen werden können.
Aber jede Herausforderung, so groß sie auch erscheinen mag, birgt zugleich Chancen zur Weiterentwicklung. Sie eröffnet Lernprozesse, die nicht nur für die direkt Betroffenen, sondern auch für ihr Umfeld und damit für die gesamte Gesellschaft von Bedeutung sind. Das Wissen um den Umgang mit AD(H)S kann neue Perspektiven eröffnen, um zukünftigen Herausforderungen – deren Art und Ausmaß wir heute noch nicht kennen – auf alternative Weise zu begegnen. Dabei sollte nicht vergessen werden, dass jedes Kind, unabhängig von einer AD(H)S-Diagnose, über individuelle Talente und Fähigkeiten verfügt. Eine erfolgreiche Schullaufbahn ist auch mit AD(H)S möglich, wenn die richtigen Rahmenbedingungen geschaffen werden (Stollhoff 2003).

Theoretische Rahmung

AD(H)S ist eine häufige neuroentwicklungsbedingte Störung, die weltweit bei etwa 5 % der Kinder und Jugendlichen auftritt (Polanczyk u.a. 2007). Etwa 30 % der betroffenen Kinder zeigen zusätzlich Lernstörungen (Mayes u.a. 2000). Jungen sind häufiger betroffen als Mädchen (Willcutt u.a. 2005).
Genetische Faktoren spielen eine wesentliche Rolle bei der Entstehung von AD(H)S. Kinder von Eltern mit AD(H)S haben ein erhöhtes Risiko, selbst an dieser Störung zu erkranken (Faraone u.a. 2005; Gawrilow u.a. 2011). Defizite in der Selbstregulation, also der Fähigkeit, Gedanken, Gefühle und Handlungen zu steuern, tragen ebenfalls zur Entwicklung von AD(H)S bei (Gawrilow u.a. 2011).
Die Kernsymptome von AD(H)S lassen sich drei Bereichen zuordnen: Unaufmerksamkeit, Hyperaktivität und Impulsivität. Unaufmerksame Kinder und Jugendliche machen häufig Flüchtigkeitsfehler, haben Schwierigkeiten, bei Aufgaben oder Spielen konzentriert zu bleiben, scheinen nicht zuzuhören, folgen Anweisungen nicht, verlieren wichtige Gegenstände, lassen sich leicht ablenken, haben Probleme bei der Organisation von Aufgaben und sind oft vergesslich. Hyperaktive Kinder zappeln häufig, können nicht ruhig sitzen, stehen oft auf, laufen oder klettern in unpassenden Situationen und zeigen ein anhaltendes Muster übermäßiger motorischer Aktivität, das durch Vorschriften oder die soziale Umgebung nicht gebremst wird. Impulsive Kinder und Jugendliche unterbrechen oder stören andere häufig, reden übermäßig viel, antworten, bevor Fragen vollständig gestellt sind und haben Schwierigkeiten, in Spielen oder anderen Aktivitäten auf ihren *Turn* zu warten (Dilling u.a. 2015).
Früher wurde angenommen, dass AD(H)S hauptsächlich im Kindes- und Jugendalter auftritt, doch inzwischen ist bekannt, dass die Störung bei vielen Betroffenen bis ins Erwachsenenalter bestehen bleibt (Bernfort u.a. 2008). Im Erwachsenenalter treten Symptome der Hyperaktivität seltener auf, während Aufmerksamkeitsprobleme dominanter werden (Schmidt & Petermann 2008).

doi.org/10.35468/6197-09

AD(H)S beeinträchtigt sowohl im Kindes- als auch im Erwachsenenalter Beziehungen, schulische Leistungen und die berufliche Entwicklung (Bernfort u.a. 2008; Schmidt & Petermann 2008). Häufig treten Begleiterkrankungen auf: Bei Kindern und Jugendlichen sind dies unter anderem Störungen des Sozialverhaltens, Angststörungen, Depressionen, Tics und Lernstörungen wie Lese- und Rechenstörungen (Willcutt & Pennington 2000). Bei Erwachsenen können Substanzmissbrauch, affektive Störungen, Angststörungen sowie antisoziale oder Borderline-Persönlichkeitsstörungen hinzukommen (Biederman 2005). Obwohl es nur wenige Langzeitstudien gibt, zeigen sich Hinweise darauf, dass Betroffene ein niedrigeres Bildungsniveau erreichen, psychosoziale und psychiatrische Probleme entwickeln und vermehrt Risiken eingehen, was in der Folge zu Arbeitslosigkeit, Unfällen und erhöhtem Risiko für delinquentes Verhalten führen kann (Bernfort u.a. 2008). Eine frühzeitige Diagnose sowie eine umfassende, konsequente und multimodale Behandlung sind daher essenziell (Grosse & Skrodzki 2003).

Die Symptomatik von AD(H)S ist vielgestaltig und individuell unterschiedlich ausgeprägt. Zu den häufigsten Merkmalen zählen Konzentrationsschwierigkeiten, ein leichtes Abschweifen der Gedanken sowie die Fähigkeit zum Hyperfokus bei persönlich interessanten Themen. Betroffene Schülerinnen und Schüler hören oft nicht aufmerksam zu, beginnen viele Projekte, schließen jedoch wenige ab, meiden Langeweile, suchen ständig nach neuen Reizen und haben Schwierigkeiten mit Regeln und Routinen. Sie sind häufig unorganisiert, chaotisch, vergessen und verlegen oft Gegenstände. Zudem sind sie unruhig, ständig in Bewegung, handeln impulsiv und äußern spontan ihre Gedanken. Diese Kinder haben eine geringe Frustrationstoleranz, sind ungeduldig und neigen zu Stimmungsschwankungen sowie Wutausbrüchen. Im Vergleich zu lebhaften und hyperaktiven Kindern ist bei AD(H)S-Betroffenen die Konzentration nicht altersgemäß, Teilleistungsstörungen treten häufiger auf und die soziale Reife ist oft unterentwickelt. Typischerweise haben sie eine externale Kontrollüberzeugung, das heißt, sie sind überzeugt, dass äußere Umstände oder andere Personen mehr Einfluss auf ihr Leben haben als sie selbst (Harrison & Sofronoff 2002; Siegler u.a. 2016; Theule u.a. 2013; Weiss 2013).

Im schulischen Alltag zeigen betroffene Kinder und Jugendliche häufig eine Diskrepanz zwischen kognitivem Potenzial und tatsächlicher Leistung. Klassenwiederholungen und Suspendierungen sind häufiger und sie haben ein erhöhtes Risiko, die Schule ohne Abschluss zu verlassen. Ihre Leistungen variieren je nach Lehrkraft, Fach, Anforderungen und Klassensituation. Die Qualität der Beziehung zwischen Lehrkraft und Schüler:in ist für sie entscheidender als für andere Kinder und Jugendliche. Desinteresse und Interesse der Lehrkraft wirken sich stärker auf sie aus. Sie reagieren häufig positiv auf neue und herausfordernde Aufgaben, während Routinen schnell zu Überdruss führen.

doi.org/10.35468/6197-09

Praxisbeispiel

Nachfolgend findet sich ein Praxisbeispiel, das ein typisches Kind mit AD(H)S beschreibt:
Die Mutter gibt an, man müsse XY oft auffordern, mit einer Aufgabe zu beginnen, er mache häufig Flüchtigkeitsfehler, überprüfe seine Arbeit nicht auf Fehler und habe Mühe, sich auf Sachen zu konzentrieren. Er vergesse, seine Hausaufgaben abzugeben, selbst wenn sie gemacht seien. Er beginne Hausaufgaben und Pflichten in letzter Minute, plane Schulaufgaben nicht im Voraus, unterschätze die benötigte Zeit für Aufgaben und habe Mühe, Aufgaben fertig zu machen. Zudem unterbreche er andere. Bei seinen Kompetenzen gibt die Mutter an, er könne sich ruhig, intensiv und lange mit einer Sache beschäftigen und überlege zuerst, bevor er handle.
Die Lehrerin gibt an, dass XY oft Einzelheiten nicht beachte, oft Flüchtigkeitsfehler mache und die eigene Arbeit nicht auf Fehler überprüfe. Er habe Schwierigkeiten, seine Aufmerksamkeit längere Zeit aufrecht zu erhalten, habe Mühe bei Aufgaben, die mehr als einen Schritt erfordern, habe eine Abneigung gegen Aufgaben, die eine längere Konzentration erfordern und werde von umfangreichen Aufgaben überwältigt. Er habe Mühe, mit Hausaufgaben zu beginnen, beginne Aufgaben nicht von sich aus und müsse aufgefordert werden, damit anzufangen, plane Schulaufgaben nicht im Voraus, unterschätze den Zeitaufwand, der benötigt werde, und beginne immer erst in letzter Minute. Er scheint oft nicht zuzuhören, habe Schwierigkeiten, Aufgaben zu organisieren, breche Arbeiten ab, bevor sie fertig seien, und könne Aufträge nicht vollständig zu Ende bringen. XY lasse sich leicht durch die Umgebung und durch eigene Gedanken ablenken. Er entwickle von sich aus keine Ideen, wie man eine Aufgabe lösen könne, habe Mühe, mehrere Lösungswege zu finden und brauche Hilfestellung durch Erwachsene, um bei einer Sache zu bleiben.

Empfehlungen

Nachstehend findet sich eine Sammlung mit Tipps für den Umgang mit Kindern und Jugendlichen mit AD(H)S in der Schule:

Rituale

Rituale geben Kindern und Jugendlichen Struktur, Orientierung und emotionale Sicherheit – insbesondere in Phasen des Übergangs oder bei wechselnden Anforderungen. Fixpunkte wie ein täglicher Morgenkreis, klar definierte Pausen, ein wiederkehrender Stundenplan oder verlässliche Übergänge zwischen Arbeits- und Ruhephasen schaffen ein stabiles Gerüst im Schulalltag. Darüber hinaus stärkt diese Strukturierung des Tages das gesamte Gruppen-

doi.org/10.35468/6197-09

gefühl. Kinder und Jugendliche mit AD(H)S profitieren von einer gezielten Steuerung von außen und einem Tag, der wie auf Schienen läuft, ohne Störungen und Abweichungen des üblichen Tagesprogramms. Diese äußere Rahmung unterstützt die Selbstregulation und reduziert Reizüberflutung.

Ein guter Sitzplatz

Die Wahl eines geeigneten Sitzplatzes ist für Kinder und Jugendliche mit AD(H)S von zentraler Bedeutung – sowohl zur Minimierung von Ablenkungen als auch zur Förderung der Beziehung zur Lehrkraft. Es ist von Vorteil, einen Sessel in der Nähe der Lehrkraft aufzustellen, sodass diese häufigen Augenkontakt und persönliches Ansprechen bieten kann. Günstig sind Sitzplätze, die weit entfernt von potenziellen Reizquellen liegen – z.B. Türen, Fenster, Materialstationen oder Laufwege. Für einige Schülerinnen und Schüler kann auch die flexible Nutzung von zwei definierten Arbeitsplätzen sinnvoll sein, einer für schriftliche Aufgaben, ein anderer für kreative oder feinmotorische Tätigkeiten. Somit kann an einem Platz im Buch gearbeitet oder ein Puzzle gemacht werden und am anderen Platz im Heft geschrieben oder ein Bügelperlenbild gestaltet werden. In der Krabbelgruppe oder im Kindergarten ist es von Vorteil, wenn das Kleinkind beim Arbeiten und auch beim Essen neben einer Lehrperson sitzen darf. Auch alternative Arbeitspositionen im Klassenzimmer, z.B. am Boden, an einem Stehpult, mit Einbein-Hocker oder einem Sitzball, können unterstützend wirken.

Lautlose und wortlose Ermahnung

Kinder und Jugendliche mit AD(H)S sollten niemals vor der Klasse bloßgestellt oder beschämt werden. Viele von ihnen verfügen über ein ausgeprägtes Gerechtigkeitsempfinden und reagieren sensibel auf Ungleichbehandlung. Ermahnungen sollten daher möglichst diskret und nonverbal erfolgen – etwa durch kurzen Blickkontakt, ein vereinbartes Geheimzeichen oder das ruhige Entfernen eines ablenkenden Gegenstands. Auch visuelle Hinweise – z.B. ein aufgeklebtes Symbol auf dem Tisch, auf das die Lehrkraft lediglich deutet – können als stille Erinnerung dienen. Darüber hinaus kann durch ein stummes Hochhalten oder Zeigen des benötigten Arbeitsmaterials (z.B. Heft, Buch) ohne direkte Ansprache zur Konzentration zurückgeführt werden.

Arbeiten mit Material

Durch das Arbeiten mit Materialien, etwa Montessori-Materialien und selbst erstellten Unterrichtsmaterialien, können die Aufmerksamkeit und das Durchhaltevermögen der Kinder und Jugendlichen immer weiter gesteigert werden. Zusätzlich ist das Üben mit Material immer eine Form von Bewegung, die insbesondere Kinder und Jugendliche mit ADS benötigen.

doi.org/10.35468/6197-09

Größere Strukturierung und Gedächtnisstützen

Oft leiden Kinder und Jugendliche mit AD(H)S oder ADS besonders unter ihren eigenen Stimmungsschwankungen und daraus möglich resultierenden Leistungsschwankungen. Viele nehmen wahr, dass sie sich von Gleichaltrigen unterscheiden, was zu Selbstzweifeln und vermindertem Selbstwertgefühl führen kann. Zum einen helfen Gedächtnisstützen und Eselsbrücken, wo diese möglich sind. Zum anderen können Lehrpersonen den Kindern und Jugendlichen bei der Strukturierung des Arbeitsplatzes und des Arbeitsalltags helfen und ihnen unter die Arme greifen, sodass sie bald alles selbst bewältigen können. Eine sinnvolle Reihenfolge in der Erarbeitung des Wochenplanes zu erkennen, wäre eine Kompetenz, an der es sich zu arbeiten lohnt. Den Betroffenen ist geholfen, wenn sie selbst lernen, systematisch zu arbeiten, den Arbeitsplatz in Ordnung zu halten, die richtigen Bücher und Hefte einzupacken, sich selbst etwas aus dem Regal zu holen und dieses auch wieder wegzuräumen. Des Weiteren sollten sie viel ausführlicher als Nichtbetroffene gelehrt bekommen, wie und wo sie im Heft arbeiten sollen, und wo sie suchen sollen, wenn der Stift nicht zu finden ist. Denn wahrscheinlich befindet sich dieser entweder unter dem Buch, unter dem Tisch oder unter dem Sessel. Nichtsdestotrotz wird es aufgrund schwerer Krankheitsausprägungen immer wieder Kinder und Jugendliche geben, die den Schulalltag oder den Wochenplan nicht allein bewältigen können und eine genaue Anleitung zur Erarbeitung der wöchentlichen Aufgaben benötigen oder einer Zerlegung größerer Aufgaben in kleinere Einheiten bedürfen.

Anstrengungsbereitschaft loben

Kinder und Jugendliche mit AD(H)S fällt es häufig schwer, im schulischen Alltag dieselben Leistungen in derselben Zeit zu erbringen wie ihre Klassenkolleginnen und -kollegen. Ein reduziertes Durchhaltevermögen und rasche Ermüdung führen zu einer erhöhten Fehleranfälligkeit – insbesondere bei längeren oder monotonen Aufgaben. Meistens können Kinder und Jugendliche mit AD(H)S nicht die gleiche Anzahl von Rechnungen in demselben Zeitraum erledigen. Gerade deshalb ist es bedeutsam, nicht nur Ergebnisse, sondern vor allem die Anstrengung und das Bemühen sichtbar anzuerkennen und gezielt zu loben. Wertschätzendes Feedback stärkt das Selbstwertgefühl und motiviert zur weiteren Anstrengung.

Sonderrolle

Obwohl die meisten Kinder und Jugendlichen mit AD(H)S mindestens eine weitere Störung vorweisen, ist der Besuch einer Sonderschule grundsätzlich nicht notwendig. Sie können Integrationsklassen besuchen, die von zwei

doi.org/10.35468/6197-09

Lehrpersonen geführt werden, oder in Klassen, welchen sie zusätzliche Förderstunden bekommen.

Zu strenge Regeln

Wenn es im Unterricht wiederholt zu Konflikten mit Schülerinnen und Schülern mit AD(H)S kommt, kann es hilfreich sein, die eigenen Regelstrukturen kritisch zu reflektieren. Nicht jede pädagogische Norm ist für alle Kinder gleichermaßen geeignet. Flexible Regelungen können im Einzelfall angemessener sein als starre Vorgaben. Wäre es in Ordnung, wenn Kinder und Jugendliche mit AD(H)S einen Stressball während des Unterrichts halten und dürfen sie auch kniend am Tisch arbeiten? Die zentrale Frage lautet: Dient die aktuelle Tagesstruktur der Lernförderung – oder steht sie dem Bedürfnis nach Bewegung, Entlastung oder Selbststeuerung im Weg?

Wenn-Dann-Verträge

Kinder und Jugendliche mit AD(H)S profitieren von sogenannten Wenn-Dann-Vereinbarungen, bei denen eine konkrete Handlung mit einer klar definierten Konsequenz verknüpft wird. Solche Absprachen sollten sich auf klar abgegrenzte Situationen beziehen, etwa das Anstellen vor dem Turnunterricht, und die gewünschte Verhaltensweise exakt benennen. Die Handlung sollte ein erreichbares Ziel beinhalten, wie fünfmal bis zehn zählen. Grundsätzlich gilt: Positive, handlungsorientierte Formulierungen (*Bleib ruhig stehen.*) sind wirkungsvoller als Verbote (*Lauf nicht herum.*), da sie Orientierung geben.

Schriftbild

Durch motorische Defizite oder die große Kraftanstrengung, die manche betroffene Kinder und Jugendliche für das Schreiben aufwenden, unterlaufen ihnen häufig viele Fehler. Typische Merkmale sind eine unleserliche Handschrift, das Nichteinhalten von Zeilen, unregelmäßige oder keine Abstände zwischen Wörtern sowie formgetreue Buchstaben und Zahlen. Diese Auffälligkeiten resultieren häufig aus Überforderung, mangelnder Feinmotorik oder fehlender Automatisierung – und sollten pädagogisch differenziert betrachtet werden. Eine negative Leistungsbewertung aufgrund des Schriftbilds – etwa durch schriftliche Strafarbeiten oder Abwertung in der Notengebung – ist nicht zielführend und demotivierend. Stattdessen sollten alternative Leistungsformen sowie gezielte Förderangebote im Bereich Feinmotorik erwogen werden und abgewägt werden, ob das Erlernen der Schreibschrift notwendig ist. Oft leidet die Leserlichkeit oder die Rechtschreibung darunter.

doi.org/10.35468/6197-09

Bewegungsmöglichkeiten

Kinder und Jugendliche mit AD(H)S erreichen schneller ein hohes Erregungsniveau als Nichtbetroffene. Strenge Sanktionen bei Unruheverhalten sind in der Regel kontraproduktiv. Sie erhöhen das Erregungsniveau und erschweren die Selbstregulation. Stattdessen sollten gezielte Bewegungsmöglichkeiten am Platz geschaffen werden, die motorische Impulse aufgreifen, ohne den Unterricht zu stören.
Es gibt hierfür verschiedene Alternativen, damit sich Kinder und Jugendliche bewegen können, ohne aufzustehen oder herumzulaufen. Geeignet sind z. B. Balance-Igel oder Gummibänder an den Tisch- oder Stuhlbeinen für die Füße, Balance-Kissen, Sitzbälle oder Einbein-Hocker für den Rumpf sowie Stressbälle oder Akupressur-Ringe für die Hände. Ein Lernbüro (visuell abgegrenzte Lernarbeitsplätze) und Gehörschutz helfen, die Ablenkung durch die Umgebung zu verringern. Gegen Nervosität können Beißringe oder spezielle Stiftaufsätze genutzt werden. Eine um die Schultern oder auf den Schoß gelegte Gewichtsdecke oder Gewichtstiere wirken Stress und Unruhe entgegen. Es spricht nichts dagegen, wenn Kinder ein Lieblingsspielzeug als Anker mit in den Unterricht nehmen. Diese Gegenstände sollten allerdings nicht als Spielzeug oder Ablenkung dienen, sondern zur Senkung des Erregungsniveaus. Brain Breaks oder bewegte Pausen bauen den Bewegungsüberschuss ab.

Umgang mit Entladungen

Aufgrund einer verringerten Impulskontrolle kann es bei Kindern und Jugendlichen mit AD(H)S vermehrt zu emotionalen Entladungen und grenzüberschreitendem Verhalten kommen. Solche Situationen sollten nicht durch übermäßige Aufmerksamkeit verstärkt werden. In der Akutsituation kann gezieltes Ignorieren – z. B. durch bewusste Abwendung oder das Nutzen eines vereinbarten Satzes (*Ich schaue gerade nicht.*) – entlastend wirken. Die Tagesverfassung der Lehrkraft ist nicht immer gleich und so geschieht es, dass unerwünschtes Verhalten an manchen Tagen dreißig Mal und an anderen Tagen weniger häufig ignoriert werden kann. Kinder und Jugendliche mit AD(H)S sind wegen Kleinigkeiten schneller aufgebracht als andere in der Klasse. Durch ein erhöhtes Erregungsniveau kommt es immer wieder zu ungesteuerten Unmutsäußerungen wie Motzen, Fäkalsprache, sexistischen Beschimpfungen, verbalen Drohungen, Verweigerungsäußerungen oder persönlich verletzenden Meldungen. Dieses Verhalten wird am besten umgehend unterbrochen, wenn nötig auch mit einem Raumwechsel. In manchen Fällen hilft nur der Ortswechsel zur Beruhigung. Nach der Konfrontation sind die meisten Kinder und Jugendlichen peinlich berührt. Es tut ihnen leid und sie können oft sehr reflektiert sein. Sofort nach der Beruhigung sollten sie jedoch wieder

doi.org/10.35468/6197-09

in den Raum zurückgeholt werden. Für kurze Auszeiten eignen sich betreute Orte wie das Büro der Schulleitung, ein Partnerklassenzimmer oder ein speziell eingerichteter Rückzugsraum.

Grundhaltung

Kinder und Jugendliche mit AD(H)S erleben im schulischen Alltag häufig Kritik. Umso sensibler reagieren sie auf Wertschätzung, Lob und authentisches Interesse. Sie nehmen sehr genau wahr, ob sie von der Lehrkraft respektiert, gemocht und ernst genommen werden. Obwohl es sicherlich manchmal schwerfällt, ist es umso wichtiger, sich um eine gute Beziehung zu den betroffenen Kindern oder Jugendlichen zu bemühen. Gerade bei Herausforderungen ist eine tragfähige Beziehung zentral. Sie kann Spannungen entschärfen und Lernbereitschaft fördern. Trotzdem ist es notwendig, bei gewissen Themen oder in gewissen Bereichen konsequent, aber auch großzügig zu bleiben und aus einer Mücke keinen Elefanten zu machen. Durch eine gute Beziehung zu den Lehrpersonen fühlen sich Kinder und Jugendliche mit AD(H)S weniger abgestoßen und erleben weniger Schwierigkeiten. Feste Strukturen verringern deren Chaos im Schulalltag, ermöglichen ein Herauskommen aus diesem und vermeiden womöglich einen Teufelskreis. Da durch motorische und feinmotorische Defizite und durch die oft fehlende Handlungsplanung immer wieder Schwierigkeiten beim An- und Ausziehen, beim Schultasche packen oder Hausübung ein- und auspacken auftreten können, ist seitens der Lehrpersonen vor allem Geduld von Vorteil. Diese basieren oft auf Schwächen in der Handlungsplanung und Feinmotorik. Hier ist Geduld ebenso gefragt wie gezielte Anleitung. Grundsätzlich ist eine positive Einstellung zu Erkrankten bereits der halbe Erfolg und das Arbeiten mit ihnen immer spannend, da sie lustig, positiv und lebensfroh sind.

Fazit und Ausblick

Um die Bildungschancen von Kindern und Jugendlichen mit AD(H)S nachhaltig zu verbessern, sind gezielte pädagogische Maßnahmen notwendig – jenseits eines defizitorientierten Blicks. Feste Rituale und klare Strukturen geben Orientierung und unterstützen die Selbstregulation. Ein gut gewählter Sitzplatz, Bewegungspausen und lautlose Ermahnungen helfen, Ablenkungen zu minimieren. Individuelle Förderstrategien, wie die Nutzung von Gedächtnisstützen und Materialien, fördern die Konzentration und das Durchhaltevermögen. Zudem sind Lob und eine wertschätzende Beziehung zur Lehrkraft entscheidend für den Lernerfolg.

doi.org/10.35468/6197-09

AD(H)S bleibt eine Herausforderung für das Bildungssystem, erfordert jedoch kein Defizitdenken, sondern eine neue Perspektive: Mit der richtigen Unterstützung können betroffene Kinder und Jugendliche ihre individuellen Stärken nutzen und neue Lösungswege entwickeln. Zukünftige Forschung sollte sich verstärkt darauf konzentrieren, wirksame pädagogische Konzepte weiterzuentwickeln und Lehrpersonen besser auf den Umgang mit AD(H)S vorzubereiten. Letztlich geht es nicht darum, Kinder mit AD(H)S an das System anzupassen, sondern ein System zu schaffen, das Vielfalt zulässt und fördert.

Literatur

Bernfort, L., Nordfeldt, S. & Persson, J. (2008): ADHD from a socio-economic perspective. In: Acta Paediatrica - Nurturing the Child 97 (2), 239-245.

Biederman, J. (2005): Attention-Deficit/Hyperactivity Disorder: A Selective Overview. In: Biological Psychiatry 57 (11), 1215-1220.

Dilling, H., Mombour, W., Schmidt, M. H., Schulte-Markwort, E. & Remschmidt, H. (Hrsg.) (2015): Internationale Klassifikation psychischer Störungen. ICD-10 Kapitel V (F) klinisch-diagnostische Leitlinien (10. Auflage, unter Berücksichtigung der Änderungen entsprechend ICD-10-GM 2015). Bern: Hogrefe.

Faraone, S. V., Perlis, R. H., Doyle, A. E., Smoller, J. W., Goralnick, J. J., Holmgren, M. A. & Sklar, P. (2005): Molecular genetics of attention-deficit/hyperactivity disorder. In: Biological Psychiatry 57 (11), 1313-1323.

Gawrilow, C., Gollwitzer, P. M. & Oettingen, G. (2011): If-then plans benefit delay of gratification performance in children with and without ADHD. In: Cognitive Therapy and Research 35 (5), 442-455.

Grosse, G. & Skrodzki, M. (2003): ADHS bei Erwachsenen: Ein Ratgeber für Betroffene, Eltern und Therapeuten. Heidelberg: Springer.

Harrison, C. & Sofronoff, K. (2002): ADHD and parental psychological distress: Role of demographics, child behavioral characteristics, and parental cognitions. In: Journal of the American Academy of Child & Adolescent Psychiatry 41 (6), 703-711.

Mayes, S. D., Calhoun, S. L., & Crowell, E. W. (2000). Learning disabilities and ADHD: Overlapping spectrum disorders. Journal of Learning Disabilities, 33(5), 417–424. https://doi.org/10.1177/002221940003300502

Polanczyk, G., De Lima, M. S., Horta, B. L., Biederman, J. & Rohde, L. A. (2007): The worldwide prevalence of ADHD: A systematic review and metaregression analysis. In: American Journal of Psychiatry 164 (6), 942-948.

Schmidt, S., & Petermann, F. (2008). Entwicklungspsychopathologie der ADHS [Developmental psychopathology of ADHD]. Zeitschrift für Psychiatrie, Psychologie und Psychotherapie, 56(4), 265–274. https://doi.org/10.1024/1661-4747.56.4.265

Siegler, R. S., DeLoache, J. S., Eisenberg, N. & Saffran, J. R. (2016): Entwicklungspsychologie im Kindes- und Jugendalter. Heidelberg: Springer.

Stollhoff, N. (2003): AD(H)S in Schule und Unterricht: Theoretische Grundlagen und praktische Hilfen für Lehrer und Eltern. Weinheim: Beltz.

Theule, J., Wiener, J., Tannock, R. & Jenkins, J. M. (2013): Parenting stress in families of children with ADHD: A meta-analysis. In: Journal of Emotional and Behavioral Disorders 21 (1), 3-17.

Weiss, G. (2013): Hyperaktive Kinder: Vom Zappelphilipp zum Zappeladult. Bern: Huber.

Willcutt, E. G., Doyle, A. E., Nigg, J. T., Faraone, S. V. & Pennington, B. F. (2005): Validity of the executive function theory of attention-deficit/hyperactivity disorder: A meta-analytic review. In: Biological Psychiatry 57 (11), 1336-1346.

doi.org/10.35468/6197-09

Willcutt, E. G. & Pennington, B. F. (2000): Psychiatric comorbidity in children and adolescents with reading disability. In: Journal of Child Psychology and Psychiatry 41 (8), 1039-1048.
World Health Organization. (2015): International statistical classification of diseases and related health problems. Geneva: World Health Organization.

Autorinnen

Greil, Melanie, BEd
Heilstättenschule Salzburg
Heilpädagogisches Institut,
Praxisbetreuerin PH Salzburg,
Diplomierte Montessori-Pädagogin,
Hochschullehrgang Krankheit und Schule

melanie.greil@bildung.gv.at

Ulrike Kipman, Ulrike, BSc MMag.[a] DDDr.[in]
Pädagogische Hochschule Salzburg
Diagnostik, Bildungsforschung,
Statistik. gerichtl. zertifizierte Sachverständige,
Arbeits- und Forensische Psychologin,
Spezialisierung in Neuro-, Kinder- und Familienpsychologie

ulrike.kipman@phsalzburg.at

doi.org/10.35468/6197-09

Ulrike Kipman, Agnes Vogl

Die kindliche Angststörung – Möglichkeiten zur Stressreduktion im Unterricht

Abstract

Ängste gehören zur kindlichen Entwicklung – doch wenn sie überhandnehmen, kann sich daraus eine Angststörung entwickeln, die das Lernen und das soziale Miteinander erheblich beeinträchtigt. Der Beitrag zeigt auf, wie Lehrpersonen frühzeitig unterstützend wirken können: Entspannungsverfahren wie Fantasiereisen oder Muskelentspannung helfen Kindern, Stress abzubauen, innere Ruhe zu finden und mit belastenden Situationen besser umzugehen. Auf Grundlage psychologischer Erkenntnisse wird praxisnah erläutert, wie solche Methoden wirkungsvoll in den Schulalltag integriert werden können – auch ohne therapeutische Vorerfahrung. Der Text sensibilisiert für die Bedeutung emotionaler Sicherheit im Klassenzimmer, bietet konkrete Handlungsempfehlungen und stellt zwei bewährte Fantasiereisen samt Durchführungsmaterialien vor. Ein besonderes Augenmerk gilt der Bedeutung der Lehrperson als Modell für Ruhe und Stabilität. Präventive Maßnahmen im schulischen Kontext können wesentlich dazu beitragen, die Entstehung von Angststörungen zu verhindern oder betroffenen Kindern wirksame Strategien zum Umgang mit ihrer Symptomatik zu vermitteln (vgl. auch Kipman Kap. 3.3). Ein lesenswerter Beitrag für alle, die Kindern mit Ängsten kompetent und feinfühlig begegnen möchten.

Keywords: Kindliche Angststörung; Entspannungsverfahren in der Schule; Psychoedukation; Fantasiereisen; Gesundheitsförderung im Unterricht

Einleitung

Unruhe und Anspannung zeigen sich auf verschiedenen Ebenen – emotional unter anderem in Form von Ängsten. Entspannungsverfahren können dazu beitragen, solchen Zuständen entgegenzuwirken, indem sie Ausgeglichenheit, Konzentration und innere Ruhe fördern. Besonders in belastenden oder schwer kontrollierbaren Situationen fällt es Kindern, die regelmäßig Entspannungsübungen praktizieren, leichter, mit Stress umzugehen.

doi.org/10.35468/6197-10

Die frühzeitige Einführung solcher Verfahren – etwa im Volksschulalter – und ihre kontinuierliche Anwendung im Schulalltag fördern nachweislich die psychische Entwicklung von Kindern.

Theoretische Rahmung

Kindliche Angststörungen werden im ICD-10 unter dem Begriff *emotionale Störungen des Kindesalters* (F93) subsumiert. Dabei lassen sich verschiedene klinische Erscheinungsformen unterscheiden: Die Panikstörung ist gekennzeichnet durch plötzlich auftretende Panikattacken ohne erkennbaren äußeren Auslöser (Ogundele 2018). Die generalisierte Angststörung im Kindesalter äußert sich in anhaltenden Sorgen über verschiedene Ereignisse und Aktivitäten – etwa schulische Leistungen. Die Trennungsangst ist durch starke Ängste bei realer oder antizipierter Trennung von Bezugspersonen gekennzeichnet, die über das entwicklungspsychologisch erwartbare Maß hinausgehen. Bei sozialer Ängstlichkeit empfinden Kinder Angst in neuen, fremden oder sozial bedrohlichen Situationen und zeigen erhebliches Misstrauen gegenüber unbekannten Personen (Dilling u. a. 2019).

Angststörungen gehen oft mit körperlichen Beschwerden einher, darunter erhöhte Herzfrequenz, Kurzatmigkeit, Schwitzen, Zittern, Brust- und Bauchschmerzen sowie Übelkeit (Ramsawh u. a. 2010). Auch kindliche Depressionen können als Folge bestehender Angststörungen auftreten, deren Symptome unter anderem anhaltende Traurigkeit, Weinerlichkeit, Interessenverlust, Hoffnungslosigkeit, Energielosigkeit, soziale Isolation, geringes Selbstwertgefühl, Wutausbrüche und kognitive Beeinträchtigungen sind. Zudem kann es zu schulischen Problemen sowie Veränderungen im Schlaf- und Essverhalten kommen (American Psychiatric Association 2013). Häufig treten auch psychosomatische Beschwerden wie Kopf- und Magenschmerzen auf, wobei eine Untersuchung von Masi u. a. (2000) ergab, dass fast 70 % der Kinder mit emotionalen psychischen Problemen auch somatische Beschwerden zeigen, wobei Kopfschmerzen (50 %), Magenschmerzen (22,2 %) und Bauchschmerzen (21,6 %) am häufigsten sind. Auch pseudoneurologische Symptome wie Schwindel, Schwächeanfälle und Zittern treten oft auf. Die hohe Prävalenz solcher Beschwerden deutet darauf hin, dass Kinder mit Angststörungen oder Depressionen körperliche Symptome als Ausdruck ihrer emotionalen Belastung nutzen (Masi u. a. 2000).

Entspannungsverfahren kommen bei emotionalen Störungen im Kindesalter sowohl präventiv als auch begleitend zum Einsatz. Sie unterstützen Kinder dabei, belastende Situationen besser zu bewältigen und emotionsregulierende Strategien zu entwickeln.

doi.org/10.35468/6197-10

In der Praxis haben sich insbesondere der sensorische und der imaginative Zugang als kindgerechte Methoden bewährt, die sich besonders gut für Kinder im Volksschulalter eignen (Petermann 2020; Schneider & Popp 2020).
Beim *sensorischen Zugang* wird Entspannung durch körperbezogene Übungen erreicht. Dies geschieht durch das gezielte Anspannen und anschließende Lösen bestimmter Muskelgruppen. Eine typische Methode ist das bewusste Ballen und Lösen der Faust für einige Sekunden, um einen entspannten Zustand zu fördern.
Der *imaginative Zugang* setzt auf die Kraft von Fantasiebildern, die positive Emotionen hervorrufen und zur Entspannung beitragen. Werden diese Bilder lebhaft beschrieben, können Zuhörende eine intensive Vorstellung entwickeln, die einen tiefen Zustand der Imagination begünstigt. Zu diesem Bereich zählen auch verhaltenstherapeutische, psychodynamische und kognitiv-behaviorale Methoden.

Praxisbeispiel

Nachfolgend wird ein Praxisbeispiel vorgestellt, das einen neunjährigen Jungen mit einer kindlichen Angststörung beschreibt:
Die Kindeseltern berichten, dass ihrem Sohn Antidepressiva verschrieben worden seien. Nico nehme sich alles zu Herzen. In der Schule habe er einen Film über Sterbehilfe gesehen, der ihn immer noch belaste. Auch ein Jesusfilm habe ihm nicht gutgetan. Er sei ein sensibles Kind. Er habe auch schon Symptome wie Bauchweh gezeigt. Es sei nichts gefunden worden und sie seien deshalb auch schon auf der Psychosomatik mit ihm gewesen. Er sei ängstlich und traue sich auch nicht ans Meer fahren, weil er Angst vor einem Tsunami habe. Er schaue auch nach, ob das Licht und der Herd aus sind, wenn sie wegfahren. Er frage auch oft nach, was etwas koste, obwohl die Familie keine Geldsorgen habe. Wenn ihm etwas zu teuer erscheine, dann lehne er den Kauf ab.
Nico selbst berichtet, dass ihn das Bauchweh nerve. Er sage sich immer wieder, es passiert nichts. Er habe Angst, dass jemand aus der Familie sterbe. Die Filme in der Schule habe er sich ansehen müssen. Er bekomme die Bilder nicht aus seinem Kopf. Er habe eine CD, die ihm helfe, einzuschlafen und sich zu entspannen.

Umsetzung im Schulalltag

Voraussetzungen

Eine erfolgreiche Vermittlung von Entspannungstechniken gelingt besonders gut, wenn Lehrpersonen bereits mit diesen Methoden vertraut sind und eine ruhige, gelassene Ausstrahlung mitbringen (Baisch-Zimmer 2017; Rosenberg

doi.org/10.35468/6197-10

2021). Allerdings betont Baisch-Zimmer, dass eigene Entspannungserfahrungen zwar hilfreich, aber nicht zwingend notwendig seien. Auch ohne Vorerfahrung könne mit der Durchführung von Entspannungsübungen begonnen werden (Baisch-Zimmer 2017).

Entscheidend ist, dass Lehrpersonen solche Übungen auswählen, die sie als stimmig und angenehm erleben. Dies trägt dazu bei, dass die Übungen authentisch und wirkungsvoll vermittelt werden (Baisch-Zimmer 2017; Petermann 2021; Rosenberg 2021).

Steht eine Lehrkraft selbst unter starkem Stress, ist es ratsam, in dieser Zeit auf Entspannungsübungen mit der Klasse zu verzichten. Emotionen können sich auf die Kinder übertragen – eine entspannte Lernatmosphäre kann sich nur dann entfalten, wenn auch die Lehrkraft selbst innerlich zur Ruhe gekommen ist (Baisch-Zimmer 2017; Fessler 2013; Friebel 1996). Im Sinne des Modelllernens können Lehrpersonen dabei sowohl beruhigende als auch potenziell angstauslösende Verhaltensweisen unbewusst an die Kinder weitergeben. Dies verdeutlicht, wie entscheidend die eigene emotionale Verfassung für den Erfolg von Entspannungsübungen im schulischen Kontext ist (Essau 2023).

Entspannungseinheiten sollten stets als freiwilliges Angebot verstanden werden. Nur wenn Kinder bereit sind, sich darauf einzulassen, kann die Wirkung positiv sein (Baisch-Zimmer 2017; Fessler 2013; Rosenberg 2021).

Laut Hoppe (1995) sollten Fantasiereisen erst dann mit Kindern durchgeführt werden, wenn sie bereits mit Stilleübungen vertraut sind und ruhiges Zuhören nicht mehr als Herausforderung empfinden. Fessler (2013) betont, dass Unruhe zu Beginn normal sei – Lehrpersonen sollten diese aushalten, da sich Gelassenheit und Konzentration oft erst durch wiederholte Durchführung einstellen.

Kinder benötigen zudem ausreichend Zeit, um sich auf Entspannungsphasen einzulassen und ihre Entspannungsfähigkeiten zu entwickeln. Begeisterung für diese Übungen kann gefördert werden, indem das Zusammenspiel von Anspannung und Entspannung bewusst wahrgenommen und positiv erlebt wird (Fessler 2013). Es ist hilfreich, wenn Schülerinnen und Schüler sich ihrer eigenen Verfassung bewusstwerden und innehalten, um den Unterschied zwischen ihrem Befinden vor und nach den Entspannungsübungen zu erkennen (Baisch-Zimmer 2017). Durch regelmäßige Übung verbessert sich das Bewusstsein für An- und Entspannung, was langfristig eine einfachere Entspannungsfähigkeit ermöglicht (Friebel 2013).

Besondere Vorsicht ist geboten, wenn in der Klasse Kinder mit spezifischen gesundheitlichen Einschränkungen anwesend sind. In solchen Fällen sollten entspannende Übungen vorab mit den Eltern oder behandelnden Ärztinnen bzw. Ärzten abgesprochen werden, insbesondere bei Kindern mit psychiatrischen Diagnosen, Asthma, niedrigem Blutdruck, Epilepsie oder anderen organischen Erkrankungen (Baisch-Zimmer 2017). Da einige Entspannungsver-

doi.org/10.35468/6197-10

fahren einen schlafähnlichen Zustand induzieren, besteht insbesondere bei Kindern mit Epilepsie das Risiko einer Anfallsauslösung – insbesondere in der sensiblen Aufwachphase (Petermann 2021).

Vorbereitung und Setting

Die Raumgestaltung ist ein zentraler Faktor für das Gelingen von Entspannungsübungen im Unterricht: Eine ruhige, strukturierte und reizreduzierte Umgebung unterstützt die Wirkung maßgeblich. Dazu zählen frische Luft durch vorheriges Lüften, angenehme Raumtemperatur, gedimmtes oder ausgeschaltetes Licht sowie – je nach Sicherheitsvorgaben – der Einsatz von LED-Kerzen oder sanften Lichtquellen. Ein Klangsignal, beispielsweise durch eine Klangschale, kann helfen, die Entspannungsphase einzuleiten. Um die Lichteinstrahlung zu regulieren, sollten Vorhänge oder Jalousien bei starker Sonneneinstrahlung geschlossen werden. Matten, Sitzkissen und leichte Decken erhöhen den Komfort und ermöglichen eine entspannte Körperhaltung – im Liegen wie im Sitzen. Eine Musikanlage mit ruhiger Hintergrundmusik oder Naturklängen sowie einfache Klanginstrumente (z. B. Regenmacher, Chimes) können unterstützend eingesetzt werden. Kreativmaterialien wie Malstifte, Ausmalbilder, leere Papierzettel und Knete sollten ebenfalls zur emotionalen Verarbeitung im Anschluss an die Übungen zur Verfügung stehen. Ein gemeinsam gestaltetes *Wir entspannen gerade*-Schild kann vor dem Klassenzimmer aufgehängt werden, um Störungen zu vermeiden.

Die Durchführung von Entspannungsmethoden sollte gut organisiert und in den strukturierten Schulalltag eingebunden sein. Eine ritualisierte Durchführung mit festen Abläufen beugt Missverständnissen vor und vermeidet die Assoziation mit esoterischen Praktiken. Bewährt hat sich eine ritualisierte Durchführung zu festgelegten Zeiten, etwa vor Aufgaben oder Tests, die hohe Konzentration erfordern, nach Pausen oder vor Unterrichtsbeginn, nach dem Sportunterricht als Cool-Down oder als Einstieg in ein neues Lernthema. Nach akuten Konfliktsituationen empfiehlt es sich, zunächst eine Klärung herbeizuführen, bevor eine Entspannungsübung erfolgt – um Reaktanz oder emotionale Überforderung zu vermeiden.

Die gezielte Auswahl geeigneter Musik kann die Wirkung von Entspannungsverfahren erheblich verstärken. Sie eignet sich sowohl zur Einstimmung als auch zur begleitenden Untermalung von Fantasiereisen oder Progressiver Muskelentspannung. Wichtig ist, dass die Musik dezent, wenig rhythmisch und frei von Texten ist. Besonders geeignet sind Naturklänge, sanfte Instrumentalmusik oder sphärische Klänge. Alternativ können auch Klanginstrumente wie Windspiele, Zimbeln oder Regenmacher eine ruhige Atmosphäre unterstützen. Im Handel sind zahlreiche speziell konzipierte Audio-CDs oder digitale Formate erhältlich, die für den schulischen Einsatz geeignet sind.

doi.org/10.35468/6197-10

Für die Durchführung von Fantasiereisen oder PME ist eine bequeme, stabile Körperhaltung zentral. Im Liegen sollten die Beine locker ausgestreckt sein, die Arme seitlich neben dem Körper ruhen und - wenn möglich - die Augen geschlossen werden. Ein Kissen oder eine weiche Unterlage kann zusätzlichen Komfort sorgen. Im Sitzen ist es angenehmer, wenn eine Rückenlehne vorhanden ist, die Füße sollten den Boden berühren, und die Hände können auf die Oberschenkel gelegt oder seitlich hängen gelassen werden. Das Wichtigste ist, dass sich die Kinder in der gewählten Position wohlfühlen.
Während der Entspannungsphasen sollte konsequent auf Sprechen verzichtet werden - auch Störungen von außen sind möglichst zu vermeiden. Falls Kinder sich schwer auf die Entspannungsmethoden einlassen oder diese nicht ernst nehmen, können sanfte Bewegungsspiele vor den Einheiten hilfreich sein. Bei mangelnder Motivation oder auftretenden Schwierigkeiten sollten Lehrpersonen reflektieren:

- ob die gewählte Methode altersangemessen ist,
- ob sprachliche oder kulturelle Barrieren bestehen,
- ob visuelle Imagination schwerfällt oder
- ob ein vorhergehender Konflikt die Einlassung behindert.

Einzelne Kinder können in Entspannungssettings Ängste entwickeln - etwa durch das Gefühl, Kontrolle zu verlieren. In solchen Fällen ist eine schrittweise, transparente Einführung besonders wichtig.

Konkrete Beispiele für Traumreisen im Unterricht

Nachstehend zwei Beispiele für bewährte Traumreisen zum Vorlesen im Unterricht:
Du machst ein Lagerfeuer (Müller 2020, 6):

- Zielgruppe: 6-10-jährige Kinder
- Thema: Sommer, innere Balance
- Materialien: Matten oder Sitzkissen, Buntstifte, Papier

Anleitungstext zum Vorlesen: *Mit geschlossenen Augen stell dir nun vor, du machst ein Lagerfeuer. Aus dem Wald trägst du jede Menge Brennholz zur Feuerstelle auf der Wiese:*
Zweige und Äste, aber auch dicke Holzscheite. Immer wieder läufst du in den Wald hinein. Immer größer wird der Holzhaufen. Die Abendluft ist kühl, aber durch das viele Tragen wird dir angenehm warm. Dann ist genug Holz da. Der Tag geht langsam zu Ende. Du entzündest das Feuer und siehst zu, wie ein Holzscheit nach dem anderen erst zu glühen und dann zu brennen beginnt. Schon bald schlagen die Flammen höher. Du stehst weit genug entfernt, um nicht von

doi.org/10.35468/6197-10

den umherfliegenden Funken berührt zu werden. Du stehst nah genug, um die Wärme des Feuers zu fühlen. Während das Feuer immer leuchtender und heller aufflackert, wird der Abendhimmel dunkler – bis schließlich die ersten Sterne am Himmel auftauchen. Die Luft ist kühl und riecht nach Erde. Das Gras um die Feuerstelle herum ist feucht. Du hast eine große Decke auf der Wiese ausgebreitet. Darauf liegen einige Decken und Kissen und ein Schlafsack. Du legst eine dicke, weiche Decke unter dich und kuschelst dich tief in den warmen Schlafsack hinein. Dein Kopf liegt auf einem Kissen. So gebettet beobachtest du dein Feuer. Es knistert. Es tobt. Wie gelbe und rote Wellen mischen sich die Flammen zu einer großen orangefarbenen Lichtkugel.
In deiner Fantasie ist alles möglich: Stell dir vor, diese Lichtkugel löst sich langsam von der Erde und steigt in den Himmel hinauf. Dort beginnt der Feuerball durch die Luft zu wirbeln. Einen Moment lang wird es sehr warm und fast taghell. Dann bleibt die Lichtkugel wie ein großer ruhiger Mond weit oben am Himmel stehen. In deiner Feuerstelle ist nur noch Glut. Du liegst bequem und warm. Fühle deinen Körper und höre deinen Atem. Bewege ganz sachte deine Finger und Hände. Bewege ganz sachte deine Zehen und Füße. Bewege deinen Mund und deine Nase, öffne deine Augen.

Anschließende Phase:

- Weiße Zettel werden ausgeteilt
- Kinder dürfen die Fantasievorstellungen/das Lagerfeuer malen
- Optional: entspannende Hintergrundmusik während der Malphase abspielen
- Nach dieser Phase kann eine kurze Gesprächsrunde stattfinden, bei der sich die Kinder freiwillig zu den verspürten Erlebnissen äußern können

Meeratem (Friebel 2013, 80):

- Zielgruppe: 3-10-jährige Kinder
- Thema: Ruhe und Kraft
- Material: Matten/Sitzpolster, Meeresrauschen – Entspannungsmusik

Anleitungstext zum Vorlesen: *„Stell dir eine Meeresküste vor. Wellen laufen den Strand hinauf, wieder und wieder ** stell dir eine Welle vor, wie sie den Strand hinaufläuft – und wieder zurückspült ins Meer. Die nächste Welle rollt über sie. Du hörst das Brausen der Wellen ** du spürst die Kraft darin, die ruhige Kraft des Meeres ** Achte auf deinen Atem. Bei jedem Atemzug hörst du eine Welle des Meeres. Zwischen den Atemzügen ist Stille – ruhig, lebendig, klar ** Achte so auf deinen Atem – und auf die Wellen des Meeres ** Achte darauf, wie bei jedem Atemzug die Ruhe und Kraft des Meeres in dich hineinströmen. Bei jedem Atem-*

doi.org/10.35468/6197-10

*zug strömen Ruhe und Kraft in dich ** Du spürst, die Ruhe tief in dir wachsen ** du spürst die Kraft tief in dir wachsen – im Strom deines Atems **."*

Fazit

Entspannungsverfahren bieten im schulischen Kontext eine wirksame Möglichkeit zur stresspräventiven Gesundheitsförderung. Die Verfahren, die aus der klinischen Psychologie stammen, kommen insbesondere bei stressbedingten Störungen, kindlichen Angststörungen, leichten bis mittelgradigen kindlichen Depressionen, Aggressionen und Belastungsstörungen zum Einsatz (siehe dazu auch Kipman u.a. in diesem Band). Eine Konfrontation in einem entspannten Zustand kann dazu beitragen, Angstgefühle zu reduzieren, da innere Anspannungen gelöst und eine positive Stressregulation gefördert werden. Einfache und kindgerechte Entspannungsverfahren wie Traumreisen erwiesen sich als besonders wirksam, sie können gut im Klassenverband durchgeführt werden, wenn bestimmte Faktoren beachtet werden, wobei die regelmäßige Anwendung entscheidend ist, um nachhaltige Präventionseffekte zu erzielen. Sinnvolle Einsatzzeiten sind etwa vor Prüfungen, während längerer Arbeitsphasen, nach Pausen oder als Cool-down nach dem Sportunterricht.

Literatur

American Psychiatric Association. (2013): Diagnostic and statistical manual of mental disorders. American Psychiatric Publishing.

Baisch-Zimmer, H. (2017): Entspannung und Achtsamkeit in der Grundschule. München: Reinhardt Verlag.

Dilling, H., Mombour, W. & Schmidt, M. H. (2019): ICD-10: Internationale Klassifikation psychischer Störungen: Klinisch-diagnostische Leitlinien. Bern: Hogrefe.

Essau, C. A. (2023): Angststörungen im Kindes- und Jugendalter: Theorien, Diagnostik und Behandlung. Heidelberg: Springer.

Fessler, N. (2013): Entspannung lehren und lernen in der Grundschule. Baltmannsweiler: Schneider Verlag Hohengehren.

Friebel, V. (1996): Weiße Wolken – stille Reise: Ruhe und Entspannung für Kinder ab 4 Jahren: Mit vielen Geschichten, Übungen und Musik. Münster: Ökotopia.

Friebel, V. (2013): Zur Konzentration: Methoden der Entspannung und Achtsamkeit in der Schule. Weinheim: Beltz.

Hoppe, G. (1995): Stille-Übungen für Kinder: Ein Praxisbuch für Schule und Familie. Freiburg im Breisgau: Herder.

Masi, G., Favilla, L., Mucci, M. & Millepiedi, S. (2000): Somatic symptoms in children and adolescents with anxiety disorders. In: Child Psychiatry and Human Development 30 (3), 191-201.

Müller, A. (2020): 30 Fantasiereisen für Frühling, Sommer, Herbst und Winter. Bildkarten für Kinder von 6-10. Don Bosco. Ogundele, M. O. (2018). Behavioural and emotional disorders in childhood: A brief overview for paediatricians. In: World Journal of Clinical Pediatrics 7 (1), 9-26.

Petermann, U. (2020): Kinderängste bewältigen: Ein Trainingsprogramm für Eltern, Erzieher und Lehrer. Weinheim: Beltz.

doi.org/10.35468/6197-10

Petermann, U. (2021): Entspannung für Kinder: Methoden zur Förderung der Resilienz und Stressbewältigung im Schulalltag. Heidelberg: Springer.
Petermann, U. (2024): Die Kapitän-Nemo-Geschichten: Geschichten gegen Angst und Stress. Bern: Hogrefe.
Ramsawh, H. J., Chavira, D. A. & Stein, M. B. (2010): The burden of anxiety disorders in pediatric medical settings: Prevalence, phenomenology, and a research agenda. In: Archives of Pediatrics & Adolescent Medicine 164 (10), 965-972.
Rosenberg, M. (2021): Achtsamkeit und Entspannung für Kinder: Praktische Übungen für den Unterricht und zu Hause. Weinheim: Beltz.
Schneider, M. & Popp, J. (2020): Achtsamkeit in der Grundschule: Förderung von Konzentration und Wohlbefinden. Berlin: Cornelsen.

Autorinnen

Kipman, Ulrike BSc MMag.[a] DDDr.[in]
Pädagogische Hochschule Salzburg
Diagnostik, Bildungsforschung,
Statistik. gerichtl. zertifizierte Sachverständige,
Arbeits- und Forensische Psychologin, Spezialisierung in Neuro-, Kinder- und Familienpsychologie

ulrike.kipman@phsalzburg.at

Vogl, Agnes BEd
Masterstudentin an der Pädagogischen Hochschule Salzburg

doi.org/10.35468/6197-10

Katja Höglinger

Kinder und Jugendliche mit chronisch-somatischen Erkrankungen im Schulalltag. Impulse für eine krankheitssensible Gestaltung von Schule und Unterricht

Abstract

In der D-A-CH-Region leben ca. 20 bis 25 % aller Kinder und Jugendlichen mit einer chronischen Erkrankung (Cosma u.a. 2023; Schmitz u.a. 2023). Chronische Erkrankungen können sich auf vielfältige Weise auf das Leben der Betroffenen auswirken. Im schulischen Alltag bleiben diese Auswirkungen jedoch oft unsichtbar. Folglich werden die Bedarfe betroffener Schülerinnen und Schüler nicht hinreichend adressiert. Der Beitrag zielt darauf ab, die spezifischen Bedarfe von Kindern und Jugendlichen mit chronisch-somatischen Erkrankungen im Schulkontext sichtbar zu machen und Impulse für eine krankheitssensible Schul- und Unterrichtsgestaltung zu geben. Er soll Akteurinnen und Akteuren von Bildungseinrichtungen ermöglichen, die Bedarfe von Schülerinnen und Schülern mit somatischen Erkrankungen im Schulalltag zu adressieren und grundsätzlich möglichst krankheitssensibel zu agieren.

Keywords: Kinder und Jugendliche mit chronischen Erkrankungen; Chronisch-somatische Erkrankungen; Pädagogik bei Krankheit; Subjektorientierung; Schulische Teilhabe

Begriffsbestimmung

Im Verständnis dieses Beitrags verbirgt sich hinter der Bezeichnung *Kinder und Jugendliche mit chronisch-somatischen Erkrankungen* eine sehr heterogene Personengruppe, die langandauernd, wiederkehrend oder lebensbegleitend mit einer Erkrankung lebt (*chronisch*), die sich vorwiegend im physischen Körper manifestiert (*somatisch*). Kinder und Jugendliche mit chronisch-somatischen Erkrankungen sehen sich in ihrem Leben demzufolge mit vielfältigen Erfahrungen von *Krankheit* konfrontiert.

doi.org/10.35468/6197-11

Krankheit unterliegt als vielgestaltiges Phänomen diversen unterschiedlichen Deutungsversuchen. In *rechtlichen Deutungsversuchen* der D-A-CH-Region wird Krankheit zumeist normativ definiert. So wird sie im Allgemeinen Sozialversicherungsgesetz (ASVG) in Österreich beschrieben als ein „regelwidriger Körper- oder Geisteszustand, der die Krankenbehandlung notwendig macht" (§ 120 ASVG). Vom Bundesgerichtshof (BGH) in Deutschland wird sie als „jede Störung der normalen Beschaffenheit oder der normalen Tätigkeit des Körpers, die geheilt, d. h. beseitigt oder gelindert werden kann" (Az. 2 StR 393/57 BHG) aufgefasst. Und im Bundesgesetz über den Allgemeinen Teil des Sozialversicherungsrechts (ATSG) der Schweiz als „jede Beeinträchtigung der körperlichen, geistigen oder psychischen Gesundheit, die nicht Folge eines Unfalles ist und die eine medizinische Untersuchung oder Behandlung erfordert oder eine Arbeitsunfähigkeit zur Folge hat" (Art. 3 ATSG) verstanden. Krankheit stellt in diesen rechtlichen Deutungsversuchen folglich eine Abweichung von einer Norm (z. B. Körper- oder Geisteszustand, Beschaffenheit oder Tätigkeit des Körpers, Gesundheit) dar, die mit einem regel- bzw. erwartungswidrigen Zustand des Subjekts (z. B. Arbeitsunfähigkeit) und/oder einem rehabilitativen (Be-)Handlungsbedarf des Gesundheitssystems (z. B. medizinische Untersuchung, Behandlung, Heilung, Beseitigung, Linderung) assoziiert wird.

Im Gegensatz hierzu wird Krankheit in *salutogenetischen Deutungsversuchen* als eine konstitutive Bedingung im Leben jedes Menschen angesehen (Antonovsky 1979; 1987). Sie wird nicht als eine seltene Gegebenheit (und damit als eine Normabweichung), sondern vielmehr als eine notwendige Reaktion des Körpers auf die Ereignisse und Anforderungen der (internen wie externen) Umwelt verstanden (Antonovsky 1979). Diesem Verständnis folgend stellt Krankheit keine feststehende Kategorie, sondern vielmehr eine dynamische Größe dar, die sich in Relation zur Umwelt verändert. Daher setzt Aaron Antonovsky, der Begründer der Salutogenese, Gesundheit und Krankheit in ein kontinuierliches Verhältnis: Er postuliert ein Kontinuum, auf dem sich der Gesundheitszustand einer Person als dynamische Bewegung zwischen den Polen *health ease* (Gesundheitserleben) und *health dis-ease* (Krankheitserleben) beschreiben lässt (Antonovsky 1987). Die Begriffswahl verweist dabei zudem auf eine subjektive Lesart des Phänomens: Krankheit kann in diesem Verständnis individuell sehr unterschiedlich erlebt werden und sich in vielfältiger Gestalt in den Lebensvollzügen eines Menschen zeigen.

Diesem salutogenetischen Verständnis von Krankheit folgend möchte der Beitrag potenzielle Bedarfe von Kindern und Jugendlichen mit chronisch-somatischen Erkrankungen im Schulkontext aufspüren und Handlungsimpulse für eine krankheitssensible Schul- und Unterrichtsgestaltung aufzeigen.

doi.org/10.35468/6197-11

Bedeutsamkeit im Schulalltag

Mit Blick auf aktuelle empirische Befunde kann konstatiert werden, dass sich chronisch-somatische Erkrankungen auf vielfältige Weise im Schulkontext auswirken können. Beispielsweise zeigen Studien zu unterschiedlichen somatischen Erkrankungsbildern, dass betroffene Kinder und Jugendliche auch im Schulalltag mit Krankheitsanzeichen und -symptomen wie Funktionseinschränkungen, Schmerzen, Fatigue, Brain Fog, Aufmerksamkeits-, Konzentrations-, Gedächtnis- und Informationsverarbeitungsschwierigkeiten sowie (sichtbaren bzw. unsichtbaren) Veränderungen des Erscheinungs- bzw. Körperbilds konfrontiert sein können (Arpaci & Altay 2024; Gonzalez-Aumatell u. a. 2022; Violant-Holz u. a. 2023; Wang u. a. 2024). Auch können medizinisch-therapeutische Bedarfe bestehen, die auch in Schule und Unterricht erfüllt werden müssen, wie die Einnahme von Medikamenten (Hjelm u. a. 2024), das Beachten bestimmter Ernährungsformen (Hjelm u. a. 2024; Zuarub u. a. 2022), oder die Durchführung von therapeutischen Maßnahmen wie beispielweise dem Inhalieren (Schneider u. a. 2022). Darüber hinaus können auch in pädagogischen Kontexten medizinische Notfälle, wie z. B. eine Hypoglykämie bei Diabetes mellitus oder ein akuter Asthmaanfall bei Asthma bronchiale, auftreten (Abdullah Al Khalifah u. a. 2021; Schneider u. a. 2022).
Weiterhin zeigt eine zunehmende Anzahl an Studien auf, dass Kinder und Jugendliche mit chronisch-somatischen Erkrankungen mit diversen Herausforderungen im alltäglichen Schulalltag konfrontiert sein können. Dies kann bedeuten, dass ein regulärer Schulbesuch (vorübergehend oder längerfristig) nicht möglich ist und alternative Wege der Beschulung (wie z. B. Hausunterricht, Nutzung von Telepräsenzsystemen) gefunden werden müssen (Clery u. a. 2022; Powell u. a. 2021; Sisk u. a. 2020), vermehrt Fehlzeiten auftreten (z. B. wegen einer hohen Symptomlast, Krankenhaus- oder Rehabilitationsaufenthalten, Arztbesuchen oder Therapieeinheiten) (French u. a. 2022; Powell u. a. 2021; Schmitt u. a. 2023; Senter u. a. 2021; Sisk u. a. 2020), der Stundenplan reduziert, oder die Beschulungszeiten verändert werden müssen (Gonzalez-Aumatell u. a. 2022). Aber auch wenn ein regulärer Schulbesuch möglich ist, kann der alltägliche Schulalltag für Kinder und Jugendliche mit chronisch-somatischen Erkrankungen sehr herausfordernd sein. So zeigen immer mehr Studien, dass es für betroffene Schülerinnen und Schüler potenziell erschwert sein kann, Prüfungen abzulegen, sich zu konzentrieren, dem Unterricht zu folgen, neue Inhalte zu lernen und zu behalten, (grob-, fein- und/oder senso-) motorische Tätigkeiten auszuführen, sich im Schulgebäude zu bewegen (z. B. Wechsel von Klassenzimmern), sich selbst zu versorgen (z. B. Essen, Trinken, Hygiene, Toilette), in bestimmten Fächern mitzuhalten (z. B. Deutsch, Mathematik, Sport), alle schulischen Anforderungen zu erfüllen und an allen unter-

doi.org/10.35468/6197-11

richtlichen Tätigkeiten sowie an außerunterrichtlichen Aktivitäten teilzuhaben (Alsaggaf & Coyne 2020; Gonzalez-Aumatell u. a. 2022; Schneider u. a. 2022; Spencer u. a. 2024; Violant-Holz u. a. 2023; Walter-Klose & Seiler-Kesselheim 2023).

Insofern Schule aber insbesondere einen wichtigen sozialen Lern- und Lebensraum darstellt, ist es auch bedeutsam zu eruieren, welche sozialen Erfahrungen Kinder und Jugendliche mit chronisch-somatischen Erkrankungen in pädagogischen Kontexten machen. Empirische Befunde zeigen dabei, dass betroffene Schülerinnen und Schüler häufig (sehr) herausfordernde soziale Erfahrungen machen. So können sie mit negativen oder ungläubigen Reaktionen von ihren Mitschülerinnen und Mitschülern konfrontiert sein, soziale Ausgrenzung und Isolation erfahren, sich vermehrt sozialen Konflikten ausgesetzt erleben oder aufgrund der Erkrankung oder ihrer Erscheinungsformen diskriminiert, stigmatisiert oder gemobbt werden (Clery u. a. 2022; Hjelm u. a. 2024; Plage u. a. 2022; Schneider u. a. 2022; Spencer u. a. 2024; Violant-Holz u. a. 2023; Wang u. a. 2024; Zuarub u. a. 2022). Damit einhergehen können Auswirkungen auf die sozialen Beziehungen und die Kommunikation mit Mitschülerinnen und Mitschülern und Lehrpersonen, sowie die Entwicklung sozialer Ängste, oder das Gefühl anders zu sein oder behandelt zu werden (Arpaci & Altay 2024; Plage u. a. 2022; Schneider u. a. 2022; Spencer u. a. 2024; Violant-Holz u. a. 2023; Walter-Klose & Seiler-Kesselheim 2023; Wang u. a. 2024).

Im schulischen Alltag bleiben diese Auswirkungen jedoch oft unsichtbar. Betroffene Kinder und Jugendliche berichten, sich mit ihren Bedarfen nicht gesehen zu fühlen (Spencer u. a. 2024). Lehrpersonen berichten, sich unzureichend ausgebildet zu fühlen, um adäquat auf die Bedarfe zu reagieren (Berger u. a. 2018). Eine Befragung von Abdullah Al Khalifah und Kolleginnen bzw. Kollegen (2021) mit Lehrpersonen und Eltern von Kindern und Jugendlichen mit Diabetes mellitus zeigt sogar, dass die betroffenen Schülerinnen und Schüler bei medizinischen Notfällen in der Schule nicht immer die notwendige Unterstützung erhalten und dadurch in kritischem Gesundheitszustand am Unterricht teilnehmen.

Dabei werden unterrichtsbezogene Adaptionen und krankheitsspezifische Maßnahmen (wie z. B. zusätzliche Zeit, separate Räume für die diskrete Einnahme von Medikamenten oder Durchführung therapeutischer Maßnahmen, Schreibhilfen und -alternativen, zusätzliche Pausen oder medizinisch geschultes Personal zur Beobachtung des Gesundheitszustands) von betroffenen Schülerinnen und Schülern als sehr hilfreich bewertet, wenn diese eingesetzt werden (Spencer u. a. 2024). Im folgenden Kapitel folgen daher Impulse für eine krankheitssensible Gestaltung von Schule und Unterricht.

doi.org/10.35468/6197-11

Allgemeine Impulse für eine krankheitssensible Gestaltung von Schule und Unterricht

Eine *krankheitssensible* Gestaltung von Schule und Unterricht bedeutet im Verständnis dieses Beitrags, in dem Bewusstsein zu handeln, dass sich chronische Erkrankungen potenziell in vielfältigen Formen im Schul- und Unterrichtsalltag auswirken können. Dies impliziert ein Handeln, das sensibel dafür ist, dass bei Kindern und Jugendlichen mit chronischen Erkrankungen in pädagogischen Kontexten spezifische Bedarfe entstehen können, auf die es gemeinsam mit den betroffenen Schülerinnen und Schülern gelingende pädagogische Wege zu finden gilt.
Anschließend an Wertgen (2012) kann hierbei zunächst festgehalten werden, dass das Recht auf Bildung auch für erkrankte Schülerinnen und Schüler sicherzustellen ist:

> „Kinder und Jugendliche, auch solche, die langfristig erkrankt sind und die eine Behinderung haben, haben ein Recht auf schulische Bildung und Erziehung. Dem Recht auf Unterricht entspricht die allgemeine Pflicht zum Schulbesuch. Diese allgemeinen, gesetzlich festgeschriebenen Rechte und Pflichten werden durch eine langdauernde oder chronische Krankheit oder Behinderung grundsätzlich nicht infrage gestellt. Kranke Kinder und Jugendliche sind weiterhin bildungsfähig und erziehungsbedürftig. Sie sind weiterhin Schüler einer Schule." (Wertgen 2012, 75)

Dies bedeutet, dass in Schule und Unterricht auch für erkrankte Schülerinnen und Schüler in erster Linie ein Erziehungs- und Bildungsauftrag besteht. Bei der Umsetzung des Erziehungs- und Bildungsauftrags kann es allerdings erforderlich sein, spezifische Maßnahmen umzusetzen, die es erkrankten Schülerinnen und Schülern ermöglichen, ihr Recht auf Bildung zu verwirklichen. Anschließend an das salutogenetische Verständnis von Krankheit plädiert dieser Beitrag dabei dafür, Schule und Unterricht möglichst verstehbar, handhabbar und bedeutsam bzw. sinnhaft zu gestalten. Dies kann bedeuten, den Schulalltag auch in Phasen längerer Fehlzeiten für erkrankte Schülerinnen und Schüler erfahrbar zu machen (*Verstehbarkeit*), die Lern- und Arbeitszeiten an die jeweiligen krankheitsbezogenen Bedarfe anzupassen (*Handhabbarkeit*) und den Aufbau und Erhalt von Freundschaftsbeziehungen zu unterstützen (*Bedeutsamkeit bzw. Sinnhaftigkeit*).
Weiterhin können die von Seiler-Kesselheim und Walter-Klose (2023) in einem Scoping Review identifizierten Gelingensbedingungen schulischer Bildungsangebote grundlegend sein. Als bedeutsam für den Lern- und Bildungserfolg erkrankter Schülerinnen und Schüler weisen sie diverse Faktoren aus, wie beispielsweise eine schulinterne Organisation krankheitsbezogener Prozesse (z.B. Leitliniendokumente zur Vorgehensweise im Erkrankungsfall

doi.org/10.35468/6197-11

und spezifische Regelungen für spezifische Erkrankungsformen, koordinierende Sitzungen und kollegialer Austausch im Team), eine innerschulische und außerschulische Kooperation (z. B. interdisziplinäre Zusammenarbeit, Austausch zwischen Lehrpersonen, Therapeutinnen und Therapeuten, Ärztinnen und Ärzten, Eltern und weiteren Akteurinnen und Akteuren), die Etablierung und Wahrnehmung krankheitsbezogener Fortbildungsangebote, die Umsetzung eines individuell und adaptiv gestalteten Unterrichts (z. B. reduzierte Unterrichtszeiten, individuell angepasste Maßnahmen, flexible Gestaltung der Sitzordnung, flexible Beschulungskonzepte), die Förderung sozialer Kontakte und Freundschaften sowie das Vertreten einer pädagogischen Haltung, die Sensibilität für die Bedürfnisse der erkrankten Schülerinnen und Schüler mit sich bringt und eine unterstützende Atmosphäre schafft (Seiler-Kesselheim & Walter-Klose 2023).

Spezifische Aspekte bei der Gestaltung von Schule und Unterricht

Zu ergänzen sind diese allgemeinen Maßnahmen um weitere, erkrankungsbildspezifische Maßnahmen, die es dann im konkreten Setting und gemeinsam mit den betroffenen Schülerinnen und Schülern auszuwählen, zu erproben und weiterzuentwickeln gilt.
Hierzu folgen nun exemplarische Impulse zu ausgewählten Erkrankungsbildern.

Kinder mit Juveniler Idiopathischer Arthritis

Kernsymptome
Die Juvenile Idiopathische Arthritis stellte die häufigste Form der rheumatischen Erkrankungen im Kindes- und Jugendalter dar. Kernsymptom ist eine Arthritis, d. h. eine Gelenkentzündung, die mit Schmerzen, Schwellungen und Bewegungseinschränkungen einhergeht. Es können aber auch andere Organe befallen sein (z. B. die Augen). Der Verlauf der Erkrankung ist i. d. R. unvorhersehbar und schubweise, ggf. auch fortschreitend. Charakteristisch ist zudem eine erhöhte Symptombelastung direkt nach dem Aufstehen oder nach einer längeren Ruhephase (*Morgensteifigkeit* und *Anlaufschmerz*).

Exemplarische Auswirkungen im Schulalltag

- Entzündungen in den Fuß-, Knie- und Hüftgelenken können grobmotorische Aufgaben und die Mobilität innerhalb der Schule und im Klassenzimmer beeinflussen (z. B. längere Strecken gehen, Treppensteigen)
- Entzündungen in den Hand- und Fingergelenken können feinmotorische Aufgaben sowie die Schreibgeschwindigkeit und -präzision beeinflussen
- Morgensteifigkeit und Anlaufschmerz können dazu führen, dass die Kinder verspätet zur Schule erscheinen

doi.org/10.35468/6197-11

- Begleitend können weitere Symptome auftreten, wie z. B. eine tiefgreifende Müdigkeit (Fatigue), die die aktive Teilhabe am Unterricht beeinflussen kann
- Auch Nebenwirkungen von Medikamenten können auftreten (z. B. Bauchschmerzen, Übelkeit)
- Pausenaufenthalte können herausfordernd sein (insbesondere bei nasskaltem Wetter)
- Fehlzeiten können auftreten (z. B. wegen häufiger Arztbesuche, oder bei längeren Reha- oder Krankenhausaufenthalten)
- Psycho-soziale Belastungen sind möglich, z. B. wegen des unvorhersehbaren Krankheitsverlaufs oder bei Veränderungen des Erscheinungs- oder Körperbilds (z. B. bei Gelenkfehlstellungen, bei Auftreten von Hautveränderungen oder durch die Einnahme von Kortison)
- Herausforderungen im sozialen Miteinander sind möglich (z. B. Irritationen durch Morgensteifigkeit und Anlaufschmerz)

Impulse für den Schulalltag

- Organisation eines zweiten Schulbuchsatzes (ein Satz für die Schule, ein Satz für zu Hause)
- Gestaltung eines rheumagerechten Arbeitsplatzes (z. B. Keilkissen, schräge Arbeitsplatte, rheumagerechte Sitzmöbel)
- Reflexion des Transfers innerhalb der Schule (z. B. Klassenzimmer im Erdgeschoss, Nutzung eines Sitzrollers, Ermöglichung von Pausen im Klassenraum mit einer Begleitperson/Freundin bzw. Freund)
- Einsatz rheumagerechter Schreibhilfen (z. B. Stiftverdicker, Laptop)
- Gestaltung rheumagerechter Arbeitsmaterialien (z. B. genügend Zeilenabstand bei Beteiligung der Handgelenke, ausreichend Kontrast bei Beteiligung der Augen)
- Bewusste Unterrichtsplanung unter Berücksichtigung der krankheitsbezogenen Bedarfe (z. B. Einplanung von Bewegungs- und Entspannungsübungen, Reflexion der erforderlichen Lern- und Hausaufgabenzeit)
- Erlauben individueller Ruhe- und Bewegungspausen (z. B. kurzes Aufstehen und Bewegen in der Klasse)
- Gestaltung eines Notfallkoffers (z. B. mit Kühlakkus zum Kühlen der Gelenke, Lieblingsmusik, Bewegungsübungen zum Auflockern und mit kleinen Aufgaben/Spielen/Geschichten zur Ablenkung bei Schmerzen)
- Individuelle Unterstützung, Nachteilsausgleich und Notenschutz ermöglichen (z. B. Verlängerung der Schreibzeit, Aussetzen der Bewertung des

doi.org/10.35468/6197-11

Sportunterrichts, Einsatz mündlicher statt schriftlicher Prüfungen, Reduzierung des Unterrichtsstoffs oder der Aufgabenmenge)

- Aufklärung der Mitschülerinnen und Mitschüler (nur in Rücksprache mit dem Kind und den Eltern), um sozialen Konflikten entgegenzuwirken (z. B. ausgewählte krankheitsbedingte Erscheinungen wie Morgensteifigkeit und Anlaufschmerz für die Mitschülerinnen und Mitschüler verstehbar machen)
- Bewusste Förderung des sozialen Miteinanders
- Sensibilität für psycho-soziale Belastungen
- Bewusste Gestaltung des Sportunterrichts (wenn eine Sportbefreiung vorliegt: Sportunterricht an den Anfang oder das Ende des Schultages legen, damit die Zeit für Therapien o. ä. genutzt werden kann; wenn keine Sportbefreiung vorliegt: Kinder einbeziehen, anstatt Sonderrollen zu übertragen, möglichst viel Bewegung, aber wenig Belastung ermöglichen)

Kinder mit Diabetes mellitus Typ 1

Kernsymptome

Diabetes mellitus Typ 1 stellt die häufigste Stoffwechselerkrankung im Kindes- und Jugendalter dar. Es handelt sich dabei um eine Autoimmunerkrankung, bei der die körpereigenen insulinproduzierenden Zellen zerstört werden. Infolgedessen produziert der Körper kein oder nur unzureichend Insulin, was wiederum Auswirkungen auf den Blutzuckerspiegel hat. Häufige Symptome neben den Blutzuckerschwankungen sind ein starker Durst, häufiges Wasserlassen, Übelkeit, Schwindel und Mattigkeit.

Exemplarische Auswirkungen im Schulalltag

- Die Erkrankung erfordert eine beständige Kontrolle des Blutzuckerspiegels (z. B. mit Blutzuckerkontrollgerät oder Smartphone) und regelmäßige Insulingaben; diese können auch im Unterricht erforderlich werden
- Es kann zu Notfallsituationen wie einer Unter- oder Überzuckerung oder einem hypoglykämischem Schock mit Bewusstlosigkeit kommen
- Eine Unterzuckerung (Hypoglykämie) kann sich z. B. durch Konzentrationsabfall, Müdigkeit, Kopfschmerzen, Zittern, Schwitzen, Heißhunger, Blässe, Sprachstörungen und Wesensveränderungen äußern
- Ein hypoglykämischer Schock stellt die schwerste Form der Unterzuckerung und eine lebensbedrohliche Situation mit Bewusstseinstrübung oder Bewusstlosigkeit dar
- Eine Überzuckerung (Hyperglykämie) kann sich z. B. durch Bauchschmerzen, Erbrechen, starken Durst, erhöhtem Harndrang, verminderter Leistungsfähigkeit, -motivation und -energie äußern

doi.org/10.35468/6197-11

- Es können bestimmte Ernährungsvorgaben bestehen, die auch in der Schule eingehalten werden müssen
- Psycho-soziale Belastungen sind möglich (z. B. wegen krankheitsbedingter Ernährungseinschränkungen, bei Veränderungen des Erscheinungs- oder Körperbilds wie z. B. starker Gewichtsabnahme)
- Herausforderungen im sozialen Miteinander sind möglich (z. B. Ausgrenzung wegen verminderter Leistungsfähigkeit)

Impulse für den Schulalltag

- Vorgehen in Notfallsituationen (insb. Unterzuckerung, Überzuckerung, hypoglykämischer Schock mit Bewusstlosigkeit) mit dem Kind und allen beteiligten Akteurinnen und Akteuren besprechen und in einem Notfallplan festhalten
- Kinder im Schulalltag bei Krankheitsmanagement unterstützen (z. B. Erinnerung an Blutzuckerkontrolle; Sicherstellung, dass Kinder alle für das Krankheitsmanagement erforderlichen Utensilien dabei haben wie Mess- bzw. Kontrollgerät oder Smartphone, Insulinpumpe bzw. -pen, Traubenzucker/Saft/Gummibärchen; nach Vereinbarung mit Eltern und medizinischer Einweisung bei der Interpretation der Blutzuckerwerte und der Verabreichung von Insulin unterstützen)
- Achten auf Zeichen von Unter- oder Überzuckerung; sofortiges Handeln in Notfallsituationen
- Auf Einhaltung des Ernährungsplans bzw. vollständiges Aufessen achten und ggf. Kommunikation im Kollegium und in der Klasse (nur in Rücksprache mit Kind/Eltern, bei Schweigepflichtbefreiung)
- Bewusste Unterrichtsplanung unter Berücksichtigung der krankheitsbezogenen Bedarfe (z. B. Einplanung zusätzlicher Zeit für Krankheitsmanagement und Einnahme von Mahlzeiten, Prüfen des Vorhandenseins von Räumen für diskretes Krankheitsmanagement)
- Erlauben individueller Regelungen (Blutzuckerkontrolle, Essen, Trinken und Toilettengang müssen jederzeit möglich sein)
- Individuelle Unterstützung und Nachteilsausgleich ermöglichen (z. B. Verlängerung der Schreibzeit, Pausieren der Arbeitszeit bei Krankheitsmanagement, Erlaubnis der Mitnahme aller benötigten Utensilien in Prüfungssituationen)
- Bewusste Förderung des sozialen Miteinanders
- Sensibilität für psycho-soziale Belastungen
- Bewusste Gestaltung des Sportunterrichts (Mitnahme und Bereithaltung aller Utensilien für das Krankheitsmanagement, Kontrolle des Blutzuckerspiegels vor dem Sport, Vorbeugung von Unterzuckerung, z. B. mit zusätzlichen

doi.org/10.35468/6197-11

Ess-/Trinkmahlzeiten; Vermeidung von Überanstrengung; bei Anzeichen von Unterzuckerung Übungen beenden)

Kinder mit Long Covid bzw. ME/CFS

Kernsymptome

Long Covid stellt eine Sammelbezeichnung für mehr als 200 Symptome dar, die vorübergehend oder dauerhaft nach einer SARS-CoV-2-Infektion bestehen oder wiederkehren. Zu den häufigsten Symptomen zählen laut aktueller Studienlage eine postvirale chronische Fatigue (ME/CFS), Post-exertionelle Malaise (PEM), neurokognitive Störungen, wie Konzentrations-, Gedächtnis-, Wortfindungsstörungen und Brainfog, sowie Kopf-/Muskel- und Gelenkschmerzen und pulmonale Beschwerden wie Atemnot (Davis u.a. 2021; Vilser 2022).

Exemplarische Auswirkungen im Schulalltag

- Eine Fatigue stellt eine starke, bleierne und tiefgreifende Müdigkeit dar, die sich durch Schlaf und Ruhephasen nicht wesentlich bessert und auch mit Herz-, Kreislauf-, Schlaf- und Konzentrationsstörungen sowie einer Überempfindlichkeit gegenüber sensorischen Reizen einhergehen kann. Sie kann dazu führen, dass sämtliche Aktivitäten im Schulalltag gar nicht oder nur unter erheblicher Anstrengung möglich sind.
- Eine Post-exertionelle Malaise (PEM) stellt eine Belastungsintoleranz dar und äußert sich durch eine zeitlich verzögerte Verstärkung der Symptomlast nach auch nur geringer körperlicher oder geistiger Aktivität, die über mehrere Tage, Wochen oder Monate anhalten oder dauerhaft persistieren kann. Sie kann dazu führen, dass die Durchführung von Aktivitäten im Schulalltag (zeitverzögert) zu einer erheblichen Zustandsverschlechterung führt (auch als „Crash" bezeichnet).
- Bei hoher Symptomlast kann es sein, dass gar kein regulärer Schulbesuch möglich ist.
- Bei niedriger Symptomlast (oder in Phasen niedriger Symptomlast) kann es sein, dass ein regulärer Schulbesuch partiell (z.B. bei reduziertem Stundenkontingent) möglich ist.
- Auch wenn eine Teilnahme am Unterricht möglich ist, bedeutet das nicht, dass die Teilhabe am Unterricht gesichert ist (z.B. können Aufmerksamkeits- und Konzentrationsschwierigkeiten auftreten oder die Reiz- und Informationsverarbeitung kann beeinträchtigt sein).
- Der Unterrichtsalltag kostet für die betroffenen Kinder zumeist enorm viel Energie und Kraft. Dennoch wird Schule von betroffenen Kindern häufig als ein äußerst wichtiger Teil des eigenen Lebens beschrieben (MacLean u.a. 2023).

doi.org/10.35468/6197-11

- Psycho-soziale Belastungen sind möglich (die Erkrankung bedeutet häufig eine radikale Veränderung der bisherigen Lebensvollzüge).
- Herausforderungen im sozialen Miteinander sind möglich (z. B. soziale Isolation, Einsamkeit).

Impulse für den Schulalltag

- Sensibilität für psycho-soziale Belastungen
- Bewusste Förderung des sozialen Miteinanders
- Abklärung, ob ein regulärer Schulbesuch (grundsätzlich oder partiell) möglich ist

Wenn ein regulärer Schulbesuch möglich ist:

- Anwenden von Techniken des Energiemanagements (Pacing), z. B. indem Aufgaben priorisiert, verändert, abgewechselt, beständig reflektiert und ggf. abgebrochen werden
- Adaption der Lernaufgaben (z. B. Erprobung gelingender Maßnahmen der individuellen Unterstützung, des Nachteilsausgleichs und Notenschutzes); Anpassung der Gestaltung und des Umfangs von Arbeitsmaterialien; Einsatz von Gedankenstützen, Visualisierungen und Checklisten, Aufteilung größerer Aufgaben in kleinschrittigere Vorgehensweisen
- Adaption des Schulalltags (z. B. Veränderung der Beschulungszeiten, Einplanung zusätzlicher Pausen- und Regenerationszeiten, Gestaltung einer Rückzugsmöglichkeit, den Kindern ermöglichen, im Unterricht zu liegen bzw. zu sitzen (z. B. bei Referaten); Einsatz sensorischer Hilfsmittel wie Gehörschutz, Sonnen- und Schlafbrillen)
- Adaption der Schulumwelt (z. B. Einrichtung eines Ruheraums, Anschaffung eines zweiten Büchersets, Festlegung einer festen Ansprech- und Zuständigkeitsperson, Organisation eines Transports zur Schule, Organisation eines Klassenzimmers im Erdgeschoss, Überprüfung der Temperatur im Klassenzimmer)

Wenn ein regulärer Schulbesuch *nicht* möglich ist:

- Möglichkeiten des Hausunterrichts prüfen
- Möglichkeiten der (vorübergehenden) Beschulung oder Beratung durch eine Klinikschule bzw. Schule für Kranke bzw. eines Bildungs- und Beratungszentrums für Pädagogik bei Krankheit prüfen
- Synchrone Beschulungsmöglichkeiten prüfen (z. B. Einsatz von Telepräsenzsystemen, Online-Zuschaltung zum Unterricht)
- Asynchrone Beschulungsmöglichkeiten prüfen (z. B. Erstellung einer individuellen Lernlandschaft, Bereitstellung von Materialienpaketen, Ermöglichung individueller Arbeitszeiten)

doi.org/10.35468/6197-11

- Möglichkeit alternativer Beschulungskonzepte und Härtefallregelungen prüfen
- Anbahnen von Techniken des Energiemanagements (Pacing)
- Dokumentation sämtlicher eingesetzter Maßnahmen, Kontextbedingungen und Zustandsveränderungen (zur Identifizierung der für das jeweilige Kind persönlich gelingenden Strategien, Maßnahmen und (Umwelt-) Bedingungen)

Für sämtliche Maßnahmen gilt, dass diese gemeinsam mit dem Kind und allen weiteren Akteurinnen und Akteuren (Eltern, Ärztinnen und Ärzte, Therapeutinnen und Therapeuten, Lehrpersonen der Stamm-/Klinikschule) bewusst auszuwählen, zu erproben und fortlaufend zu reflektieren und ggf. zu adaptieren sind. Wichtig ist hierbei auch die Kommunikation sämtlicher besprochener Maßnahmen innerhalb des Kollegiums (z. B. Festhalten eines Maßnahmenkatalogs und Notfallplans) unter Einhaltung der personen- und datenschutzrechtlichen Bestimmungen (z. B. Rücksprache mit dem Kind und mit den Eltern, Schweigepflichtentbindung).

Fazit und Ausblick

Kinder und Jugendliche mit chronisch-somatischen Erkrankungen sind in erster Linie *Kinder bzw. Jugendliche*, für die ein Erziehungs- und Bildungsauftrag besteht. Um das Bildungsrecht betroffener Schülerinnen und Schüler sicherzustellen, kann es erforderlich sein, spezifische erkrankungsbildbezogene Maßnahmen umzusetzen. Darüber hinaus ist das wesentliche Anliegen dieses Beitrags aber, Akteurinnen und Akteure von Bildungseinrichtungen dazu zu ermutigen, Schule und Unterricht grundsätzlich möglichst krankheitssensibel zu gestalten. Es geht darum, Krankheit als eine konstitutive Erscheinung im Leben jedes Menschen anzuerkennen und als grundlegende Konstante bei der Schul- und Unterrichtsgestaltung mitzudenken. Eine krankheitssensible Gestaltung von Schule und Unterricht zielt demnach darauf ab, allen Kindern und Jugendlichen (auch im Leben mit einer Erkrankung) zu ermöglichen, in der Auseinandersetzung mit der Welt Lernfreude zu erleben und Resonanz zu erfahren.

Literatur

Abdullah Al Khalifah, R., AbdelNabi, R. E., Al Sarraj, H. Z., Ali Al-Agsam, M., Alanazi, S. M. & Aldraiweesh, N. A. (2021): School practice and preparedness in caring for children with type 1 diabetes: A Saudi nationwide cross-sectional study. In: Pediatric diabetes 22 (2), 221-232.

Allgemeines Sozialversicherungsgesetz (ASVG). (n. d.). BGBl. Nr. 189/1955 zuletzt geändert durch BGBl. I Nr. 106/2024, § 120. (Österreich).

Alsaggaf, F. & Coyne, I. (2020): A systematic review of the impact of chronic pain on adolescents' school functioning and school personnel responses to managing pain in the schools. In: Journal of advanced nursing 76 (8), 2005-2022.

doi.org/10.35468/6197-11

Antonovsky, A. (1979): Health, Stress and Coping. San Francisco: Joey-Bass.
Antonovsky, A. (1987): Unraveling the mystery of health: How people manage stress and stay well. San Francisco: Jossey-Bass.
Arpaci, T. & Altay, N. (2024): Qualitative Analysis of School Re-Entry Experiences of Turkish Survivors of Childhood and Adolescent Cancer: Parental Perspective. In: Seminars in oncology nursing, 151-613.
Berger, C., Valenzuela, J., Tsikis, J. & Fletcher, C. (2018): School Professionals' Knowledge and Beliefs About Youth With Chronic Illness. In: Journal of School Health 88 (8), 615-623.
Bundesgerichtshof (BGH). Urteil vom 21.03.1985, Az.: 2 StR 393/57. (Deutschland)
Bundesgesetz über den Allgemeinen Teil des Sozialversicherungsrechts (ATSG). (2024): Beschluss der Bundesversammlung der Schweizerischen Eidgenossenschaft vom 6. Oktober 2000 (Stand am 1. Januar 2024), Art. 3. (Schweiz).
Clery, P., Linney, C., Parslow, R., Starbuck, J., Laffan, A., Leveret, J. & Crawley, E. (2022): The importance of school in the management of Myalgic Encephalomyelitis/Chronic Fatigue Syndrome (ME/CFS): Issues identified by adolescents and their families. In: Health & Social Care in the Community 30 (6).
Cosma, A., Abdrakhmanova, S., Taut, D., Schrijvers, K., Catunda, C. & Schnohr, C. (2023): A focus on adolescent mental health and well-being in Europe, central Asia and Canada. Health Behaviour in School-aged Children international report from the 2021/2022 survey. World Health Organization.
Davis, H. E., Assaf, G. S., McCorkell, L., Wei, H., Low, R. J., Re'em, Y., Redfield, S., Austin, J. P. & Akrami, A. (2021): Characterizing long COVID in an international cohort: 7 months of symptoms and their impact.In: eClinicalMedicine 38, 101019.
French, R., Kneale, D., Warner, J. T., Robinson, H., Rafferty, J., Sayers, A., Taylor, P., Gregory, J. W. & Dayan, C. M. (2022): Educational Attainment and Childhood-Onset Type 1 Diabetes. In: Diabetes care 45 (12), 2852-2861.
Gonzalez-Aumatell, A., Bovo, M. V., Carreras-Abad, C., Cuso-Perez, S., Domènech Marsal, È., Coll-Fernández, R., Goicoechea Calvo, A., Giralt-López, M., Enseñat Cantallops, A., Moron-Lopez, S., Martinez-Picado, J., Sol Ventura, P., Rodrigo, C. & Méndez Hernández, M. (2022): Social, Academic, and Health Status Impact of Long COVID on Children and Young People: An Observational, Descriptive, and Longitudinal Cohort Study. In: Children (Basel, Switzerland), 9 (11).
Hjelm, M., Hente, E., Schuler, C. L., Duan, Q., Strong, S., Boat, T. & Filigno, S. (2024): Education-related needs for children with cystic fibrosis: Perspectives of US pediatric care teams. In: Pediatric pulmonology 59 (1), 95-100.
MacLean, A., Wild, C., Hunt, K., Nettleton, S., Skea, Z. C. & Ziebland, S. (2023): Impact of Long Covid on the school experiences of children and young people: A qualitative study. In: BMJ Open 13 (9), e075756.
Plage, S., Kuskoff, E., Hoang, N. P. & Povey, J. (2022): Educational participation of primary school children with cancer from a Life Course perspective: A critical review of the literature (Bd. 114).
Powell, T., Cohen, J. & Patterson, P. (2021): Keeping Connected With School: Implementing Telepresence Robots to Improve the Wellbeing of Adolescent Cancer Patients. In: Frontiers in psychology 12, 749957.
Schmitt, K. R. L., Sievers, L. K., Hütter, A., Abdul-Khaliq, H., Poryo, M., Berger, F., Bauer, U. M. M., Helm, P. C. & Pfitzer, C. (2023): New Insights into the Education of Children with Congenital Heart Disease with and without Trisomy 21. In: Medicina (Kaunas, Lithuania) 59 (11).
Schmitz, M.-T., Just, J. M., Weckbecker, K., Schmid, M. & Münster, E. (2023): Multimorbidität in Deutschland und ihre Bedeutung für die Versorgung der Zukunft – eine Sekundärdatenanalyse basierend auf 67 Mio. Versichertendaten. In: Gesundheitswesen (Bundesverband der Arzte des Öffentlichen Gesundheitsdienstes (Germany)) 85 (10), 871-877.
Schneider, T., Wolgemuth, Bradley-Klug, K. L., Bryant, C. A. & Ferron, J. M. (2022): Perceptions of School Life and Academic Success of Adolescents With Asthma. In: Journal of Adolescent Research 39 (5), 1358-1383.

doi.org/10.35468/6197-11

Seiler-Kesselheim, A. & Walter-Klose, C. (2023): Die Situation von chronisch-somatisch erkrankten Schülerinnen und Schülern in der Schule. Eine Erhebung des nationalen und internationalen Forschungsstands. In: Zeitschrift für Heilpädagogik 74 (8), 340-344-XIII.

Senter, J. P., Smith, B. M., Prichett, L. M., Connor, K. A. & Johnson, S. B. (2021): Pediatric Asthma Is Associated With Poorer 3-Year Academic Achievement in Urban Elementary and Middle-School Students. In: Academic pediatrics 21 (6), 1009-1017.

Sisk, B. A., Fasciano, K., Block, S. D. & Mack, J. W. (2020): Impact of cancer on school, work, and financial independence among adolescents and young adults. In: Cancer 126 (19), 4400-4406.

Spencer, B. K. C., Hugh-Jones, S., Cottrell, D. & Pini, S. (2024): The INSCHOOL project: Young people with long-term physical health conditions: An in-depth qualitative study of their needs at school. In: Journal of adolescence 96 (2), 337-349.

Vilser, D. (2022): Long Covid/Post-COVID-19-Syndrom bei Kindern und Jugendlichen. In: Pädiatrie 34 (3), 20-25.

Violant-Holz, V., Muñoz-Violant, S. & Rodrigo-Pedrosa, O. (2023): Challenges of Inclusive Schooling for Children and Adolescents with Congenital Heart Disease: A Phenomenological Study. In: Psychology in the Schools 60 (12), 4946-4966.

Walter-Klose, C. & Seiler-Kesselheim, A. (2023): Bundesweite Befragung zur Schulsituation während der Corona-Pandemie aus Sicht von Schülerinnen und Schülern mit chronischen Erkrankungen. In: Zeitschrift für Heilpädagogik 74 (5), 196-208.

Wang, M.-J., Dzifa, K. L., Lei, J., Kan, X. & Zhang, R.-X. (2024): The experiences of children and adolescents with cancer returning to school: A qualitative meta-synthesis. In: Journal of pediatric nursing 76, 140-149.

Wertgen, A. (2012): Bildungsgerechtigkeit durch Chancengleichheit—Auch für kranke Schüler? In: H. Frey & A. Wertgen (Hrsg.): Pädagogik bei Krankheit: Konzeptionen, Methodik, Didaktik, Best-Practice-Beispiele. Lengerich: Pabst Science, 74-90.

Zuarub, S., Stojanovska, L. & Ali, H. I. (2022): Barriers and Facilitators of Weight Management among School Children with Obesity: A Qualitative Investigation of Parents' Perceptions. In: Nutrients 14 (23).

Autorin

Höglinger, Katja
Universität Würzburg
Lehrstuhl für Pädagogik bei körperlichen und komplexen Behinderungen.
Forschung zu Gesundheit, Krankheit und Stress in pädagogischen Kontexten, sowie Pädagogik bei Krankheit.

katja.hoeglinger@uni-wuerzburg.de

Melanie Willke

Assistive Technologien für Schülerinnen und Schüler mit chronisch somatischen Erkrankungen

Abstract

Schülerinnen und Schüler mit somatischen chronischen Erkrankungen sind im schulischen Alltag mit vielfältigen Barrieren konfrontiert, die ihre Teilhabe und Bildungschancen beeinträchtigen. Der Beitrag geht der Frage nach, wie Assistive Technologien (AT) gezielt eingesetzt werden können, um diese Barrieren zu verringern. Ziel ist es, verschiedene Kategorien und Einsatzbereiche von AT systematisch darzustellen und ihr Potenzial für schulische Inklusion aufzuzeigen. Anhand zweier Fallbeispiele wird veranschaulicht, wie digitale Hilfsmittel wie Telepräsenz-Avatare oder Augensteuerung individuelle Lösungen für Teilhabeprobleme bieten können. Der Beitrag unterstreicht die Bedeutung multiprofessioneller Zusammenarbeit, individueller Anpassung und kontinuierlicher Evaluation. Er versteht sich als praxisorientierter Impuls zur Förderung inklusiver Bildung durch technologische Innovation.

Keywords: Assistive Technologien; Chronisch somatische Erkrankungen; Schulische Teilhabe; Inklusive Bildung; Multiprofessionelle Kooperation

Schülerinnen und Schüler mit somatischen chronischen Erkrankungen

Schülerinnen und Schüler mit somatischen chronischen Erkrankungen stehen im schulischen Alltag vor besonderen Herausforderungen. Neben den krankheitsbedingten körperlichen Einschränkungen beeinflussen auch kognitive, psychische und soziale Faktoren ihre Bildungschancen erheblich. Häufig müssen diese Schülerinnen und Schüler regelmäßig Ärzt:innen aufsuchen, Medikamente mit potenziellen Nebenwirkungen einnehmen oder sind zeitweise vollständig vom Präsenzunterricht ausgeschlossen. All diese Faktoren können dazu führen, dass sie Inhalte nicht in gleichem Maße erfassen oder erarbeiten können wie ihre Mitschülerinnen und Mitschüler. Assistive Technologien (AT)

doi.org/10.35468/6197-12

bieten vielfältige Lösungen, um diesen Schülerinnen und Schülern bestmögliche Unterstützung zu bieten und ihnen den Zugang zu Bildung zu erleichtern. Sie ermöglichen eine individuelle Anpassung des schulischen Alltags und schaffen Bedingungen, unter denen auch chronisch erkrankte Schülerinnen und Schüler aktiv und selbstbestimmt am Unterricht partizipieren können.

Was sind Assistive Technologien?

Assistive Technologien sind spezielle Hilfsmittel, digitale Werkzeuge oder technische Lösungen, die entwickelt wurden, um Menschen mit Behinderungen oder chronischen Erkrankungen in ihrem Alltag funktional zu unterstützen. Ziel dieser Technologien ist es, die individuelle Selbstständigkeit zu fördern, Lernprozesse zu erleichtern und eine möglichst umfassende Teilhabe am schulischen und gesellschaftlichen Leben zu ermöglichen. Der Einsatzbereich Assistiver Technologien ist vielfältig – er reicht von Mobilitäts- und Kommunikationshilfen über lernunterstützende Tools bis hin zu Anwendungen im Gesundheitsmanagement.

Je nach individuellem Unterstützungsbedarf lassen sich verschiedene Kategorien Assistiver Technologien unterscheiden und gezielt kombinieren (Thiele u. a. 2023):

- No-Tech-Lösungen: Diese Lösungen erfordern keine technologischen Hilfsmittel, sondern setzen auf organisatorische oder pädagogische Anpassungen. Dazu gehören beispielsweise flexible Unterrichtsstrukturen, die Möglichkeit zur Nutzung von individuellen Lernzeiten oder angepasste Prüfungsformate. Beispielsweise können für eine Schülerin oder einen Schüler mit häufigen Krankenhausaufenthalten Aufgaben und Unterrichtsinhalte digital bereitgestellt werden, sodass sie diese im eigenen Tempo nacharbeiten können.
- Low-Tech-Lösungen: Hierbei handelt es sich um einfache, oft mechanische Hilfsmittel, die den Alltag erleichtern. Beispiele sind ergonomische Sitzmöbel, speziell geformte Stifte für Schülerinnen und Schüler mit motorischen Beeinträchtigungen, Lineale mit Vergrößerungseffekt für sehbeeinträchtigte Schülerinnen und Schüler oder Notizbücher mit extragroßen Linien für Schülerinnen und Schüler mit feinmotorischen Schwierigkeiten.
- Mid-Tech-Lösungen: Diese Kategorie umfasst elektronische Hilfsmittel, die mittleren technischen Aufwand erfordern. Dazu zählen beispielsweise digitale Diktiergeräte, adaptive Tastaturen mit größeren oder individuell konfigurierbaren Tasten sowie Joystick-gesteuerte Maus-Alternativen für motorisch beeinträchtigte Schülerinnen und Schüler. Auch Tablets mit individuell anpassbaren Apps zur Lernunterstützung fallen in diese Kategorie.

doi.org/10.35468/6197-12

- High-Tech-Lösungen: Fortgeschrittene digitale Systeme ermöglichen es, gezielt auf die Bedürfnisse von Schülerinnen und Schülern einzugehen. Dazu gehören Spracherkennungssoftware, die es ermöglicht, Texte ohne Tastatur einzugeben, Bildschirmleseprogramme für blinde Schülerinnen und Schüler, Text-to-Speech-Systeme oder Lernsoftware mit interaktiven und multimedialen Inhalten. Diese Technologien können individuell konfiguriert werden, um an spezifische Lernbedürfnisse angepasst zu werden.
- High-End-Technologien: Diese beinhalten hochentwickelte Systeme wie die Eye-Tracking-Technologie zur Steuerung von Computern durch Augenbewegungen, robotergestützte Assistenzsysteme oder KI-gestützte Spracherkennung. Solche Technologien sind besonders für Schülerinnen und Schüler mit schwersten körperlichen Einschränkungen von großer Bedeutung, da sie ihnen Zugang zu Kommunikation und Lernen ermöglichen.

Einsatzbereiche von Assistiven Technologien

Assistive Technologien lassen sich in mehreren funktionalen Anwendungsbereichen verorten. Die folgende Systematik (Samochowiec & Schmidt 2017) bietet eine strukturierte Übersicht:

Mobilität und physische Interaktion

Viele Schülerinnen und Schüler mit chronischen Erkrankungen sind in ihrer Bewegungsfreiheit eingeschränkt. Assistive Technologien in diesem Bereich umfassen motorisierte Rollstühle, exoskelettartige Gehhilfen oder adaptive Möbel, die sich der Körperhaltung individuell anpassen. Diese Hilfsmittel ermöglichen mehr Selbstständigkeit und eine bessere Teilnahme am Unterricht. In einem erweiterten Verständnis von Mobilität kann auch das virtuelle Überwinden von Distanzen mit Hilfe von Telepräsenzsystemen angedacht werden: Das Zuschalten von physisch nicht anwesenden Schülerinnen und Schülern, beispielsweise mit Hilfe eines Avatars, ermöglicht die Teilhabe an schulischen Aktivitäten.

Wahrnehmung und Sinnesunterstützung

Schülerinnen und Schüler mit Seh- oder Hörbeeinträchtigungen profitieren von Vergrößerungssoftware-Lösungen, Bildschirmlesegeräten oder Braille-Displays. Induktionsschleifen und FM-Systeme erleichtern Schülerinnen und Schülern mit Hörbeeinträchtigung das Verstehen von Lehrpersonen und Mitschülerinnen und Mitschülern in lauten Klassenzimmern.

doi.org/10.35468/6197-12

Steuerung und Kommunikation

Schülerinnen und Schüler mit Sprach- oder motorischen Einschränkungen können spezielle Kommunikationsgeräte nutzen, die über symbolbasierte oder textbasierte Eingaben Kommunikation ermöglichen. Sprachsynthese-Software hilft, sich im Klassenzimmer verständlich zu machen; spezielle Joysticks oder Mundsteuerungen ermöglichen die Bedienung von Computern und Tablets.

Psychische Unterstützung und Emotionsregulation

Digitale Tagebücher, Meditations-Apps oder visuelle Strukturierungshilfen wie Piktogramme können Schülerinnen und Schüler im Bereich der Psyche unterstützen. Der strukturierte Einsatz solcher Tools kann helfen, emotionale Belastungen zu reduzieren und eine bessere Selbstregulation zu fördern.

Monitoring und Sicherheit

Schülerinnen und Schüler mit chronischen Erkrankungen benötigen oft kontinuierliche Überwachung ihrer Gesundheit. Tragbare Sensoren können beispielsweise Blutzuckerwerte oder Herzfrequenz messen und Warnsignale senden, wenn ein kritischer Wert erreicht wird. Smarte Alarmsysteme oder GPS-Tracker bieten zusätzliche Sicherheit, insbesondere für Schülerinnen und Schüler mit Epilepsie oder anderen potenziell gefährlichen Erkrankungen.

Physiologische Unterstützung und Gesundheitsmanagement

Technologien wie tragbare Insulinpumpen, Beatmungsgeräte oder individuell angepasste Ernährungstracker können Schülerinnen und Schülern dabei helfen, ihren Gesundheitszustand selbstständig zu verwalten. Diese Hilfsmittel erleichtern es, medizinische Bedürfnisse in den Schulalltag zu integrieren, ohne dass ständig eine Betreuungsperson erforderlich ist.

Die Rolle der Akteurinnen und Akteure in Bildungseinrichtungen

Eine effektive Implementierung Assistiver Technologien setzt die enge Kooperation aller relevanten Akteurinnen und Akteure im Bildungssystem voraus.
Lehrpersonen spielen eine entscheidende Rolle, da sie die Technologien in den Unterricht integrieren und den Schülerinnen und Schülern deren Nutzung erleichtern. Inklusions- und Sonderpädagoginnen und -pädagogen unterstützen den Auswahlprozess geeigneter Technologien und entwickeln gezielte Fördermaßnahmen, um den individuellen Bedürfnissen gerecht zu werden. Auch die Familien der betroffenen Kinder und Jugendlichen sind

doi.org/10.35468/6197-12

maßgeblich beteiligt, indem sie den Einsatz der Technologien zu Hause begleiten und wertvolle Rückmeldungen zu ihrer Wirksamkeit geben. Medizinische Fachkräfte tragen dazu bei, die gesundheitlichen Aspekte der Technologieanwendung zu berücksichtigen und interdisziplinäre Betreuungskonzepte zu entwickeln. Durch diese multiprofessionelle Zusammenarbeit kann sichergestellt werden, dass die Technologien bestmöglich auf die Bedürfnisse der Schülerinnen und Schüler abgestimmt sind (Krstoski & Schulz 2023).

Erfolgsfaktoren für eine effektive Implementierung

Die Wirksamkeit Assistiver Technologien hängt maßgeblich von mehreren zentralen Gelingensbedingungen ab. Zentral ist die kontinuierliche multiprofessionelle Kooperation zwischen Schule, Familie und medizinischem Fachpersonal, um ganzheitliche Unterstützungsstrukturen sicherzustellen (Krstoski & Schulz 2023). Die eingesetzten Technologien müssen flexibel und passgenau auf die individuellen Lern- und Teilhabebedarfe der Schülerinnen und Schüler zugeschnitten werden – standardisierte Lösungen greifen hier meist zu kurz (Leiss & Kutschera 2021). Die kontinuierliche Evaluation der eingesetzten Hilfsmittel ist ebenfalls entscheidend, um sicherzustellen, dass sie tatsächlich einen positiven Einfluss auf den schulischen und sozialen Alltag der betroffenen Kinder und Jugendlichen haben. Nur durch bedarfsgerechte Anpassung und laufende Weiterentwicklung kann sichergestellt werden, dass Assistive Technologien auch langfristig wirksam und anschlussfähig bleiben (Vierbuchen u. a. 2023).

Fallbeispiel 1: Anna und der Avatar

Anna ist 12 Jahre alt und lebt mit Mukoviszidose, einer chronischen Erkrankung, die regelmäßige Krankenhausaufenthalte und längere Phasen der Abwesenheit vom Unterricht mit sich bringt. Diese wiederkehrenden Unterbrechungen des Schulbesuchs beeinträchtigen nicht nur ihren Lernfortschritt, sondern erschweren es ihr auch, stabile soziale Beziehungen in ihrer Klasse aufrechtzuerhalten.

Herausforderungen im schulischen Alltag

Für Anna ergeben sich durch ihre Abwesenheiten zwei zentrale Herausforderungen: Zum einen verpasst sie regelmäßig wesentliche Unterrichtsinhalte, was zu Lücken im Lernstoff und zu einem erhöhten Leistungsdruck führen kann. Zum anderen ist ihre soziale Integration gefährdet. Die fehlende physische Präsenz im Klassenzimmer erschwert es ihr, an gemeinsamen Erlebnissen teilzuhaben, Freundschaften zu pflegen und sich als Teil der Klassengemeinschaft zu

 doi.org/10.35468/6197-12

fühlen. Langfristig kann dies zu Isolation und Rückzug führen, was sich negativ auf ihre schulische Motivation und ihr psychisches Wohlbefinden auswirkt.

Der Avatar als Lösung

Ein möglicher Lösungsansatz ist der Einsatz eines Telepräsenz-Avatars. Dieses technische Hilfsmittel fungiert als stellvertretende Präsenz Annas im Klassenzimmer: Der Avatar – ausgestattet mit Kamera, Mikrofon und Lautsprecher – steht auf Annas Platz im Klassenzimmer und überträgt Bild und Ton in Echtzeit an Anna, die sich beispielsweise aus dem Krankenhaus oder von zu Hause zuschaltet. Über eine App kann sie sich bemerkbar machen, sprechen und sich sogar im Raum umsehen. Dadurch kann Anna dem Unterricht folgen, Fragen stellen und mit ihren Mitschülerinnen und Mitschülern interagieren. Studien wie jene von Turner et al. (2024) zeigen, dass solche Technologien nicht nur den schulischen Anschluss fördern, sondern auch das Gefühl sozialer Eingebundenheit deutlich stärken können.

Notwendige Rahmenbedingungen für eine gelingende Umsetzung

Für den erfolgreichen Einsatz eines Avatars in Annas Schule sind bestimmte Voraussetzungen zu erfüllen. Technisch muss sowohl die Schule als auch Annas häusliches bzw. klinisches Umfeld über stabile Internetverbindungen und kompatible Endgeräte verfügen. Pädagogisch braucht es Lehrpersonen, die offen für neue Technologien sind und bereit sind, den Avatar aktiv in den Unterricht zu integrieren. Auch die Mitschülerinnen und Mitschüler sollten im Vorfeld über die Funktionsweise und den Nutzen des Avatars informiert und für ein respektvolles Miteinander sensibilisiert werden. Organisatorisch ist es wichtig, klare Zuständigkeiten für die Betreuung und Wartung des Geräts zu definieren.

Gleichzeitig können Herausforderungen auftreten – etwa technisches Versagen, mangelnde Akzeptanz oder datenschutzrechtliche Bedenken. Diese lassen sich durch umfassende Schulung des Personals, enge Kommunikation mit der Familie und eine begleitende Evaluation der Maßnahme weitgehend auffangen. Eine enge Kooperation aller beteiligten Akteurinnen und Akteuren – insbesondere zwischen Schule, Familie und ggf. medizinischen Fachpersonen – bildet dabei das Rückgrat des Erfolgs.

Fazit: Ein unterstützender Baustein für Teilhabe

Der Einsatz eines Avatars bietet Anna die Möglichkeit, trotz ihrer chronischen Erkrankung am schulischen und sozialen Leben ihrer Klasse teilzuhaben. Entscheidend ist jedoch, dass die Maßnahme nicht isoliert, sondern als Teil eines ganzheitlichen Unterstützungsansatzes verstanden wird, der individuell angepasst, interdisziplinär begleitet und kontinuierlich reflektiert wird.

doi.org/10.35468/6197-12

Fallbeispiel 2: Hüseyin und die Augensteuerung

Hüseyin ist 15 Jahre alt und lebt mit Muskeldystrophie Duchenne, einer fortschreitenden Erkrankung, die zu einer zunehmenden Schwächung der Muskulatur führt. Infolge dieser körperlichen Einschränkungen wird es für Hüseyin immer schwieriger, konventionelle Schreibgeräte oder Computer mit Maus und Tastatur zu bedienen. Dies wirkt sich unmittelbar auf seine schulische Teilhabe aus, insbesondere bei schriftlichen Arbeiten, Präsentationen und der Nutzung digitaler Lernplattformen.

Schulische Herausforderungen durch motorische Einschränkungen

Die zunehmende Einschränkung seiner motorischen Fähigkeiten stellt Hüseyin im Schulalltag vor mehrere Herausforderungen. Besonders betroffen sind Aufgaben, die schriftliche Ausdrucksfähigkeit erfordern – etwa das Verfassen von Texten, das Ausfüllen von Arbeitsblättern oder das Bearbeiten von Aufgaben am Computer. Ohne geeignete Hilfsmittel ist seine aktive Mitarbeit im Unterricht und bei Leistungsnachweisen erheblich erschwert. Auch die Nutzung digitaler Medien als Lernressourcen kann schnell zur Barriere werden, wenn Eingabegeräte nicht angepasst sind. Dadurch besteht die Gefahr, dass Hüseyin von Bildungsinhalten ausgeschlossen wird oder deutlich mehr Zeit benötigt, um Aufgaben zu erledigen.

Die Augensteuerung als technische Lösung

Ein vielversprechender Ansatz zur Unterstützung von Hüseyin ist der Einsatz einer sogenannten Eye-Gaze-Technologie. Mithilfe spezieller Kameras, die die Blickrichtung des Nutzers erfassen, kann ein Computer nahezu vollständig durch Augenbewegungen gesteuert werden. Die Blickbewegung dient dabei als Mauszeiger, während Blinzeln oder längeres Fixieren eines Punktes als Klick interpretiert wird. Diese Technologie ermöglicht es Hüseyin, Texte zu schreiben, Programme zu bedienen oder im Internet zu recherchieren. Ein Nutzen dieser Technologie liegt in der Sicherstellung der Selbstständigkeit im Lernprozess: Hüseyin kann Aufgaben in seinem eigenen Tempo bearbeiten, sich aktiv am Unterricht beteiligen und seine Gedanken in schriftlicher Form ausdrücken. Dadurch wird seine schulische Teilhabe nicht nur gesichert, sondern aktiv gefördert.

Rahmenbedingungen für den erfolgreichen Einsatz

Für die erfolgreiche Nutzung der Augensteuerung müssen bestimmte Rahmenbedingungen an Hüseyins Schule geschaffen werden. Zunächst braucht es eine entsprechende technische Ausstattung: einen leistungsfähigen Computer, eine kompatible Eye-Tracking-Kamera sowie geeignete Software zur Texterfassung und Navigation. Entscheidend ist zudem die Unterstützung

doi.org/10.35468/6197-12

durch Lehrpersonen, die bereit sind, Materialien barrierefrei zur Verfügung zu stellen, Aufgabenformate anzupassen und flexibel mit zeitlichen Vorgaben umzugehen. Auch die Klasse sollte in das Vorhaben einbezogen werden, um Offenheit und Akzeptanz für die neue Technologie zu fördern.
Herausforderungen können etwa durch mangelnde Erfahrung mit der Technologie, technischen Supportbedarf oder Datenschutzfragen entstehen. Diese lassen sich jedoch durch gezielte Fortbildungen, externe Beratung sowie technische Begleitung durch Fachstellen oder IT-Fachkräfte adressieren.

Fazit: Augensteuerung als Zugang zu Bildung

Für Hüseyin bedeutet der Einsatz der Augensteuerung die Möglichkeit, aktiv am Unterricht teilzunehmen. Mit ihrer Hilfe kann er schriftliche Aufgaben eigenständig bearbeiten, sich im digitalen Raum bewegen und seine Gedanken im schulischen Kontext ausdrücken. Damit bleibt er fachlich eingebunden und kann Lernerfolge erzielen, ohne auf ständige Unterstützung angewiesen zu sein. Entscheidend ist jedoch, dass die Technologie nicht isoliert zum Einsatz kommt, sondern eingebettet ist in ein Umfeld, das Barrieren erkennt und flexibel auf seine Bedürfnisse eingeht – sei es durch angepasste Aufgabenformate, zeitliche Entlastung oder eine Sensibilisierung der Klasse.

Fazit und Ausblick

Assistive Technologien eröffnen vielfältige Potenziale zur Förderung schulischer Teilhabe von Schülerinnen und Schülern mit somatischen chronischen Erkrankungen. Sie leisten einen wichtigen Beitrag zur inklusiven Bildung, indem sie passgenaue Lösungen für individuelle Barrieren bereitstellen und eine gleichberechtigte Partizipation am schulischen Leben ermöglichen. Der technologische Fortschritt – insbesondere in den Bereichen Künstliche Intelligenz, Robotik und adaptive Assistenzsysteme – lässt erwarten, dass künftig noch differenziertere und wirksamere Lösungen entstehen, um bestehende Barrieren weiter zu reduzieren.
Eine erfolgreiche Implementierung Assistiver Technologien erfordert die kontinuierliche Zusammenarbeit aller beteiligten Akteurinnen und Akteure – insbesondere von Lehrpersonen, Fachexpertinnen und -experten, medizinischem Personal, Eltern sowie Schülerinnen und Schülern selbst. Entscheidend ist dabei eine bedarfsgerechte, flexible und evaluierte Anpassung der eingesetzten Hilfsmittel, um langfristig wirksame und nachhaltige Teilhabe zu ermöglichen.

doi.org/10.35468/6197-12

Literatur

Krstoski, I. & Schulz, L. (2023): Was Technologien ermöglichen könnten. Zur Bedeutung Assistiver Technologien für die Lehrer:innenbildung – In: QfI – Qualifizierung für Inklusion 5 (2).

Leiss, U. & Kutschera, A. (2021): Schulische Reintegration von Kindern und Jugendlichen mit einem Hirntumor oder einer anderen Krebserkrankung: Ein Balanceakt zwischen Normalität und dem Ausgleich krankheitsbedingter Folgen. In: Schuleverantworten 3, 99-105.

Samochowiec, J. & Schmidt, A. (2017): Robotik und Behinderung: Wie Maschinen morgen Menschen helfen. Rüschlikon/Zürich: GDI.

Thiele, A., Bächler, L., Hünermund, H., Krstoski, I., Feichtinger, M. (2023): Hochschulnetzwerk Assistive Technologien – Hintergrund, Zielsetzungen und Positionen [Posterpräsentation]. Kongress der Gesellschaft für Unterstützte Kommunikation. Leipzig.

Turner, A., Zillner, C., Rockenbauer, G. & Pletschko, T. (2024): «Mit meinem Avatar bleibe ich trotz Krankheit Teil der Klasse!» Einsatz von Telepräsenzrobotern für Schüler:innen mit chronischen Erkrankungen. In: Zeitschrift für Inklusion 19 (3), 67-81.

Vierbuchen, M.-C., Möbus, B., Schaller, M. (2023): Digitale Medien für Schülerinnen und Schüler mit sonderpädagogischem Unterstützungsbedarf. Ein systematisches Review deutschsprachiger Forschungsarbeiten. In: Vierteljahresschrift für Heilpädagogik und ihre Nachbargebiete 92 (2), 92-110.

Autorin

Willke, Melanie, Prof.in Dr.in

Interkantonale Hochschule für Heilpädagogik (HfH) in Zürich
Professorin für Bildung im Bereich körperlich-motorische Entwicklung und chronische Krankheiten, Expertin in der Fachstelle ICT for Inclusion, Mitglied im Hochschulnetzwerk Assistive Technologien, besonderes Interesse an Unterstützter Kommunikation (UK)

melanie.willke@hfh.ch

doi.org/10.35468/6197-12

Erweiterte Perspektiven und Implikationen für Inklusionspädagogik bei chronischen Erkrankungen

doi.org/10.35468/6197-13

Stephan Gingelmaier, Nicola-Hans Schwarzer, Dirk von Boetticher und Tobias Nolte

Kranksein als psycho-sozio-somatische Vertrauenskrise

»Es geht um Situationen, die nicht vollständig unter der eigenen Kontrolle liegen und über die ich nicht alle Informationen habe, die ich brauche. In solchen Situationen bin ich von anderen mehr oder weniger abhängig. Vertrauen ist so etwas wie die Wette darauf, dass andere meine Abhängigkeit und Verletzlichkeit nicht zu meinen Ungunsten und zu ihrem Gewinn ausnutzen werden« (Ebbinghaus 2022, 12).

Abstract

Ein Kind, das infolge einer chronischen Erkrankung plötzlich über längere Zeit hinweg die Schule nicht besuchen kann, erlebt eine Situation tiefgreifender Unsicherheit und Abhängigkeit von anderen – ein zentrales Moment dieses Beitrags. Im Folgenden werden Zusammenhänge zwischen dem Konzept des epistemischen Vertrauens als Bestandteil der Mentalisierungstheorie und neueren psychosomatischen Zugängen herausgearbeitet. Daraus ergeben sich drei Hypothesen, in denen Kranksein als Vertrauenskrise gefasst und in Beziehung zu Kindern, Jugendlichen sowie – in Ansätzen – zu Schule und Lernen gesetzt wird. Der Beitrag verwendet die Begriffe „psychosomatisch" und „psycho-sozio-somatisch" synonym, um die Bedeutung sozialer Interaktionen zu betonen. Kranksein wird dabei als etwas Ernstzunehmendes, potenziell Lebensbedrohliches und damit Behandlungsbedürftiges verstanden, wobei zwischen psychischen, somatischen und psychosomatischen Ursachen nicht weiter differenziert wird. Eine adäquate psycho-sozio-somatische Behandlung erscheint insbesondere im Kindes- und Jugendalter – nicht zuletzt im Hinblick auf die statistisch zu erwartende Lebensspanne – alternativlos. Abschließend wird die Gestaltung des therapeutischen und pädagogischen Umfelds als notwendig hervorgehoben – im Sinne einer vertrauensbildenden Pädagogik bei Krankheit.

Keywords: Epistemisches Vertrauen; Pädagogik bei Krankheit; Schule; Psychosomatik; soziales Lernen

doi.org/10.35468/6197-13

Mentalisieren und Epistemisches Vertrauen

Das Mentalisierungskonzept, wie es von Fonagy, Steele u. a. (1991), sowie von Fonagy, Gergely u. a. (2002) und später von Luyten u. a. (2020) beschrieben wurde, hat seine Grundlage in der Idee der Mentalisierungsfähigkeit. Diese Fähigkeit beschreibt die psychische Kompetenz, intentionale mentale Zustände wahrzunehmen und in einem imaginativen Vorgang als Motive für das eigene oder fremde Verhalten und Erleben zu interpretieren.

Fonagy und seine Kolleg:innen (2002) sehen die Mentalisierungsfähigkeit als Entwicklungsprozess, der mit einer zunehmenden Wahrnehmung der Relevanz mentaler Zustände einhergeht. Diese Fähigkeit ist von Geburt an angelegt und entfaltet sich insbesondere in den ersten Lebensjahren durch sensible Bindungen zwischen Kind und Bezugsperson (Taubner 2015). Dennoch bleibt sie während des gesamten Lebens dynamisch und anpassungsfähig (Köber u. a. 2019). Das Entwicklungsmodell hebt die Bedeutung der anfänglichen Ko-Regulation emotionaler Zustände durch Bezugspersonen für die kindliche Entwicklung der Mentalisierungsfähigkeit hervor (Fonagy 1997). Dies bedarf seitens der Bezugsperson eines mentalisierenden Verständnisses der inneren Erfahrungen des Kindes (Sharp & Fonagy 2008), was wiederum zu einer fortschreitenden adaptiven Ko-Regulation des kindlichen Erlebens führt. Sensible Interaktionen mindern nicht nur die unmittelbaren inneren Spannungen des Kindes, sondern schaffen auch ein intersubjektives *Lernfeld*, in dem das Kind durch Spiegelungen der Bezugsperson mentale Zustände als bedeutungsvoll, vorherseh- und beeinflussbar erfährt (Ramberg & Nolte 2020; Taubner 2015). Ein Schüler, der wiederholt ängstlich reagiert, wenn die Lehrkraft ihn überraschend aufruft, könnte von einer stärkeren mentalisierenden Haltung profitieren. Diese versucht alltagsnah, das Erschrecken abzumildern indem z. B. das Aufrufen angekündigt, dann vorsichtig eingeleitet wird und schließlich Stimme und Körperhaltung der Lehrperson suggerieren: „Du darfst/sollst etwas sagen, aber ich will dir nichts Böses. Ich kann mit deiner Unsicherheit umgehen. Etwas „Falsches" zu sagen ist nicht schlimm und viel besser als nichts zu sagen. Probier' es einfach aus, es wird nichts (Schlimmes) passieren."

Die empfangenen Emotionsausdrücke dienen dem Kind als externe Repräsentation seines eigenen Erlebens und ermöglichen ihm, Informationen zu sammeln, wie starke emotionale und affektive Schwankungen verstanden und integriert werden können (Allen u. a. 2011). Dieser Prozess stellt einen originär emotional-sozialen Lernvorgang dar, der die Entwicklung sogenannter Affektrepräsentationen zweiter Ordnung ermöglicht. Diese Repräsentationen fördern allmählich das Bewusstsein für meist unbewusste somatopsychische Zustände erster Ordnung (Ahrbeck 2010), wie im Beispiel das sehr körpernahe Erschrecken. Schließlich befähigen die immer differenzierter werden-

 doi.org/10.35468/6197-13

den intrapsychischen Repräsentationen zweiter Ordnung das Kind, mentale Zustände als Antriebskräfte für sein eigenes Verhalten sowie das anderer zu erkennen; der Schüler bemerkt allmählich, dass sein Erschrecken durch die mentalisierende Art der Lehrperson an Wucht verliert. Besonders hervorzuheben ist, dass dieser psychosoziale Prozess eine Regulierung innerer Zustände (Emotionsregulation) zur Folge hat, die zunehmend autonom von der physischen Anwesenheit der Bezugsperson erfolgt, also würde der Schüler dies zunehmend auch in Kontexten ohne die Lehrperson implizit übertragen. Zudem ist die Fähigkeit zur situationsgerechten sozialen Anpassung eng mit diesen Entwicklungsprozessen verknüpft (Fonagy u.a. 2002).

Epistemisches Vertrauen und Mentalisieren: Grundlage für erfolgreiches (soziales) Lernen

Die Mentalisierungstheorie hat sich durch die Einführung des Konzeptes des epistemischen Vertrauens erweitert, wobei nun auch stärker systemische und gruppenbezogene Aspekte berücksichtigt werden (Fonagy & Allison 2014; Fonagy & Nolte 2023; Nolte 2018). Epistemisches Vertrauen beschreibt, wie Informationen und Wissen weitergegeben werden, basierend auf Vertrauen in die gute Absicht der Quelle, zum Beispiel einer wichtigen Bezugsperson. Es umfasst das Verständnis der persönlichen Relevanz des zu übertragenden Wissens.

Kinder zeigen generell zunächst unabhängig von ihrer Qualität (z.B. wohlmeinend, förderlich oder manipulativ, verstörend) eine besondere Sensibilität für nonverbale Signale, die solche Absichten vermitteln, sie werden deswegen auch ostensive Signale genannt. Dies sind z.B. Blickkontakt, Zeigegesten, der spezielle Tonfall der (mütterlichen) Stimme oder das direkte Ansprechen beim Namen (Csibra & Gergely 2009, 2011). Diese Signale sind entscheidend für das Spiegeln der mentalen Zustände des Kindes durch die Bezugspersonen, was zur emotionalen Regulation beiträgt. Egyed u.a. (2013) und Marno u.a. (2014) zeigen, dass Babys und Kleinkinder solche Signale im Kommunikationskontext bevorzugen, was ihre Aufmerksamkeit erhöht und die Aufnahme der übermittelten Informationen fördert.

Ostensive Kommunikation signalisiert explizit, dass eine Mitteilung wichtig und speziell für die Empfängerin bzw. den Empfänger ist. Dies gibt der Person das elementare Gefühl, sich verstanden zu fühlen (Nolte 2018). Solche Signale können Misstrauen gegen potenziell fehlerhafte Informationen überwinden, auch wenn Menschen evolutionär mit einer Wachsamkeit ausgestattet sind.

Epistemisches Vertrauen, gefördert durch frühe sichere Bindungserfahrungen, unterstützt das Verständnis von Wissensinhalten und die Bedeutung mentaler Zustände (Fonagy u.a. 2015).

doi.org/10.35468/6197-13

Ein Kind, das sich verstanden fühlt, beginnt sich als eigenständige Persönlichkeit zu erkennen. Es versteht, dass seine Gedanken und Gefühle seine Persönlichkeit prägen und es Einfluss auf sich und seine Umgebung hat. In der Schule könnte dies – und dies mag eigentlich nach einer Selbstverständlichkeit klingen – bedeuten, dass eine Lehrperson ausdrücklich und nonverbal signalisiert, dass sie die persönlichen Anliegen von Schülerinnen und Schülern ernst nimmt, etwa durch Augenkontakt, direkte Ansprache und wertschätzenden Tonfall. Im Kontext einer Pädagogik bei Krankheit kann eine solche selbstverständliche ostensive Kommunikation sehr hohe Relevanz erhalten, wenn wir es beispielsweise mit Schülerinnen und Schülern zu tun haben, die sich gegenüber Lehrpersonen vollständig verweigernd oder ihnen feindlich oder gar gewalttätig begegnen.
Wenn ein Kleinkind immer wieder erlebt, dass es sicher ist, sich auf Verstehensangebote und emotionale Unterstützung seiner Bezugspersonen einzulassen, und diese Erlebnisse als positiv abspeichert, entwickelt sich daraus epistemisches Vertrauen. Dieses Vertrauen verstärkt die natürliche Neigung des Kindes, neues Wissen aufzunehmen, da damit auch ein Bewusstsein einhergeht, dass dieses benötigt wird und der Eindruck entsteht, dass das Lernen implizit sinnhaft erscheint und vergleichsweise intuitiv erfolgt. Dies führt dazu, dass das Kind von anderen lernen will und kann, was seine soziale Widerstandsfähigkeit und seine Fähigkeit zur Selbstregulation stärkt. Viele Kanäle der Wissensvermittlung können sich damit öffnen.
Durch die Fähigkeit zum sozialen Lernen kann das Kind seine Sicht auf die soziale Umwelt anpassen. Mentalisieren hilft dabei, auf eine biologisch bedingte Weise dauerhaft Erkenntnisse über die Welt zu erlangen und anzupassen (Fonagy u. a. 2015). Epistemisches Vertrauen schützt auch im Erwachsenenalter vor geistiger Starrheit und ermöglicht flexible und wechselseitige soziale Beziehungen. Dadurch kann das Individuum sein eigenes Verhalten sowie das Verhalten anderer besser verstehen und fühlt sich sicher, über sich selbst und andere nachzudenken (Link u. a. 2023).
Nach Tomasello (2008) sind Lernen und Lehren wichtige Entwicklungsfaktoren für die menschliche Spezies und das Individuum. In pädagogischen Umgebungen, wie Beziehungen zu Gleichaltrigen und Interaktionen mit Bezugspersonen, werden diese Prozesse zunehmend komplexer. Entscheidende Grundlage dafür ist die Fähigkeit zu mentalisieren – und somit frühe Lernerfahrungen zu erweitern (Shafto u. a. 2012).
Kovács u. a. (2016) fanden Hinweise auf eine angeborene *Wissbegierde* des Menschen. Ihre Untersuchungen zeigen, dass nicht nur das Verstehen, sondern auch die Kommunikation ostensiver Signale wichtig für das soziale Lernen ist. Diese Studien unterstützen die Ansicht, dass Lernen stark von Erfahrung geprägt ist und dass Beziehungen einen hohen epistemischen Wert haben (Fonagy u. a. 2015).

doi.org/10.35468/6197-13

Die individuelle Mentalisierungsfähigkeit kann sich jedoch auch problematisch entwickeln. Wenn die Fähigkeit, sich von anderen mentalisiert zu fühlen, dauerhaft nicht geboten oder ausgenutzt wird, kann dies das Misstrauen gegenüber anderen und der Umwelt generieren und verstärken. Für Personen mit unsicheren und vor allem mit desorganisierten Bindungen, ebenso wie für Menschen unter großer Belastung (z. B. Krankheit), ist der Lernprozess durch Beziehungen dann eingeschränkt. Ihr flexibles Lernen und ihr vertrauensvolles Abwägen neuer Informationen ist möglicherweise stark beeinträchtigt. Dies kann neurokognitive Nachteile zur Folge haben, da kognitive und emotionale Ressourcen nicht optimal genutzt werden und Schlussfolgerungen vorschnell oder gar nicht getroffen und nicht ausreichend überarbeitet werden (Mikulincer 1997). Dieses Phänomen wird mit kognitiver Verschlossenheit in Verbindung gebracht (Fonagy & Allison 2014).

Studien wie die Metaanalyse von Hattie (2012) zeigen, dass die Qualität der Beziehung zwischen Lehrenden und Lernenden entscheidend für den Lernerfolg ist, auch wenn an dieser Stelle der Begriff *Mentalisieren* nicht explizit verwendet wird. Wichtige Faktoren sind Einfühlungsvermögen, reaktionsschnelles Handeln und die Berücksichtigung individueller Entwicklungsbedürfnisse. Diese entsprechen den wesentlichen Aspekten der mentalisierenden Bildung, auch im jungen Kindesalter. Empirische Befunde zeigen, dass mentalisierungsbasierte Interventionen im Bildungsbereich sozial-emotionale Kompetenzen bei Kindern fördern können (Chelouche-Dwek & Fonagy 2024; Schwarzer u. a. 2023).

Mentalisieren und epistemisches Vertrauen bilden damit zentrale theoretische Grundlagen für Erziehung und Bildung. Sie eröffnen ein interdisziplinäres Verständnis von Beziehungen und Lernprozessen, das individuelle Entwicklung, soziale Interaktion und professionelles Handeln verbindet. Die Fähigkeit zu Mentalisieren ist essenziell für die Entwicklung sozial-emotionaler Kompetenzen, die Selbstregulation und das Verstehen von Perspektiven anderer. Ebenso entscheidend ist epistemisches Vertrauen, das als Brücke zwischen Wissenserwerb und Beziehungsaufbau fungiert.

Eine besondere Stärke einer mentalisierungsbasierten Pädagogik liegt darin, sowohl die kindliche Entwicklung als auch die professionelle Reflexion und Haltung der Fachkräfte in den Blick zu nehmen. Der Mentalisierungsansatz erkennt an, dass Lern- und Beziehungsprozesse nicht nur durch kognitive Inhalte geprägt sind, sondern maßgeblich durch die Qualität der Beziehungen, in denen sie stattfinden (siehe dazu auch Hattie 2012). Diese Erkenntnis hat weitreichende Implikationen für die pädagogische Praxis, da sie die Bedeutung von Feinfühligkeit, Reflexionsfähigkeit und einer mentalisierenden Haltung bei Fachkräften betont. Für die Praxis bedeutet dies, dass die Förderung von epistemischem Vertrauen und mentalisierenden Fähigkeiten nicht

doi.org/10.35468/6197-13

nur als Ziel für Kinder, sondern ebenso – und vorrangig – für Fachpersonen in den Vordergrund gestellt werden sollte; dies gilt es im Zusammenhang mit Kindern und Jugendlichen mit Erkrankungen besonders zu berücksichtigen. Dies erfordert die Schaffung reflexiver Räume, in denen Fachkräfte ihre Wahrnehmung, Interpretation und Interaktion mit derart belasteten Kindern kontinuierlich weiterentwickeln können. Ein solches Zusammenspiel von Reflexion und Interaktion bietet die Grundlage für nachhaltige Bildungs- und Entwicklungsprozesse.

Mentalisierungsbasierte Pädagogik bei Krankheit bereichert die Erziehung und Bildung, indem sie den interpersonalen Raum zwischen Kind und Fachperson in den Fokus rückt. Mentalisieren und epistemisches Vertrauen werden dabei als dynamische Prozesse verstanden, die wechselseitig auf alle Akteurinnen und Akteure wirken und zur Förderung von Beziehungsgestaltung und sozial-emotionalem Lernen gerade in Ausnahmesituationen beitragen können. Dies unterstützt:

a) die Verstehens- und Verständnisprozesse des Kindes im Umgang mit Wissenserwerb sowie
b) salutogenetische Aspekte bei Fachpersonen, wie selbstreflexive Prozesse und
c) nicht zuletzt die Offenheit, selbst dazuzulernen und bei Bedarf Hilfe anzunehmen.

Mit dem Mentalisierungskonzept lassen sich also Brücken bauen: Mentalisieren und epistemisches Vertrauen sind der Schlüssel zur Welt der anderen.

Moderne psycho(-sozio-)somatische Medizin: Ein integrativer Gesundheitsbegriff

Moderne psychosomatische Medizin betrachtet Gesundheit und Krankheit als das Ergebnis eines komplexen Zusammenspiels von biologischen, psychischen und sozialen Faktoren. In der traditionellen somatischen Medizin stehen körperliche Faktoren im Vordergrund, während psychosoziale Therapieansätze diese aber oft vernachlässigen. Weiner (1989) bezeichnete die psychosomatische Medizin in einem Zeitschriftentitel als *Medizin der menschlichen Beziehungen*, da sie den Körper als wesentlichen Teil sozialer Interaktionen ansieht und auf die intersubjektive Prägung körperlicher Prozesse hinweist (Weiner 1989).

Der Mensch ist evolutionär auf Beziehungen und soziale Einbindung angewiesen, was sich auch in der körperlich-seelischen Struktur widerspiegelt. Epidemiologische Untersuchungen belegen, dass soziale Unterstützung und Integration wichtige Faktoren für die Gesundheit sind. Soziale Verbundenheit

 doi.org/10.35468/6197-13

kann sich in ähnlichem Ausmaß auf die Lebenserwartung und das Risiko für Krankheiten auswirken wie bekannte Risikofaktoren wie Rauchen oder Bewegungsmangel (Holt-Lunstad u. a. 2017).
In den letzten Jahren sind körperliche Aspekte durch Konzepte wie Embodiment, z. B. zu verstehen als eine Verkörperung von seelischen Zuständen und umgekehrt (Leuzinger-Bohleber u. a. 2013; Varela u. a. 2016) und das *verkörperte Selbst* (Fuchs u. a. 2010) mehr in den Fokus der Psychotherapieforschung gerückt. In den therapeutischen *Psycho-Fächern* hält von daher seit einiger Zeit eine stärkere Berücksichtigung der körperlichen Dimensionen Einzug. Dieser Weg ist zumindest in Teilen auch auf die Pädagogik übertragbar, z. B. in der Hinwendung zu schulischen Präventionsprogrammen, in denen - statt reiner Verhaltensmodifikation - Körperwahrnehmung und soziales Wohlbefinden nun miteinander verbunden werden.
Die psychosomatische Medizin geht aber über viele Embodiment-Ansätze hinaus, indem sie sowohl die körperliche Grundlage seelischer Prozesse als auch deren wechselseitige Einflüsse auf den Körper untersucht. Viele empirische Studien verdeutlichen, dass der Körper nicht einfach ein fixes biologisches Objekt ist, das vom subjektiven Erleben beeinflusst wird. Vielmehr wirken psychosoziale Einflüsse durch epigenetische, hormonelle, entzündliche, immunmodulatorische und molekulare Mechanismen direkt auf die biologische Struktur und Funktion des Körpers ein, wie in Abbildung 1 veranschaulicht wird.

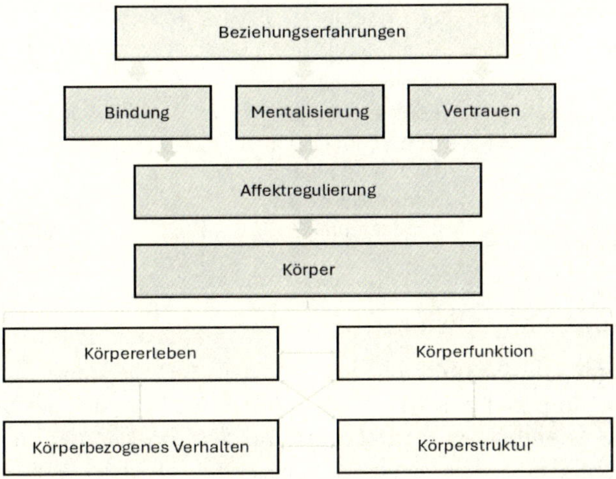

Abb. 1: Wege und Mediatoren der Verkörperung von Beziehungserfahrungen (von Boetticher 2023, 291)

doi.org/10.35468/6197-13

Tabelle 1 greift nun diese vier Körperebenen, die in Interaktion mit Beziehungserfahrungen stehen auf und gibt Beispiele, wie sich aversive, nicht verarbeitete bzw. maladaptive Erfahrungen psycho-sozio-somatisch in Symptomen bzw. Störungsbildern ausdrücken.

Tab. 1: Körperdimensionen und ihre klinischen Manifestationen (von Boetticher 2023, 291)

Körperdimension	Beispiele
Körpererleben	Körperbild/-schema Vegetative Angst- oder Schamreaktion Somatoforme Störung Chronischer Schmerz
Körperbezogenes Verhalten	Essverhalten (qualitativ und quantitativ) Bewegung Selbstverletzung
Körperfunktion	Funktionelle Störung Schmerz Somatisches Syndrom (Depression) HPA-Achse (funktionell) ANS
Körperstruktur	HPA-Achse (fixiert) Telomerlänge DANN-Brüche Epigenetische Prozesse Insulinresistenz Immunmodulation Endotheliale Dysfunktion Hyperkoagulabilität Chronische Inflammation Präfrontaler Kortex Hippocampus

Körper und Mentalisieren

In den letzten Jahren wurde das Konzept der Mentalisierung zunehmend in Bezug zum Körper diskutiert – insbesondere im Rahmen des *verkörperten Mentalisierens* (embodied mentalizing) und des sogenannten *Körper-Modus*. Das Konzept des verkörperten Mentalisierens integriert entwicklungspsychologische, neurobiologische und klinische Perspektiven (Strauß & Nolte 2020). Es beschreibt die Fähigkeit, körperliche Empfindungen als Ausdruck innerer Zustände wie Affekte, Bedürfnisse oder Wünsche wahrzunehmen und

doi.org/10.35468/6197-13

deren Verbindung zu intentionalen Zuständen – bei sich selbst wie bei anderen – reflexiv zu erfassen (Luyten u.a. 2012). Debbané u.a. (2016, zit. n. Schultz-Venrath 2021) betonen dabei die Bedeutung der Wahrnehmung, Identifikation und Regulation körperinterner Signale für die psychische Integration. In der Schule könnte sich dieses wie folgt zeigen: Eine Schülerin klagt oft über Bauchschmerzen, besonders vor Prüfungen. Wenn die Lehrperson diese körperlichen Signale als Ausdruck von (Prüfungs-)Angst erkennt und entsprechend behutsam in Körper-Interaktion und Sprache ist, mentalisiert sie verkörpert und unterstützt die Integration von körperlichem und emotionalem Erleben. Shai und Belsky (2011) unterstreichen zudem, dass elterliches Mentalisieren primär verkörpert, nonverbal und implizit erfolgt. Ihr nonverbales Erhebungsinstrument *Parental Embodied Mentalizing* (PEM) zeigt positive Zusammenhänge zwischen elterlichem verkörpertem Mentalisieren und sicherer Bindung sowie sozialer Kompetenz der Kinder.

Ergänzend dazu führten Diez Grieser und Müller (2018) den Körper-Modus als vierten prämentalistischen Modus ein, der die frühe Entwicklungsphase beschreibt, in der Körper und Psyche noch nicht differenziert erlebt werden. Schultz-Venrath (2021) beschreibt diesen Modus als Teil primär unbewusster, nonverbaler Interaktionen – etwa über Haltung, Mimik, Stimme oder Selbstberührungen – und betont seine klinische Relevanz für körperbezogene Störungsbilder wie somatoforme oder Essstörungen (von Boetticher 2023).

Vertrauen und Körper

Im Unterschied zu den fachsprachlich klar definierten Begriffen *Bindung* und *Mentalisierung* besitzt *Vertrauen* einen semantisch weiteren Bedeutungsrahmen. Vertrauen entsteht in enger Wechselwirkung mit Bindung und Mentalisierung und stellt – analog zu diesen – ein genuin psycho-sozio-somatisches Phänomen dar (von Boetticher 2023; Fonagy & Allison 2014). Bereits vorgeburtliche intersubjektive Erfahrungen sowie postnatale Interaktionen – z.B. durch Berührung, Blickkontakt oder Wiegen – prägen die Fähigkeit des Kindes, sich mit seinen körperlich erlebten Bedürfnissen als anerkannt zu erleben. Dabei entscheidet sich, ob analoge Formen von Vertrauen entstehen können (Schultz-Venrath 2021).

Traumatisierende Beziehungserfahrungen und alle Formen von schweren Erkrankungen können auf psychischer Ebene zu Beeinträchtigungen in Bindung, Mentalisierung und Vertrauen führen, sowie biologische Spuren hinterlassen. Die implizite Aufforderung zu zwischenmenschlicher Offenheit kann dann als Bedrohung erlebt werden und zu Abwehrreaktionen führen (von Boetticher 2021). Niederschwellig kann man versuchen, wenn ein Kind nach einer schweren Erkrankung wieder in die Klasse zurückkehrt, gezielte Ritua-

doi.org/10.35468/6197-13

le wie eine Begrüßungsrunde oder Gruppenaktivitäten durchzuführen um so das Vertrauen zu stärken. Hierbei ist es wichtig, auf einen Imperativ der Offenheit zu verzichten und sich am Kind selbst zu orientieren.

Evaluatives Vertrauen

Evaluatives Vertrauen bedeutet, darauf zu vertrauen, dass andere Personen wohlwollend und wertschätzend handeln. Vertrauen stellt keinen Selbstzweck dar, sondern dient stets der Verwirklichung übergeordneter Ziele im Rahmen einer bestimmten Praxis (Hartmann 2011). Dieses ist eingebettet in ethische Kontexte, die unsere Identität als Vertrauende oder Vertrauensempfangende mitbestimmen. Auch epistemisches Vertrauen ist in einen solchen ethischen Rahmen eingebunden: Nur wenn Wissen nicht nur als korrekt, sondern auch als bedeutungsvoll und wohlwollend vermittelt wird, kann es epistemisch wirksam werden. Von Boetticher (2021) schlägt daher vor, zusätzlich zu epistemischem Vertrauen den Begriff des *evaluativen Vertrauens* einzuführen – verstanden als Vertrauen, das sich auf die Haltung und Wertorientierung des Gegenübers bezieht. Eine Lehrkraft, die Feedback auf eine respektvolle und wertschätzende Weise gibt, kann hierdurch das evaluative Vertrauen der Schülerinnen und Schüler stärken.

In Honneths *Theorie der Anerkennung* (1992, 2003) finden sich anschlussfähige Gedanken. Er beschreibt die Bedeutung affektiv vermittelter nonverbaler Gesten im Säuglingsalter, durch die ein Kind sich geliebt und anerkannt erleben kann. Solche Gesten verkörpern eine grundlegende befürwortende Haltung, die Anerkennung stiftet.

Diese von Boetticher konzeptualisierte Perspektive legt nahe, dass sich epistemisches und evaluatives Vertrauen überlagern: Eine mentalisierende Haltung beinhaltet immer auch eine Form von Anerkennung. Klinisch bedeutet dies, dass Menschen mitunter Vertrauen entwickeln können, selbst wenn sie sich (noch) nicht vollständig verstanden fühlen (von Boetticher 2021).

Fazit: Kranksein als psycho-sozio-somatische Vertrauenskrise

Zusammenfassend werden drei zentrale Hypothesen (s. Abb. 2) zur Bedeutung des Vertrauens für Lernen bei Krankheit vorgestellt.

doi.org/10.35468/6197-13

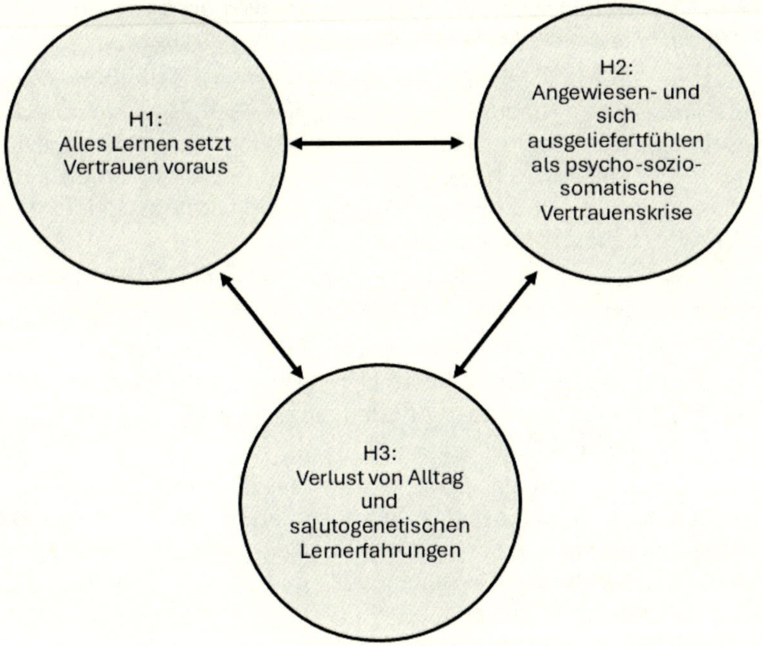

Abb. 2: Kreislauf Kranksein als psycho-sozio-somatische Vertrauenskrise

Hypothese 1: Ohne epistemisches Vertrauen gelingt akademisches Lernen kaum, besonders nicht, wenn Schülerinnen und Schüler durch Krankheit belastet sind.

Es wurde bisher gezeigt, dass alle Formen des Lernens (sozial, kognitiv, erfahrungsbasiert) gerade bei kleinen Kindern, aber auch bei belasteten jungen Menschen epistemisches Vertrauen voraussetzen; dies gilt – um es hier nochmals explizit zu erwähnen – für schulisches Lernen in allen Schulformen einschließlich der *Krankenhausschule* und der (schul-)pädagogischen Arbeit mit schwer erkrankten Kindern und Jugendlichen in allen anderen Settings. Ein Kind, das sich in einer durch die Krankheit hervorgebrachten oder verschärften Vertrauenskrise (Hypothese 2) befindet, sucht in der Regel nach vertrauensvollen Beziehungen gerade in einem potenziell angsteinflößenden und wenig Privatheit erlaubenden Kliniksetting. Allein, dieses Suchen kann sehr unterschiedlich aussehen und sich durch Zurückhaltung, Verletzlichkeit, Vorsicht, aber auch Provokation oder Aggression etc. zeigen. Lehrpersonen verkörpern auch in diesen Ausnahmesituationen Alltag (H3) und so ist es Teil ihrer Professionalität, diesem Verhalten mentalisierend zu begegnen.

doi.org/10.35468/6197-13

Hypothese 2: Sich angewiesen- und ausgeliefertfühlen als psycho-sozio-somatische Vertrauenskrise des erkrankten Subjekts.

Alle Formen von schweren Erkrankungen können eine dreifache Vertrauenskrise insbesondere dadurch hervorrufen, dass Betroffene sich durch das Kranksein und seine Folgeerscheinungen in einem hohen Maß angewiesen und ausgeliefert fühlen. Es bedarf der vielfältigen Anpassung an die neue Situation (Angewiesen- und Ausgeliefertfühlen) und leicht mangelt es an Vertrauen bzw. es baut sich Misstrauen auf

1) in den eigenen Körper (z. B. mangelndes Vertrauen in den Körper bei schnell und besonders aggressiv *wuchernden* Krebserkrankungen),
2) in die eigene Psyche (z. B. mangelndes Vertrauen in das Selbst als z. B. Selbstmisstrauen, Selbstunwirksamkeit, Problemerhaltungskompetenzen usw., bei Depressionen oder Angsterkrankungen wird z. B. der Zukunft übertrieben misstraut) und
3) in das soziale Umfeld, das ja nicht zuletzt aus anderen Körpern und Psychen besteht (z. B. mangelndes Vertrauen darauf, dass mir meine Beziehungen und meine spezifische Rolle in einem Klassengefüge auch nach meiner Rückkehr noch offenstehen oder, dass eine geliebte Person mein Leiden oder meinen Tod verkraftet).

Als dritte Hypothese ergänzt sich:

Hypothese 3: Kranksein bedeutet Entkopplung vom bisherigen Alltag und von potenziell selbstbestimmten salutogenetischen Lernerfahrungen mit anderen (v. a. Peers).

Der Zusammenhang von Vertrauen, sozialem Lernen und Kranksein wurde dargestellt. Der Kreis schließt sich nun (s. Abb. 2), wenn man zunächst bedenkt, dass alle behandlungsbedürftigen Erkrankungen zu dem unter H2 genannten Misstrauen auch Formen des Angewiesenseins (z. B. auf Pflege, Hilfe und Hilfsmittel, Medikation usw.) und Ausgeliefertseins (z. B. der zerstörerischen Wucht eines malignen Tumors oder den Qualen einer exzessiven Zwangsstörung) bedeuten. Das heißt aber auch, dass Erkrankungen in der Folge fast immer eine mindestens temporäre Veränderung des Alltags nach sich ziehen. Die Notwendigkeiten, Verbote und Ängste, die Kranksein für den Alltag bedeuten, schränken in der Regel die Möglichkeiten der Selbstbestimmung, z. B. bei Jugendlichen durch das vorrangige Ziel, das Überleben zu sichern, ein. So werden junge Menschen in ihrer Selbstbestimmung dem unweigerlichen *Diktat des Überlebens* unterworfen und bekommen, um dies zu erreichen, einen meist deutlich kleineren sozialen Radius und darin auch noch eine Multiplikation an unfreiwilligen professionellen Kontakten und Prozeduren aus dem Spektrum Medizin und Soziales. Die Möglichkeit, soziales Lernen im üblichen Habitat einlösen zu können, ist je nach Erkrankungsspezifik sehr

doi.org/10.35468/6197-13

eingeschränkt und teilweise streng reglementiert (z. B. Isolation nach Stammzellentransplantation). Psychosozial ist das Fatale daran, dass diese medizinischen Notwendigkeiten die selbst zu wählenden sozialen Lernmöglichkeiten enorm minimieren können. Dies bedeutet nicht, dass im Rahmen von Erkrankungen und gerade in deren Bewältigung nicht auch wichtige Erfahrungen gemacht werden, die dann auch vertrauensstiftend sein können. Vielmehr geht es darum, dass in dieser oftmals sehr dichten pädagogischen Arbeit mit Kindern und Jugendlichen mit Erkrankungen zu einem erhöhten Maß darauf geachtet werden muss, dass (professionelle) vertrauensvolle Kontakte, sich bewusst in Beziehungen im Sinne einer psycho-sozio-somatischen Medizin hineinzubegeben, aufgebaut werden und dass der neue, krankheitsbedingte Alltag der Kinder und Jugendlichen sich als wichtiger Lernraum in einer mitunter lebensbedrohlichen Vertrauenskrise gestalten lässt (Gestaltungspflicht in einem vertrauensbildenden Sinne).

Die Schule – insbesondere Schulen für Kinder und Jugendliche mit Erkrankungen – hat die besondere Verantwortung, ein Umfeld zu schaffen, das Vertrauen stärkt und Lernen auch in schwierigen Zeiten ermöglicht. Mentalisieren hat das Potenzial, über einen längeren Zeitraum Vertrauen aufzubauen; dies sollten sich insbesondere alle Schulformen, die mit belasteten Kindern und Jugendlichen zu tun haben, merken. Zu einer mentalisierenden Arbeit gehört etwa, regelmäßige und am besten angeleitete mentalisierende Reflexionsgespräche im Team durchzuführen, um sicherzustellen, dass Lehrpersonen Schülerinnen und Schülern gegenüber so gut es geht mentalisierend und vertrauensbildend handeln können.

Schule (z. B. Schulen für Kinder und Jugendliche mit Erkrankungen) kann dabei von unschätzbarem Wert sein, da sie nahezu den Inbegriff des Alltäglichen für Kinder und Jugendliche darstellt und so an Vertrauen und Lernen auf allen Ebenen direkt und indirekt arbeiten kann.

Literatur

Ahrbeck, D. (2010): Innenwelt. Störung der Person und ihrer Beziehungen. In: B. Ahrbeck & M. Willmann (Hrsg.): Pädagogik bei Verhaltensstörungen. Ein Handbuch. Stuttgart: Kohlhammer, 138-147.

Allen, J. G., Fonagy, P. & Bateman, A. (2011): Mentalisieren in der psychotherapeutischen Praxis. Stuttgart: Klett-Cotta.

von Boetticher, D. (2021): Vertrauen in der Psychotherapie–epistemische und evaluative Aspekte. In: Zeitschrift für Psychosomatische Medizin und Psychotherapie 67 (1), 5-20.

von Boetticher, D. (2023): Epistemisches Vertrauen in der psychosomatischen Versorgung. In: P. Fonagy & T. Nolte (Hrsg.): Epistemisches Vertrauen. Vom Konzept zur Anwendung in Psychotherapie und psychosozialen Arbeitsfeldern. Stuttgart: Klett-Cotta.

doi.org/10.35468/6197-13

Chelouche-Dwek, G. & Fonagy, P. (2024): Mentalization-based interventions in schools for enhancing socio-emotional competencies and positive behaviour: a systematic review. In: European Child & Adolescent Psychiatry 34, 1295-1315.

Csibra, G. & Gergely, G. (2011): Natural pedagogy as evolutionary adaptation. In: Philosophical Transactions of the Royal Society of London. Series B, Biological Sciences 366, 1149-1157.

Diez Grieser M.T. & Müller T. (2018): Mentalisieren mit Kindern und Jugendlichen. Stuttgart: Klett-Cotta.

Ebbinghaus, U. (2022): Vertrauensstudie 2022: Jugendliche sind misstrauischer als ihre Eltern. Frankfurter Allgemeine Zeitung, 2. September, 12.

Egyed, K., Király, I. & Gergely, G. (2013): Communicating shared knowledge in infancy. In: Psychological science 24 (7), 1348-1353.

Fonagy, P., Steele, M., Steele, H., Moran, G. & Higgitt, A. (1991): The Capacity for Understanding Mental States: The Reflective Self in Parent and Child and its Significance for Security of Attachment. In: Infant Mental Health Journal 12, 201-218. Online unter: https://doi.org/10.1002/1097-0355(199123)12:3<201::AID-IMHJ2280120307>3.0.CO;2-7. (Abrufdatum: 06.06.2025).

Fonagy, P. Steele, H., Steele, M. & Holder, J. (1997): Attachment and theory of mind: Overlapping constructs? In: Association for Child Psychology and Psychiatry, Occasional Papers 14, 31-40.

Fonagy, P., Gergely, G., Jurist, E. & Target, M. (2002): Affect Regulation, Mentalization, and the Development of the Self. London: Karnac Books.

Fonagy, P. & Allison, E. (2014): The role of mentalizing and epistemic trust in the therapeutic relationship. In: Psychotherapy 51, 372-380.

Fonagy, P., Luyten, P. & Allison, E. (2015): Epistemic petrification and the restoration of epistemic trust: A new conceptualization of borderline personality disorder and its psychosocial treatment. In: Journal of personality disorders 29 (5), 575-609.

Fonagy, P. & Nolte, T. (Hrsg.). (2023): Epistemisches Vertrauen – Vom Konzept zur Anwendung in Psychotherapie und psychosozialen Arbeitsfeldern. Stuttgart: Klett-Cotta.

Fuchs, T., Sattel, H. & Henningsen, P. (Hrsg.). (2010): The embodied self. Dimensions, coherence and disorders. Stuttgart: Schattauer.

Hartmann, M. (2011): Die Praxis des Vertrauens. Frankfurt/M.: Suhrkamp.

Hattie, J. (2012): Visible learning for teachers: Maximizing impact on learning. London: Routledge.

Holt-Lunstad, J., Robles, T. & Sbarra, D. A. (2017): Advancing Social Connection as a Public Health Priority in the United States. In: American Psychologist 72 (6), 517-530.

Honneth, A. (2003): Unsichtbarkeit. Stationen einer Theorie der Intersubjektivität. Frankfurt/M.: Suhrkamp.

Köber, C., Kuhn, M. M., Peters, I. & Habermas, T. (2019): Mentalizing oneself: Detecting reflective functioning in life narratives. In: Attachment & Human Development 21, 313-331.

Kovács, Á. M., Téglás, E., Gergely, G. & Csibra, G. (2016): Seeing behind the surface: communicative demonstration boosts category disambiguation in 12-month-olds. In: Developmental Science 20 (6), 1-9.

Luyten, P., Campbell, C., Allison, E. & Fonagy, P. (2020): The mentalizing approach to psychopathology: State of the art and future directions. In: Annual Review of Clinical Psychology 16, 1-29.

Leuzinger-Bohleber, M., Emde, R. & Pfeifer, R. (Hrsg.). (2013): Embodiment. Ein innovatives Konzept für Entwicklungsforschung und Psychoanalyse. Göttingen: Vandenhoeck & Ruprecht.

Link, P.-C., Behringer, N., Maier, L., Gingelmaier, S., Kirsch, H., Nolte, T., Turner, A., Müller, X. & Schwarzer, N.-H. (2023): »Wer mentalisiert, versteht den anderen besser« – Mentalisieren als entwicklungsorientierte Professionalisierungsstrategie. In: W. Burk & C. Stalder (Hrsg.): Entwicklungsorientierte Bildung in der Praxis. Weinheim: Beltz, 49-66.

Luyten P., van Houdenhove B., Lemma A., Target M. & Fonagy P. (2012): A mentalization-based approach to the understanding and treatment of functional somatic disorders. In: Psychoanalytic Psychotherapy 26 (2), 121-140.

doi.org/10.35468/6197-13

Marno, H., Davelaar, E. J. & Csibra, G. (2014): Non-Verbal Communicative Signals Modulate Attention to Object Properties. In: Journal of Experimental Psychology. Human Perception and Performance 40 (2), 752-762.

Mikulincer, M. (1997): Adult attachment style and information processing: Individual differencesin curiosity and cognitive closure. In: Journal of Personality and Social Psychology 72, 1217-1230.

Nolte, T. (2018): Epistemisches Vertrauen und Lernen. In: S. Gingelmaier, S. Taubner & A. Ramberg (Hrsg.): Handbuch Mentalisierungsbasierte Pädagogik. Göttingen: Vandenhoeck & Ruprecht, 157-172.

Ramberg, A. & Nolte, T. (2020): Einführung in das Konzept der Mentalisierung. In: S. Gingelmaier & H. Kirsch (Hrsg.): Praxisbuch mentalisierungsbasierte Pädagogik. Göttingen: Vandenhoeck & Ruprecht, 157-172.

Strauß, B. & Nolte, T. (2020): Bindungsforschung. In: U. T. Egle, C. Heim, B. Strauß, R. V. Känel (Hrsg.): Psychosomatik – neurobiologisch fundiert und evidenzbasiert. Stuttgart: Kohlhammer, 171-184.

Schultz-Venrath, U. (2021): Mentalisieren des Körpers. Stuttgart: Klett-Cotta.

Schwarzer, N.-H, Behringer, N., Beyer, A., Gingelmaier, S., Henter, M., Müller, L.-M. & Link, P.-C. (2023): Reichweite einer mentalisierungsbasierten Pädagogik im Förderschwerpunkt emotionale und soziale Entwicklung. Ein narratives Review. In: Emotionale und soziale Entwicklung in der Pädagogik der Erziehungshilfe und bei Verhaltensstörungen: ESE 5, 90-102. URN: urn:nbn:de:0111-pedocs-269059.

Shafto, P., Goodman, N. D. & Frank, M. C. (2012): Learning from others the consequences of psychological reasoning for human learning. In: Perspectives on Psychological Science 7 (4), 341-351.

Shai, D. & Belsky, J. (2011): When words just won't do: introducing. In: Child Development Perspectives 5, 173-180.

Sharp, C. & Fonagy, P. (2008). The Parent's Capacity to Treat the Child as a Psychological Agent: Constructs, Measures and Implications for Developmental Psychopathology. In: Social Development 17, 737-754.

Taubner, S. (2015): Konzept Mentalisieren. Eine Einführung in Forschung und Praxis. Gießen: Psychosozial-Verlag.

Tomasello, M. (2008): Origins of human communication. Cambridge, MA: MIT Press.

Varela, F., Thompson, E. & Rosch, E. (2016): The Embodied Mind. Cambridge, MA: MIT Press.

Weiner, H. (1989): Eine Medizin menschlicher Beziehungen. In: Psychotherapie, Psychosomatik, Medizinische Psychologie (3-4), 96-102.

doi.org/10.35468/6197-13

Autoren

Stephan Gingelmaier, Stephan, Prof. Dr.
Pädagogische Hochschule Ludwigsburg, Fakultät für Teilhabewissenschaften, Psychologie und Diagnostik im Förderschwerpunkt Soziale und Emotionale Entwicklung
Mentalisierungsbasierte Pädagogik, Alltagsdiagnostik, Gruppen- und Beziehungspädagogik

gingelmaier@ph-ludwigsburg.de

Schwarzer, Nicola-Hans, Jun.Prof. Dr.
Pädagogische Hochschule Heidelberg, Institut für Sonderpädagogik
Pädagogisch-professionelle Kompetenz von Lehrkräften für Sonderpädagogik, Mentalisieren und mentalisierungsbasierte (Sonder-)Pädagogik

schwarzer@ph-heidelberg.de

von Boetticher, Dirk, Dr. med.
Universitätsmedizin Göttingen/Klinik für Psychosomatische Medizin und Psychotherapie
Arbeits- und Forschungsschwerpunkte: Psychosomatische Konzeptforschung, Psychotherapie und Ethik, Vertrauen, Junge Erwachsene, Medizin in der Literatur der Moderne

dirk.vonboetticher@med.uni-goettingen.de

Nolte, Tobias, MD, MSc
Anna Freud und University College London
Persönlichkeitsstörungen und komplexe Posttraumatische Belastungsstörungen, Trauma, Mentalisieren und Epistemisches Vertrauen sowie mentalisierungsbasierte Ansätze in pädagogischen Feldern

tobias.nolte@annafreud.org

doi.org/10.35468/6197-13

Christine Walser, Mona Meister

Wer? Was? Wie? Wo? Warum? Pädagogik bei Krankheit im schulischen Alltag – Erfahrungen und Reflexionen aus der Praxis

Abstract
Die steigende Prävalenz von chronischen Erkrankungen, Fortschritte in der personalisierten Medizin, verkürzte Hospitalisationszeiten und die Verlagerung von Behandlungen in ambulante Settings stellen nicht nur Spital-, Klinik- bzw. Heilstättenschulen vor neue Herausforderungen, sondern zunehmend auch die Regelschulen. Welche Fragen sich daraus ergeben und wie diesen Herausforderungen aus schulischer und pädagogischer Perspektive begegnet werden kann, wird im Folgenden praxisorientiert aufgezeigt.

Keywords: Pädagogik bei Krankheit; Chronische Erkrankungen im Schulalltag; Schulische Reintegration; Inklusive Bildung; Internationale Kooperation in der Spitalschulpädagogik

Pädagogik bei Krankheit – Ein Thema auch in allgemeinen Schulen

Fortschritte in der Medizin ermöglichen es heute vielen Kindern, schwere Erkrankungen zu überleben – jedoch ohne vollständig gesund zu werden. Die gesundheitlichen Herausforderungen dauern oft ein Leben lang an, wobei die Komorbiditäten zunehmen. Kanth und Kusch (2011) zeigen auf, dass das Risiko, für das Entstehen klinisch relevanter Verhaltensstörungen bei Kindern und Jugendlichen mit chronischen Erkrankungen doppelt so hoch ist als bei Kindern, die nicht von Erkrankungen betroffen sind – bei zusätzlicher Behinderung sogar bis zu dreimal erhöht.
Vor diesem Hintergrund sollte auch der Umgang mit Erkrankungen im Kindes- und Jugendalter betrachtet werden. Es kann davon ausgegangen werden, dass zwischen 16 % und 25 % aller Schülerinnen und Schüler langfristige

doi.org/10.35468/6197-14

gesundheitliche Einschränkungen haben, die ihre schulische Entwicklung und Bildungsbiografie erheblich beeinträchtigen können.
Die im Jahr 2017 veröffentlichte KiGGS-Studie (Robert-Koch-Institut 2018) zeigt, dass in Deutschland etwa jedes sechste Kind und jede bzw. jeder vierte Jugendliche von einer chronischen Grunderkrankung betroffen ist. Gemäss Capurso u.a. (2025) waren im Jahr 2019 rund 2,38 % der pädiatrischen Population in den USA hospitalisiert. Statistisch gesehen wird somit jede Lehrkraft in beinahe jeder zweiten Schulklasse mindestens ein Kind nach einem Klinik- oder Spitalaufenthalt in die Klassengemeinschaft reintegrieren.
Neben den somatischen Erkrankungen sehen sich Schulen zunehmend mit psychischen Belastungen und Erkrankungen bei Kindern und Jugendlichen konfrontiert. Einer von UNICEF Schweiz und weiteren Partnerinnen und Partnern in Auftrag gegebenen Studie (Barrense-Dias u.a. 2021) zufolge gaben im Jahr 2021 37 % der befragten Jugendlichen im Alter von 14 bis 19 Jahren an, unter psychischen Problemen zu leiden, 8 % hatten bereits Suizidversuche unternommen und 29,1 % gaben an, mit niemandem über ihre psychischen Belastungen zu sprechen.
Laut dem Bundesamt für Statistik (2022) stieg die Zahl der Hospitalisierungen aufgrund psychischer Störungen bei Jugendlichen zwischen 10 und 24 Jahren im Jahr 2020 um 4 % und im Jahr 2021 um 17 %. Zum ersten Mal seien psychische Störungen die häufigste Ursache für eine Hospitalisierung in dieser Altersgruppe (19.532 Fälle), gefolgt von Verletzungen (19.243 Fälle), wobei bei psychischen Störungen 60 % junge Frauen seien. Diese alarmierenden Zahlen – vergleichbar mit Entwicklungen in Deutschland (Kaman u.a. 2023) und anderen Ländern – halten auch nach Abklingen der SARS-CoV-2-Pandemie weiter an.

> Die psychische Gesundheit von Kindern und Jugendlichen ist auch Jahre nach der Corona-Pandemie noch deutlich schlechter als vor der Pandemie. Das zeigen die Ergebnisse der sechsten und siebten Befragungsrunde der COPSY-Studie (COrona und PSYche) des Universitätsklinikums Hamburg-Eppendorf (UKE). (…) 21 Prozent der jungen Menschen berichten von einer anhaltenden Beeinträchtigung der Lebensqualität, 22 Prozent leiden weiterhin unter psychischen Auffälligkeiten (Kaman u.a. 2024, Abs. 1).

Insgesamt müssen wir – wie bereits oben erwähnt – davon ausgehen, dass etwa jedes sechste Kind und jede bzw. jeder vierte Jugendliche im schulischen Kontext von einer chronischen – somatischen und/oder psychischen – Erkrankung betroffen ist. Alle in Schulen tätigen Personen müssen sich der Tatsache bewusst sein und sich damit aktiv auseinandersetzen, dass Kinder und Jugendliche möglicherweise Unterstützungsbedarfe haben, die sich aus den Folgen einer Erkrankung und/oder medikamentösen Behandlung ergeben – und somit das schulische Lernen beeinträchtigen können. Kenntnisse

doi.org/10.35468/6197-14

über chronische Erkrankungen und deren Auswirkungen auf den Schulalltag müssen daher integraler Bestandteil der allgemeinen pädagogischen Ausbildung und Praxis sein. Allen Schülerinnen und Schülern sollte die Chance eingeräumt werden, einen Schulabschluss zu erreichen, der ihren kognitiven Fähigkeiten und Potenzialen entspricht. Krankheitsbedingte besondere Bedingungen, die den schulischen Erfolg fördern, sollten daher, als selbstverständlicher Bestandteil schulischer Praxis etabliert werden.
Ein weiterer Grund, dass sich das Bildungssystem mit Erkrankungen und deren Auswirkungen auseinandersetzen muss, ist die demografische Entwicklung. In den meisten europäischen Ländern gehen aktuell mehr Menschen in den Ruhestand, als junge Menschen ins Berufsleben eintreten. Der Fachkräftemangel dürfte sich in den nächsten Jahren weiter verschärfen. Aus gesamtgesellschaftlicher Perspektive können es sich hochindustrialisierte Länder langfristig nicht leisten, das Potenzial chronisch erkrankter Menschen ungenutzt zu lassen.

Schule und Krankheit – Wer macht wo was?

Die herkömmlichen Spital-, Klinik- bzw. Heilstättenschulen haben sich beispielweise in den Niederlanden und in gewissen Bundesländern in Deutschland und Österreich zu Förder- und Beratungszentren für Pädagogik bei Krankheit entwickelt, die weit mehr Aufgaben übernehmen, als hospitalisierte Schülerinnen und Schüler zu unterrichten.
In Hamburg entwickelte sich aus der *Arbeitsgruppe Haus- und Krankenhausunterricht* die im Schuljahr 1966/67 gegründet wurde, schrittweise das *Bildungs- und Beratungszentrum Pädagogik bei Krankheit/Autismus* (BBZ). Neben den beiden ursprünglichen Schwerpunkten, Unterricht in Krankenhäusern und Hausunterricht, wurden bis 2012 noch zwei weitere Beratungsabteilungen eingerichtet. Die Beratungsstelle *Pädagogik bei Krankheit* und die Beratungsstelle *Autismus* wurden nötig, da immer mehr Anfragen und Beratungswünsche aus den Schulen an das BBZ herangetragen wurden (Meister 2022).
Im BBZ wird – wie bereits erwähnt – neben dem *klassischen* Unterricht in Klinikschulen auch mobiler Unterricht (früher Hausunterricht genannt) angeboten. Im mobilen Unterricht können Kinder und Jugendliche beispielsweise in Kleingruppen Unterricht erhalten, wenn sie nach der Entlassung aus einer kinder- und jugendpsychiatrischen Klinik nicht sofort in die Regelschule zurückkehren können, oder es nur stundenweise schaffen, am Klassenunterricht teilzunehmen. Die Kleingruppen ermöglichen es ihnen, sich schrittweise wieder den Anforderungen des Schullebens anzunähern (ebd. 2022). Auch somatisch erkrankte Kinder und Jugendliche, die nicht oder nur eingeschränkt am Präsenzunterricht teilnehmen können, erhalten häuslichen Unterricht durch Lehrpersonen. Diese Unterstützung kann auch dann weitergeführt werden,

doi.org/10.35468/6197-14

wenn sie die Schule zwar schon wieder regelmäßig besuchen können, sich aber immer noch Fehlzeiten wegen der Erkrankung ergeben.
Die Beratungsabteilungen stehen allen schulbezogenen Anfragen offen, insbesondere bei Fragen rund um die Förderung chronisch erkrankter Schülerinnen und Schüler. Die betroffenen Kinder und Jugendlichen müssen dabei nicht zwingend am BBZ bekannt sein. Anfragen kommen aus Schulen oder von Eltern, die sich an das BBZ wenden, um Ideen für Fördermaßnahmen oder für Möglichkeiten eines Nachteilsausgleichs zu bekommen. Anfragen kommen aber auch von (Schul-)Ärztinnen und (Schul-)Ärzten, Jugendämtern bzw. Therapeutinnen und Therapeuten, die sich über die Unterstützungsmöglichkeiten ihrer Patientinnen und Patienten informieren wollen (Fechner 2021; Meister 2022)
In der Schweiz wird in der Regel zwischen Spitalschule (in somatischen Spitälern) und Klinikschulen (in psychiatrischen Kliniken) unterschieden und es sind je nach Kanton verschiedene Modelle und Finanzierungen vorhanden. Teilweise – so zum Beispiel in der Stadt Zürich – übernimmt der schulärztliche Dienst bei chronischen Erkrankungen gewisse Vermittlungs- und Beratungsaufgaben für die allgemeinen Schulen (Stadt Zürich 2025)
Wenn Kinder und Jugendliche zwischen oder nach Spitalaufenthalten aus gesundheitlichen Gründen den Klassenunterricht nicht besuchen dürfen, wird – meist durch die Spitalschule – initiiert, dass von der Herkunfts-/Stammschule Einzelunterricht zu Hause organisiert wird. Dies hat den Vorteil, dass die Verantwortung für die Kontinuität in der Bildung betroffener Schülerinnen und Schüler stets bei der Herkunfts-/Stammschule bleibt. Ein Nachteil besteht jedoch darin, dass Lehrpersonen der Regelschulen häufig nicht über die spezifischen Auswirkungen der Erkrankung auf das Lernverhalten informiert sind.
Bezüglich Pädagogik bei Krankheit gibt es in den meisten Kantonen nur rudimentäre Regelungen. So können massgeschneiderte Lösungen gefunden werden. Leider hängt es dann allerdings massgeblich vom Engagement der involvierten Personen ab, wie passend die Förderung gestaltet und wie schnell sie umgesetzt werden kann. Das Schweizer Schulsystem bietet hingegen ein hohes Maß an struktureller Flexibilität. Schulleitungen und Lehrpersonen zeigen großes Engagement, um passende Lösungen für Schülerinnen und Schüler mit oder nach Erkrankungen zu finden. Diese Bemühungen zum Wohl betroffener Kinder und Jugendlicher zeigen sich weitgehend im gesamten deutschsprachigen Raum.

Internationale Kooperation – Voneinander lernen

Dank einer langjährigen Kooperation zwischen medizinischen und pädagogischen Fachleuten des Universitäts-Kinderspitals Zürich, Schweiz, und des ARABKIR Joint Medical Centers in Eriwan, Armenien, besteht ein intensiver

doi.org/10.35468/6197-14

fachlicher Austausch mit der dem ARABKIR angegliederten Spitalschule der Direct Aid Association DAA, die durch ein Schweizer Kinderhilfswerk finanziert wird. Dieser internationale Austausch – der auch durch die Hospital Organisation of Pedagogues in Europe HOPE (www.hospitalteachers.eu) gefördert wird – trägt wesentlich dazu bei, im eigenen Land die Nischendisziplin *Pädagogik bei Krankheit* weiterzuentwickeln. In Armenien betreibt der DAA neben der *Hospital School* das *Patients' Family House* sowie einen psychosozialen Dienst. Gemeinsam werden im Spital Feste gefeiert und Ferienprogramme organisiert, die zur sozialen Teilhabe und Normalisierung im Alltag beitragen. Aufgrund ihrer fundierten Ausbildung geben die Spitallehrpersonen ihr Wissen im *Special Teachers' Club* an Lehrpersonen weiter, die landesweit an der Inklusion von Kindern und Jugendlichen mit besonderen Bildungsbedürfnissen beteiligt sind.
Der Blick über die eigene Landes- und Kulturgrenze hinaus sowie das Lernen voneinander fördern das Verständnis für Patientinnen und Patienten und deren Familien aus unterschiedlichen kulturellen, religiösen oder bildungsbezogenen Hintergründen. Eine kultursensible, wertschätzende Haltung sowie Kompetenzen in Deutsch als Zweitsprache – oder bei Bedarf in nonverbaler Kommunikation – sind zentral, um auch das Potenzial von Schülerinnen und Schülern mit Migrationshintergrund zu erkennen und zu fördern.
Das internationale Netzwerk ist nicht nur für Lehrpersonen wertvoll, sondern kann Kindern und Jugendlichen mit chronischen Erkrankungen die Möglichkeit bieten, in einen Austausch über die Landesgrenze hinweg zu kommen und allenfalls Fremdsprachenkenntnisse konkret anzuwenden.

Unterricht bei Erkrankung – Nicht nur für die Schule lernen

Im Mittelpunkt steht selbstverständlich die schulische Reintegration von Kindern und Jugendlichen, die aufgrund gesundheitlicher Einschränkungen ihre Herkunfts- bzw. Stammschule vorübergehend nicht besuchen können. Doch häufig treten auch ganz andere Themen als die aktuellen Lerninhalte in den Vordergrund: Informationen zu Erkrankungen und Behandlung wurden möglicherweise nicht richtig oder nicht vollständig verstanden. Fragen kommen erst auf, wenn die Ärztin/der Arzt schon wieder gegangen ist oder konnten nicht gestellt werden, weil beispielsweise das Kind, die oder der Jugendliche oder die Eltern auf eine angepasste Kommunikation angewiesen wären. Besonders Kinder und Jugendliche mit kognitiven Beeinträchtigungen, für die ein Spitalaufenthalt besonders belastend sein kann, stellen das sonst schon unter Zeitdruck stehende Gesundheitspersonal vor zusätzliche Herausforderungen:

doi.org/10.35468/6197-14

> Kinder und Jugendliche mit kognitiven Beeinträchtigungen sind angewiesen auf mehr Zeit, eine einfachere Sprache, mehr Verständnis und Wohlwollen. Die Fähigkeiten, kommende Behandlungen in Aufklärungsgesprächen zu antizipieren und nachher im Gespräch zu reflektieren, hilft beim Coping und Verarbeiten. Beides ist bei Kindern und Jugendlichen mit kognitiven Beeinträchtigungen erschwert (Walser & Willke 2024, 2).

Da können Lehrpersonen, die zusätzlich über einen Masterabschluss in Heilpädagogik bzw. ähnlichen Fortbildungen verfügen, im Spital oder in der Klinik vermitteln.
Die Wichtigkeit einer ganzheitlichen Betreuung von – in diesem Fall – Kindern und Jugendlichen mit Krebserkrankungen und insbesondere der Schule wird von Ärztinnen und Ärzten bzw. Pflegenden stets betont.

> Wir geben uns am Anfang grosse Mühe, den Kindern zu vermitteln, dass wir an ihre Heilung glauben (...). Es gibt wohl keinen denkbaren besseren Beleg für diese Tatsache, dass wir wirklich an ihre Zukunft glauben, als dass wir offensichtlich sehr viel Aufwand mit der Schule betreiben (Niethammer 2014, 77).

Auch die Adhärenz und das Coping werden durch pädagogische Angebote unterstützt: So stellen Kinder und Jugendliche nach Organtransplantationen im Werkunterricht des Universitäts-Kinderspitals Zürich individuelle Medikamentenboxen aus Plexiglas her, in die sie ihre Wochendosis an Medikamenten selbstständig einsortieren können.
Für Schülerinnen und Schüler mit chronischen Erkrankungen bedeutet *fürs Leben lernen* nicht nur der Erwerb schulischer Inhalte. Vielmehr stellt die Erkrankung selbst eine zusätzliche Herausforderung dar, mit der die Kinder aktiv umgehen lernen müssen. Ziel ist es, ihnen Kompetenzen zu vermitteln, mit der Erkrankung selbstständig, selbstbestimmt und verantwortungsvoll umzugehen.

Avatare – Technik als Unterstützung, aber nicht Ersatz

Mittlerweile stehen verschiedene Systeme zur Verfügung, um Schülerinnen und Schüler, die aufgrund gesundheitlicher Einschränkungen ihre Herkunfts-/Stammschulen nicht besuchen können, mittels Videokonferenz-Tools oder Avataren die Teilnahme am regulären Unterricht in ihren Klassen zu ermöglichen. Diese Technologien können den Unterricht von Spital-, Klinik- bzw. Heilstättenschulen oder von Lehrpersonen, die Kinder und Jugendliche zu Hause unterrichten, weil sie aus gesundheitlichen Gründen den Klassenunterricht nicht besuchen dürfen oder können, sinnvoll ergänzen – sie ersetzen jedoch nicht die pädagogische Präsenz und Beziehungsgestaltung im direkten Kontakt. Dabei sind verschiedene Aspekte zu berücksichtigen:

doi.org/10.35468/6197-14

- Schülerinnen und Schüler möchten allenfalls von ihren Lehrpersonen und Mitschülerinnen und Mitschülern nicht gesehen werden. Dies kann durch Abschalten der Kamera leicht bewerkstelligt werden.
- Meist ist die Teilnahme während der gesamten Unterrichtszeit nicht möglich, weil Untersuchungen, Behandlungen und Therapien viel Zeit in Anspruch nehmen. Wenn einige Unterrichtsstunden nur sporadisch über diese Tools besucht werden, kann dies Stress auslösen, weil vielleicht Einführungen verpasst wurden und die erkrankten Kinder und Jugendlichen dann die Inhalte nicht verstehen können oder die Erschöpfung gerade während der Unterrichtsstunde zu groß ist.
- Wenn Gespräche in der Herkunfts-/Stammklasse verpasst wurden oder Anspielungen wegen der Abwesenheit nicht verstanden werden, kann dies das Gefühl der Ausgrenzung auslösen und somit kontraproduktiv wirken.
- Um dies zu entschärfen, empfiehlt es sich, dass die Teilnahme an einzelnen Lektionen von persönlichen Lernsequenzen mit Lehrpersonen im Spital oder im Einzelunterricht zu Hause begleitet wird, damit das Erlebte aufgearbeitet und besprochen werden kann. Die Lektionen gilt es sorgfältig auszuwählen.
- Mit den Lehrpersonen der Stamm-/Herkunftsschule ist ein sinnvoller Stundenplan für die Teilnahme über diese Systeme am regulären Unterricht abzumachen. Wenn möglich sollten während dieser Stunden dann möglichst keine medizinischen Massnahmen erfolgen, was allerdings in medizinischen Einrichtungen schwierig umzusetzen ist.
- Wichtig wäre die Partizipation vor allem bei sozialen Aktivitäten wie beispielsweise einem Klassenrat oder einer besonderen Feier.

Für einige Schülerinnen und Schüler kann der Einsatz von Telepräsenz-Avataren eine sinnvolle Ergänzung darstellen – als vollständiger Ersatz für andere Unterrichtsformen hat sich diese Lösung jedoch nicht bewährt.

Sensibilisierung – Gewinn für alle

Bei schwerwiegenden oder sichtbar beeinträchtigenden Erkrankungen ist es sinnvoll, die Peer Group – in der Regel die Mitschülerinnen und Mitschülern der Herkunfts- bzw. Stammklasse – gezielt zu informieren. Die Schulbesuche von Lehrpersonen der Klinikschule Tübingen zur Vorbereitung der Klassengemeinschaft auf die Rückkehr krebserkrankter Kinder und Jugendlicher haben international Beachtung gefunden und gelten heute als Best-Practice-Modell. Kinder und Jugendliche kehren manchmal nach Organtransplantationen verändert in ihre Klassen zurück. Immunsuppressive Medikamente können

doi.org/10.35468/6197-14

zu Nebenwirkungen wie verstärkter Körperbehaarung, Tremor, dem sogenannten Cushing-Syndrom (mit charakteristischer Gesichtsaufquellung) oder anderen körperlichen Veränderungen führen. Um in solchen Fällen Stigmatisierung oder Mobbing vorzubeugen, informiert eine Pflegeexpertin/ein Pflegeexperte und eine Lehrkraft der Spitalschule des Universitäts-Kinderspitals Zürich Schulklassen nach der Organtransplantation einer Mitschülerin oder eines Mitschülers. Dabei hat sich gezeigt, dass solche Informationen nicht nur das Verständnis für Erkrankungen fördern, sondern auch zur Sensibilisierung der gesamten Klasse beitragen. Klassenlehrpersonen berichten später häufig von einer spürbaren Verbesserung des Klassenklimas.
Lebherz (2002) beschrieb eindrücklich, wie eine Kultur der Fürsorge ein Gewinn für alle ist.

> Historisch gewachsen ist ein Bild eines Kranken, der demütig und dankbar Hilfeleistungen anzunehmen hat. Abweichungen davon werden immer noch sanktioniert. Auf diesem Boden entstehen Nebenwelten und Heimlichkeiten, die bei Aufdeckung zusätzlich zu Lasten des Kranken gehen. Vor diesem Hintergrund ist die Bereitschaft bei den Professionellen zu fördern, jedes gezeigte Verhalten als subjektiv sinnvoll zu akzeptieren und zu berücksichtigen, dass Krankheit individuell verarbeitet wird, denn es gibt keinerlei Generalisierungen für zu erwartende Verarbeitungsstrategien (Lebherz 2002, 2).

Die zunehmende Personalisierung in der Medizin erfordert es, Kinder und Jugendliche mit chronischen Erkrankungen stets individuell zu begleiten – standardisierte Reaktionen oder Maßnahmen sind dabei kaum noch angemessen. Das Empowerment der betroffenen Kinder und Jugendlichen kann nur in einem Klima des Ver- und Zutrauens erfolgreich sein. Eine solche *Kultur der Fürsorge* muss über die Schulklasse hinausreichen und alle beteiligten Personen im Bildungssystem einschließen – von den Schülerinnen und Schülern bis hin zu Lehrpersonen, Eltern und weiteren Fachpersonen.
Angesichts der hohen Prävalenzen von psychischen Erkrankungen erscheint es nötig, vermehrt ein Augenmerk auf die Gesundheitsförderung, wozu auch das Stressmanagement gehören muss, in allgemeinen Schulen zu legen. Wenn über Erkrankungen offen gesprochen und Krankheitsbewältigung thematisiert wird, profitieren letztlich alle – denn viele Menschen sind im Laufe ihres Lebens direkt oder indirekt von gesundheitlichen Beeinträchtigungen betroffen.

Fazit und Ausblick: Inklusion – Anders geht es gar nicht

Das allgemeine Bildungssystem muss sich konsequent im Sinne der Inklusion weiterentwickeln. Im Fokus stehen dabei nicht nur Kinder und Jugendliche

doi.org/10.35468/6197-14

mit klassischen sonderpädagogischen Förderbedarfen, sondern ebenso junge Menschen mit gesundheitlichen Einschränkungen – seien sie somatischer oder psychischer Natur.
Lehrpersonen aller Schulstufen und Fachrichtungen sollten deshalb während ihrer Ausbildung auch Themen aus dem Bereich *Pädagogik bei Krankheit* bearbeiten. Ein fundiertes Verständnis für die Auswirkungen von Erkrankungen sowie die Nebenwirkungen medikamentöser Behandlungen ist angesichts der hohen Zahl betroffener Schülerinnen und Schüler im Schulalltag unverzichtbar.
Wenn sich dieses Wissen auch in der Unterrichtsvorbereitung und -durchführung niederschlägt, profitieren nicht nur erkrankte Schülerinnen und Schüler, sondern auch alle anderen. Die Erfahrung in der Beratung von Schulen hat gezeigt, dass Vorschläge – beispielsweise zu Maßnahmen eines Nachteilsausgleichs – für viele Schülerinnen und Schüler hilfreich sind. Strukturierte Unterrichtsabläufe, Visualisierungen sowie ausreichend Zeit für das Notieren von Hausaufgaben und das Packen des Schulmaterials unterstützen nicht nur Schülerinnen und Schüler mit Spätfolgen einer Chemotherapie oder einer traumatischen Hirnverletzung, sondern auch zahlreiche Jugendliche in der Pubertät, die häufig ebenfalls Strukturierungshilfen benötigen.

Literatur

Bundesamt für Statistik. (2022): Psychische Störungen: beispielloser Anstieg der Hospitalisierungen bei den 10- bis 24-jährigen Frauen. Medienmitteilung. Online unter: https://www.bfs.admin.ch/asset/de/23772011. (Abrufdatum: 06.06.2025).

Barrense-Dias, Y., Chok, L., Surís, J. C. (2021): A picture of the mental health of adolescents in Switzerland and Liechtenstein. Lausanne, Unisanté – Centre universitaire de médecine générale et santé publique, 2021 (Raisons de santé 323).

Capurso, M., Moracci, V. & Borsci S. (2025): Pathways to School Reentry for Children and Young People with a Medical or Mental Health Condition: An International Dephi Study. In: Continuity in Education 6 (1), 38-57.

Fechner, R. (2021): Langfristig erkrankte Schüler*innen. In: F. Stöffle, J. Droste, R. Fechner, I. Gembach-Röntgen, M. Grieben, A. Lehmann, C. Prühs & M. Thoma (Hrsg.): Die flexible Oberstufe -Wie Schulen Freiräume schaffen und nutzen können. Weinheim und Basel: Beltz. 96-102.

Kaman, A., Erhart, M., Devine, J., Reiß, F., Napp, A.K., Simon, A., Hurrelmann, K., Schlack, R., Hölling, H., Wieler, L. & Ravens-Sieberer, U. (2023): Two years of pandemic: the mental health and quality of life of children and adolescents—findings of the COPSY longitudinal study. In: Dtsch Ärztebl Int 120 (15), 269-270. Online unter: https://www.uke.de/allgemein/presse/pressemitteilungen/detailseite_160448.html. (Abrufdatum: 06.06.2025).

Kaman, A., Erhart, M., Devine, J., Napp, A.-K., Reiss, F., Behn, S. & Ravens-Sieberer, U. (2024): Mental Health of Children and Adolescents in Times of Global Crises: Findings form the Longitudinal COPSY Study from 2020 to 2024. Preprint.

Kanth, E. & Kusch, M. (2011): Stellenwert von Selbstmanagement-Interventionen bei Kindern mit besonderem Versorgungsbedarf. In: C. Hagen & H. P. Schwarz (Hrsg.): Selbstmanagement bei chronischen Erkrankungen im Kindes- und Jugendalter. Stuttgart: Kohlhammer, 75-101.

doi.org/10.35468/6197-14

Lebherz, G. (2002): Plädoyer für eine Kultur der Fürsorge. In: Das chronisch kranke Kind in der Schule. Verband Deutscher Sonderschulen. Würzburg: vds.

Meister, M. (Hrsg.). (2022): Schulerfolg trotz Erkrankung – Acht junge Menschen berichten. Hamburg: Hamburger Institut für Pädagogik.

Niethammer, D. (2014): Die Bedeutung der Schule im Leben krebskranker Kinder. In: E. Filtner, F. Ostkämper, C. Scheid & A. Wertgen (Hrsg.): Chronisch kranke Kinder in der Schule. Suttgart: Kohlhammer, 70-81.

Robert-Koch-Institut. (Hrsg.). (2018): KiGGS Welle 2 – Erste Ergebnisse aus Querschnitt- und Kohortenanalysen. Journal of Health Monitoring, 3(1). Online unter: https://www.rki.de/DE/Aktuelles/Publikationen/Journal-of-Health-Monitoring/GBEDownloadsJ/Journal-of-Health-Monitoring_01_2018_KiGGS-Welle2_erste_Ergebnisse.pdf?__blob=publicationFile&v=3. (Abrufdatum: 06.06.2025).

Stadt Zürich. (2025): Chronische Krankheiten. Der Schulärztliche Dienst unterstützt betroffene Familien und Schulen. Online unter: https://www.stadt-zuerich.ch/de/gesundheit/kinder-und-jugend/krankheiten-kinder/chronische-krankheiten.html. (Abrufdatum: 06.06.2025).

Walser, C. & Willke M. (2024): Wie geht Spital? In: Schweizerische Zeitschrift für Heilpädagogik Jg. 30/01, 2-7.

Autorinnen

Walser, Christine
Universitäts-Kinderspital Zürich
Lehrerin und Heilpädagogin, Lehrbeauftragte an der Interkantonalen Hochschule für Heilpädagogik und an der Fachschule für Pflege in Zürich, Lehrende am Institut Spezielle Pädagogik und Psychologie, Schweizer HOPE-Vertreterin

christine.walser@kispi.uzh.ch

Meister, Mona
Hamburger Instituts für Pädagogik
Gründerin und Leiterin des HIfP, Diplom-Pädagogin und Sonderpädagogin, langjährige Leiterin der BBZ-Pädagogik bei Krankheit/Autismus (BBZ Hamburg), Mitglied im DVfR Ausschuss Bildung, Erziehung und Schule, Beirat des Kindernetzwerks

mona.meister@hifp.de

doi.org/10.35468/6197-14

Beteiligung von Kindern und Jugendlichen als Element inklusiver Bildung

Nicola Sommer, Sarah Müller und Robert Langnickel

Betroffene zu Beteiligten machen: Partizipation von Kindern und Jugendlichen mit chronischen Erkrankungen in der Schule

Abstract

Ein zentrales Anliegen inklusionspädagogischer Arbeit bei chronischen Erkrankungen ist die vollständige Partizipation betroffener Kinder und Jugendlicher. Während in vorherigen Kapiteln theoretische Grundlagen, Herausforderungen und praxisorientierte Ansätze umfassend thematisiert wurden, soll dieses Kapitel explizit den Perspektiven derjenigen gewidmet sein, um die es tatsächlich geht: den betroffenen Schülerinnen und Schülern selbst. Ausgehend von aktuellen empirischen Arbeiten werden zentrale Erkenntnisse zusammengetragen, und es wird diskutiert, wie echte Partizipation im schulischen Alltag umgesetzt werden kann. Ziel ist es, nicht nur über Kinder und Jugendliche mit chronischen Erkrankungen zu sprechen, sondern sie als Expertinnen und Experten ihres Alltags zu Wort kommen zu lassen und ihre Perspektiven für die Weiterentwicklung pädagogischer Praxis fruchtbar zu machen.

Keywords: Partizipation; Subjektperspektive; chronische Erkrankungen; schulische Inklusion; Empowerment; Pädagogische Beziehungsgestaltung

Die Perspektive der Kinder und Jugendlichen: Zwischen Alltag und Wunsch nach Normalität

Kinder und Jugendliche mit chronischen Erkrankungen erleben ihre gesundheitliche Situation häufig als einen integralen Bestandteil ihres Alltags. Wie Sommer (2024) herausarbeitet, betrachten viele von ihnen ihre Erkrankung als selbstverständlich und streben vor allem danach, im schulischen und sozialen Leben nicht auf diese reduziert zu werden. Trotz dieser Selbstverständlichkeit zeigen die Betroffenen ein hohes Bewusstsein für die spezifischen Herausforderungen, die sich im schulischen Kontext ergeben. Insbesondere in Bezug auf die Durchführung notwendiger therapeutischer Maßnahmen im

doi.org/10.35468/6197-15

Schulalltag artikulieren sie ein ausgeprägtes Bedürfnis nach Verständnis und Unterstützung durch Lehrpersonen sowie Mitschülerinnen und Mitschüler. Zentrale Anliegen der Kinder sind dabei eine unauffällige und sensible Berücksichtigung ihrer Bedürfnisse – etwa im Rahmen sportlicher Aktivitäten, durch angepasste Pausenregelungen oder bei Klassenfahrten. Dies wird als essenziell empfunden, um Stigmatisierung und Ausgrenzung zu vermeiden und ein Zugehörigkeitsgefühl aufrechtzuerhalten (ebd. 2024). Parallel dazu betonen viele der Befragten ihren Wunsch, trotz gesundheitlicher Einschränkungen vollständig in schulische Aktivitäten integriert zu sein und aktiv am sozialen Leben der Klassengemeinschaft teilzunehmen.

Auch die Studie von Buckle u.a. (2024) unterstreicht die Ambivalenz, die viele betroffene Kinder in sozialen Situationen empfinden. Es besteht ein komplexes Spannungsverhältnis zwischen dem Bedürfnis nach Zugehörigkeit und dem Erleben des eigenen *Andersseins* – geprägt durch die Anforderungen und Auswirkungen ihrer Erkrankungen. Diese Dualität manifestiert sich insbesondere in schulischen Interaktionen, wo die sozialen Unterschiede für die Kinder und Jugendlichen besonders spürbar werden. Das Verständnis dieses Zusammenspiels liefert wichtige Hinweise auf die sozialen Herausforderungen, mit denen Kinder mit chronischen Erkrankungen konfrontiert sind.

Ergänzend dazu liefern die persönlichen Erfahrungsberichte junger Menschen in der Publikation *Schulerfolg trotz Erkrankung – Acht junge Menschen berichten* (Meister 2022) eindrückliche Einblicke in die subjektiven Wahrnehmungen von Barrieren und förderlichen Bedingungen im Schulkontext. Die darin geschilderten Erfahrungen verdeutlichen, wie bedeutsam ein unterstützender, kreativer und empathischer pädagogischer Umgang für den Bildungserfolg chronisch erkrankter Schülerinnen und Schüler sein kann. Im Zentrum der Berichte stehen das Bedürfnis nach Akzeptanz, Gleichbehandlung und eine Schulkultur, die chronische Erkrankungen nicht nur sachlich versteht, sondern emotional nachvollzieht. Die wiederholte Erfahrung, dass Erkrankungen nicht ernst genommen oder missverstanden wurden, wird von vielen Betroffenen als Quelle zusätzlichen psychischen Stresses beschrieben (ebd.). Dies verdeutlicht die Notwendigkeit, dass Lehrpersonen sowie Mitschülerinnen und Mitschüler über die Auswirkungen chronischer Erkrankungen differenziert informiert sind und aktiv zu einem Klima der Offenheit und Akzeptanz beitragen.

Partizipation durch Kommunikation: Dialog als Schlüssel zur Inklusion

Partizipation im schulischen Kontext erfordert mehr als das formale Einbeziehen betroffener Kinder und Jugendlicher – sie setzt einen kontinuierlichen Dialog voraus, der auf Gegenseitigkeit, Offenheit und Vertrauen basiert. Häu-

doi.org/10.35468/6197-15

fig besteht jedoch eine Diskrepanz zwischen den Wahrnehmungen der Beteiligten: Während betroffene Schülerinnen und Schüler ihre individuellen Herausforderungen und Bedürfnisse deutlich artikulieren, mangelt es auf Seiten der Lehrpersonen und anderer schulischer Akteure nicht selten an Bewusstsein für die psychischen und physischen Belastungen, die chronische Erkrankungen mit sich bringen. Ein strukturierter, transparenter und kindzentrierter Kommunikationsprozess, in dem Kinder aktiv beteiligt sind, ist daher zentral, um Verständigung zu fördern und echte Teilhabe zu ermöglichen (Damm 2022).

Im Kontext chronischer Erkrankungen stellt die Entscheidung, die Erkrankung gegenüber Gleichaltrigen offenzulegen, einen wichtigen Aspekt dar. Pathmalingam u. a. (2023) zeigen, dass viele Kinder und Jugendliche mit chronischen Erkrankungen aus Angst vor Diskriminierung häufig Informationen über ihre Krankheit zurückhalten oder nur selektiv preisgeben. Offenlegung kann verbal, nonverbal oder schriftlich erfolgen und hängt stark davon ab, wem gegenüber sie sich öffnen und welche Reaktionen sie erwarten. Die Auswirkungen der Offenlegung sind ambivalent: Sie können sowohl Selbstbewusstsein und Selbstvertretung stärken als auch Stress und emotionale Belastung verursachen. Daher ist es wichtig, Kinder und Jugendliche dabei zu unterstützen, ihre Offenlegungsentscheidungen selbstbestimmt und gestärkt zu treffen.

Ein vielversprechender Ansatz liegt dabei in der dialogischen Kommunikation, die Kinder und Jugendliche als gleichberechtigte Gesprächspartnerinnen und -partner einbezieht. Diese möchten selbst entscheiden, ob und in welcher Form über ihre Erkrankung gesprochen wird, sowie wer diese Kommunikation – beispielsweise gegenüber Mitschülerinnen und Mitschülern – übernimmt. Auf diese Weise kann schulische Inklusion so gestaltet werden, dass chronische Erkrankungen sichtbar sind, ohne dabei die Identität der Betroffenen zu dominieren (Damm 2022; Meister 2022; Sommer 2024).

Auch informelle Kommunikationsräume – etwa durch Patenschaften, Peer-Unterstützung oder regelmäßige Kleingruppengespräche – erweisen sich als sinnvoll, um einen geschützten Rahmen für Austausch, emotionale Entlastung und soziale Verankerung zu schaffen (Meister 2022).

Die Bedeutung einer erweiterten Sichtweise auf Partizipation wird zudem durch die Ergebnisse von Nap-van der Vlist u. a. (2022) gestützt: Kinder mit chronischen Erkrankungen verstehen Partizipation nicht nur als Teilnahme an Aktivitäten, sondern insbesondere als Zugehörigkeit und soziale Anschlussfähigkeit. Ihre Entscheidungen – etwa zur Offenlegung der Erkrankung – erfolgen bewusst und strategisch, mit dem Ziel, soziale Teilhabe selbstbestimmt zu gestalten. Kirkpatrick u. a. (2020) zeigen, dass Schülerinnen und Schüler mit chronischen Erkrankungen sich oft weniger stark mit ihrer Schule verbunden fühlen als ihre gesunden Mitschülerinnen und Mitschüler. Dieses geringere

doi.org/10.35468/6197-15

Zugehörigkeitsgefühl kann sich negativ auf ihren Schulerfolg auswirken. Daher ist es besonders wichtig, Wege zu finden, um das Zugehörigkeitsgefühl dieser Kinder und Jugendlichen zu stärken, um ihre akademische Entwicklung bestmöglich zu unterstützen.

Von der Forschung zur Praxis: Implikationen für die Schule

Die empirischen Ergebnisse weisen auf zentrale Ansatzpunkte für eine nachhaltige schulische Praxis hin: Die Beteiligung von Schülerinnen und Schülern mit chronischen Erkrankungen sollte nicht punktuell, sondern systematisch und kontinuierlich erfolgen. Das bedeutet konkret, dass betroffene Schülerinnen und Schüler aktiv in Entscheidungen über notwendige Anpassungen ihres Schulalltags eingebunden werden müssen.

Dies betrifft unter anderem Themen wie die Gestaltung von Notfallplänen, die Anpassung des Unterrichts sowie die Organisation von Prüfungen und den Umgang mit Abwesenheiten. Ein praktikabler Ansatz stellt das Modell regelmäßiger Intake-Meetings dar, in denen Schülerinnen und Schüler gemeinsam mit Eltern und Lehrpersonen ihre individuellen Bedürfnisse und Strategien besprechen und festlegen (Damm 2022; Sommer 2021). Konkret erprobte Beispiele und bewährte Vorgehensweisen, etwa im Rahmen des schulischen Eingliederungsmanagements, das gezielt auf die individuellen Bedürfnisse der Schülerinnen und Schüler eingeht, werden zudem beschrieben (Meister 2022).

Ergänzend könnten spezifische Schulungen und Workshops für Lehrpersonen etabliert werden, um deren Handlungskompetenzen im Umgang mit chronischen Erkrankungen zu stärken. Regelmäßige Reflexionsgespräche bieten darüber hinaus die Möglichkeit, die Bedarfe der Schülerinnen und Schüler kontinuierlich zu evaluieren und flexibel darauf zu reagieren.

Neben den Lehrpersonen sollten auch Mitschülerinnen und Mitschüler in Aufklärungs- und Sensibilisierungsmaßnahmen einbezogen werden. Dies fördert nicht nur gegenseitiges Verständnis und Empathie, sondern trägt auch maßgeblich zur Stärkung des sozialen Zusammenhalts innerhalb der Klassengemeinschaft bei.

Exkurs: Haltung als unterstützender Faktor im Umgang mit chronisch erkrankten Kindern und Jugendlichen

Für eine gelingende Bewältigung der Herausforderungen, die mit einer chronischen Erkrankung einhergehen, sind Selbstbestimmungsmöglichkeiten für betroffene Kinder und Jugendliche von zentraler Bedeutung. Es ist essenziell, sie nicht auf ihre Erkrankung zu reduzieren, sondern als aktive und eigenverantwortliche Personen anzuerkennen, die über Expertise bezüglich ihres eige-

 doi.org/10.35468/6197-15

nen Gesundheitszustandes verfügen (vgl. Ditsios Kap. 3.2). Ziel ist es, ihnen trotz gesundheitlicher Einschränkungen Unterstützung zu bieten, die sie befähigt, ihr Leben weitgehend selbstbestimmt zu gestalten (vgl. Waibel Kap. 2.1). Eine konsequente Beteiligung der Betroffenen an Entscheidungen – sei es hinsichtlich medizinischer Maßnahmen oder der Gestaltung geeigneter Rückzugsräume – trägt wesentlich zur Stärkung ihrer Kompetenzen und zur Förderung ihrer psychosozialen Entwicklung bei (vgl. Reiner Kap. 3.1).

Dabei ist eine ganzheitliche Wahrnehmung der Schülerinnen und Schüler grundlegend. Die Existenzielle Pädagogik benennt vier zentrale Grundmotivationen, die als Orientierung für pädagogisches Handeln dienen können (vgl. Waibel Kap. 2.1):

- Sicheres und geschütztes Leben ermöglichen: So wird etwa ein Kind mit Diabetes im Klassenzimmer beim Blutzuckermessen begleitet, wobei Offenheit, Schutz vor Stigmatisierung und Rückzugsmöglichkeiten gewährleistet werden.
- Sich am Lernort wohlfühlen: Ein Kind mit Mukoviszidose erfährt durch empathische Lehrpersonen emotionale Unterstützung, die Schule zu einem Ort der Freude und Zugehörigkeit macht.
- Akzeptanz der eigenen Identität: Ein Kind mit Epilepsie kann seine Erkrankung offen thematisieren und wird in seiner Rolle als Expertin oder Experte anerkannt, ohne auf seine Diagnose reduziert zu werden.
- Sinnvolle Teilhabe ermöglichen: Eine Schülerin mit Asthma übernimmt organisatorische Aufgaben im Sportunterricht und erfährt dadurch Wertschätzung und Zugehörigkeit zur Gemeinschaft (Feiner & Straßegger-Einfalt 2020).

Für chronisch erkrankte Kinder und Jugendliche ist es besonders wichtig, eine sinnstiftende Rolle zu erleben, die ihre Teilhabe und ihr Selbstwertgefühl stärkt. Dabei kann eine aktive *Antworthaltung* hilfreich sein: Statt in Passivität und Wunschdenken zu verharren, übernehmen die Betroffenen Verantwortung und suchen konstruktiv nach Lösungswegen (Waibel 2022).

Ein praktisches Beispiel hierfür ist eine Lehrperson, die nach einer längeren Krankheitsphase nicht mit Druck oder Mitleid reagiert, sondern fragt: *Was brauchst du, um den verpassten Unterrichtsstoff bestmöglich nachzuholen?* Solche Fragen eröffnen individuelle Fördermöglichkeiten, beispielsweise durch Nachhilfe oder Lernpartnerschaften.

Wenn es Schulen gelingt, Kinder und Jugendliche mit chronischen Erkrankungen auf diesem Weg selbstbestimmt zu begleiten, fördert dies nicht nur deren Wohlbefinden, sondern vermittelt auch allen Schülerinnen und Schülern wichtige Kompetenzen im Umgang mit Diversität und Selbstbestimmung. Dies unter-

doi.org/10.35468/6197-15

stützt die Entwicklung eines Schulklimas, in dem jeder Einzelne in seiner Einzigartigkeit als wertvoll anerkannt wird (Feiner & Straßegger-Einfalt 2020).

Methodische Reflexion: Kinder als Co-Forschende

Ein bislang wenig genutzter, aber vielversprechender Ansatz besteht darin, Kinder und Jugendliche stärker als Co-Forschende in partizipativen Forschungsdesigns einzubeziehen (Angelöw & Psouni 2025; Bradbury-Jones & Taylor 2015). In der Mitwirkung können sie nicht nur ihre Perspektiven wirksam einbringen, sondern auch wichtige methodische Kompetenzen und Erfahrungen von Selbstwirksamkeit erwerben, die ihre Resilienz und ihr Empowerment nachhaltig stärken.

Studien zur Beteiligung von Kindern und Jugendlichen liefern fundierte Einsichten, die für die Entwicklung praxisnaher und belastbarer pädagogischer Konzepte unerlässlich sind. Die Rolle der Forschenden verändert sich dadurch: Sie agieren zunehmend als Prozessbegleiterinnen und -begleiter, die den Austausch und Diskurs zwischen allen Beteiligten aktiv fördern (Buckle u. a. 2023; Pathmalingam u. a. 2024; Sommer 2024 u. a.).

Erfahrungsberichte aus der Praxis unterstreichen, wie zentral die Förderung von Resilienz und Empowerment durch partizipative Ansätze für den Bildungserfolg von Schülerinnen und Schülern mit chronischen Erkrankungen ist. Zudem zeigt sich, dass ein professionelles und kreatives Zusammenwirken aller Akteurinnen und Akteure im Bildungsprozess eine entscheidende Grundlage für inklusives Lernen und die gelingende pädagogische Begleitung von erkrankten Kindern und Jugendlichen bildet (Meister 2022).

Diese Perspektiven bieten wertvolle Impulse sowohl für die schulische Praxis als auch für die weitere Forschung im Bereich inklusiver Bildung und Pädagogik bei chronischer Erkrankung.

Fazit und Ausblick

Die Partizipation von Kindern und Jugendlichen mit chronischen Erkrankungen ist entscheidend für ihre schulische Integration. Es ist wichtig, ihre Perspektiven ernst zu nehmen und ihnen echte Mitbestimmung zu ermöglichen. Daraus lassen sich drei zentrale Thesen ableiten, die für eine gelingende inklusive Schulpraxis grundlegend sind.

These 1: Die Perspektiven von Kindern und Jugendlichen mit chronischen Erkrankungen sind zentral für die Gestaltung einer inklusiven Schulkultur, die ihre Bedürfnisse sensibel berücksichtigt und ihre Teilhabe am sozialen und schulischen Leben ermöglicht.

doi.org/10.35468/6197-15

Kinder und Jugendliche erleben ihre Erkrankung als Teil ihres Alltags und wünschen sich, nicht auf diese reduziert zu werden, sondern als Expertinnen und Experten ihrer Situation anerkannt zu sein. Eine sensible Berücksichtigung – etwa bei sportlichen Aktivitäten oder Klassenfahrten – ist essenziell, um Stigmatisierung zu vermeiden und Zugehörigkeit zu fördern (Buckle u. a. 2024; Meister 2022; Sommer 2024).

These 2: Echte Partizipation erfordert einen kontinuierlichen, kindzentrierten Dialog der Offenheit, Vertrauen und Selbstbestimmung in Bezug auf die Kommunikation der Erkrankung fördert und zugleich soziale Anschlussfähigkeit unterstützt.

Strukturierte Kommunikationsprozesse, die Kinder aktiv einbeziehen, helfen, die Diskrepanz zwischen wahrgenommenen Bedürfnissen und dem Bewusstsein der Lehrpersonen zu überbrücken. Dabei ist die Entscheidung zur Offenlegung der Erkrankung ein komplexer, strategischer Akt, der Unterstützung und geschützte Räume, etwa durch Patenschaften oder Peer-Gruppen, benötigt (Damm 2022; Meister 2022; Nap-van der Vlist u. a. 2022; Pathmalingam u. a. 2023).

These 3: Die Haltung der Schule und der Lehrpersonen als unterstützender Faktor ist grundlegend für das Wohlbefinden, die Selbstbestimmung und den Bildungserfolg chronisch erkrankter Schülerinnen und Schüler.

Eine wertschätzende, ressourcenorientierte Haltung, die Selbstbestimmung fördert und die Schülerinnen und Schüler als aktive Partner anerkennt, trägt dazu bei, Barrieren abzubauen und psychosoziale Entwicklung zu stärken. So werden nicht nur individuelle Bedürfnisse berücksichtigt, sondern auch ein positives Schulklima geschaffen, das Diversität wertschätzt (Feiner & Straßegger-Einfalt 2020; Waibel 2022).

These 4: Die Einbindung von Kindern und Jugendlichen als Co-Forschende in partizipativen Forschungsansätzen stärkt deren Resilienz und Empowerment und liefert praxisrelevante Erkenntnisse für eine nachhaltige inklusive Bildungspraxis.

Partizipative Methoden ermöglichen den Betroffenen, ihre Erfahrungen und Kompetenzen einzubringen und fördern zugleich ihre Selbstwirksamkeit. Die Rolle der Forschenden verändert sich dabei hin zu Prozessbegleiterinnen und -begleitern, die den Dialog und die Zusammenarbeit zwischen allen Beteiligten aktiv unterstützen (Buckle u. a. 2023; Meister 2022; Pathmalingam u. a. 2024; Sommer 2024).

Zusammenfassend verdeutlichen diese Thesen, dass eine inklusive und wirksame schulische Begleitung von Kindern und Jugendlichen mit chronischen Erkrankungen nur durch die konsequente Einbeziehung ihrer Perspektiven, einen offenen Dialog, eine unterstützende Haltung der Schule sowie partizipative Forschungsansätze gelingen kann. Die Umsetzung dieser Prinzipien fördert nicht nur das individuelle Wohlbefinden und die Teilhabe der Betroffenen, sondern trägt wesentlich zur Entwicklung einer wertschätzenden und inklusiven Schulkultur bei.

doi.org/10.35468/6197-15

Literatur

Angelöw, A. & Psouni, E. (2025): Participatory Research With Children: From Child-Rights Based Principles to Practical Guidelines for Meaningful and Ethical Participation. In: International Journal of Qualitative Methods 24.

Bradbury-Jones, C. & Taylor, J. (2015): Engaging with children as co-researchers: challenges, counter-challenges and solutions. In: International Journal of Social Research Methodology 18 (2), 161-173

Buckle, N., Rogers, Y., O'Toole, D., McNulty, S., Kroll, T., Gibbs, L. & Somanadhan, S. (2024): A qualitative exploration of children's lives with rare diseases. In: Child: Care, Health and Development 50 (4), e13294.

Damm, L. (2022): Gelingende Kommunikation mit Kindern, Jugendlichen und ihren Eltern. In: N. Sommer & E. Ditsios (Hrsg.): Schule und chronische Erkrankungen. Grundlagen, Herausforderungen und Teilhabe. Bad Heilbrunn: Klinkhardt, 92-103.

Feiner, M. & Straßegger-Einfalt, K. (2020): Wertschätzung und Beziehung – pädagogische Haltung und professionelle Nähe. In: E. M. Waibel (Hrsg.): Das Wunder der Wertschätzung: Impulse für die pädagogische Praxis. Wien: Facultas.

Kirkpatrick, L. A. (2019): School belonging and academic outcomes among students with chronic health conditions. In: Journal of School Psychology 75, 1-12.

Meister, M. (2022): Schulerfolg trotz Erkrankung. Acht junge Menschen berichten. WIRmachenDRUCK.

Nap-van der Vlist, M., van den Engel-Hoek, L., van Staa, A., van der Net, J., Grootenhuis, M. A. & van Royen, F. E. (2022): Children's perspectives on participation in daily life: A qualitative study in children with a chronic disease. In: Child: Care, Health and Development 48 (2), 247-256.

Sommer, N. (2023): Various Perspectives on Illness in School – a Pilot Study. In: Progressing Aspects in Pediatric & Neonatology 4 (5). Online unter: PAPN. MS.ID.000197.

Sommer, N. & Klug, J. (2024): Knowledge Helps: Handling Rare Diseases in Regular Schools. In: Continuity in Education 5 (1), 22-30.

Waibel, E.M. (2022): Haltung gibt Halt: Pädagogische Beziehungsgestaltung als Antwort auf Herausforderungen im Bildungsalltag. Wien: Facultas.

doi.org/10.35468/6197-15

Autorinnen und Autoren

Sommer, Nicola MSc, Dipl.Päd. Dr.in
Orcid 0000-0001-8101-0152
Pädagogische Hochschule Salzburg, Institut für Bildungswissenschaften
Lehre und Forschung zu Pädagogik bei Krankheit, Krisenintervention, Gewaltprävention, Gesundheitsförderung

nicola.sommer@phsalzburg.at

Müller, Sarah, BEd, MEd.
Pädagogische Hochschule Salzburg
Primarstufenpädagogin, derzeit Inklusionspädagogin, Lehrende und Forschende, psychosoziale Beraterin, Fortbildung in existenzieller Pädagogik und Imaginationsberatung.

sarah1.mueller@phsalzburg.ac.at

Langnickel, Robert, Dr.
Orcid 0000-0002-4265-0103
Pädagogische Hochschule Luzern, Institut für Diversität und inklusive Bildung (IDB),Pädagogische Hochschule Salzburg, Gastprofessor, Pädagogik bei Krankheit; Intervention und Prävention bei internalisierenden und externalisierenden Auffälligkeiten; Psychoanalytische Pädagogik

robert.langnickel@phlu.ch

doi.org/10.35468/6197-15